전 정 판

<경제 이론과 현실> 제3권, 종결편

경제학의조류

The world economy
in Korea

세계경제문제연구소

국립중앙도서관 출판시도서목록(CIP)
이 도서의 국립중앙도서관 출판시도서목록(CIP)은 서지정보유통지원시스템 홈페이지(http://seoji.nl.go.kr)와 국가자료공동목록시스템(http://www.nl.go.kr/kolisnet)에서 이용하실 수 있습니다.
(CIP제어번호 : CIP2013022947)

전 정 판 서 언

봉쇄경제의 IS-LM모델이 봉쇄경제의 총수요의 일반론인 것처럼 개방경제의 IS-LM모델(먼델·플레밍모델) 역시 개방경제의 총수요이론의 일반론이다. 그러나 이 모델은 외환위기와 환율위기 및 그 극복과정에서의 현실을 설명할 수 없다는 데 문제가 있다.

이 책은 1997년의 외환위기와 2008년도의 금융위기(환율위기) 및 그 극복과정에서의 현실을 설명하는 데 그 목적을 두었다. 바꾸어 말한다면 개방경제의 IS-LM모델의 검증·평가 방법론을 설정하는데 그 목적이 있었다. 그러기 위해서는 거시경제와 국제금융론을 거시경제의 수요측면에서 통합(융합) 해야만 한다. 개방경제의 IS-LM 모델과 변동환율제도를 이용하면 통합이 가능하다.

통합이 되면 개방경제의 IS-LM 모델을 검증·평가할 수 있을 뿐만 아니라 이떻게 보완할 수 있는 가하는 문제를 설명할 수 있다. 이에 대한 구체적인 내용은 이 책「시리즈」의 제4권 완결편 연구방법론에서 자세히 설명하고 있다. 이 전정판은 연구방법론상 부족한 점을 보완했을 뿐만 아니라 "입증" 자료 중에서 외환시장에 대한 내용을 알기 쉽게 요약·정리해서 「부록」으로 보충하였다. 따라서 연구방법론의 입증자료는 문제가 없을 것으로 생각되기 때문에 이 책 시리즈의 완결편 「연구방법론」의 개정판이나 전정판은 출판하지 않기로 하였다.

1997년의 외환위기와 2008년도의 금융위기(환율위기)를 극복하는 과정에서 정부(중앙은행)는 그동안 외환시장에 지속적으로 개입하여 왔고, 그 결과 외환보유고는 3,300억 달러 이상이나 되었다. 그런데 앞으로는 거시경제 정책에 의해서 외환시장을 균형으로 유지해야만 할 것으로 생각한다. 외환보유고를 늘리는 것보다 거시경제를 균형으로 유지하는 것이 보다 중요하다고 생각되기 때문이다.

이 책은 이 책「시리즈」의 제1권 미시경제를 기초로 하고 있다. 따라서 제1권 미시경제의 전정판이 먼저 출판될 예정(2013년 5월)이었으나 출판자금사정이 어려워 2014년 12월로 연기하였다. 그러나 12년동안의 연구·출판 프로젝트(project)가 완성되었기 때문에 앞으로는 출판·유통이 잘 될 것으로 믿고 있다. 그리고 정부(학술원)에서 지원할 수 있는 요건도 갖추었다고 생각한다. 자금사정이 개선되면 앞으로 세계경제 문제와 관련된 연구·출판사업을 계속해서 이 책 시리즈에 관한한 생전에 책임을 다할 수 있었으면 한다.

연구·출판 프로젝트가 진행되는 동안 학술원, 출판업협동조합, 연대중앙문화사의 임직원의 협조에 감사하고, 여러 가지로 심려를 끼쳐 송구스럽게 생각한다. 그리고 자금사정이 풀리면 연구·출판사업이 정상적으로 운영될 수 있을 것으로 생각하고 있다. 그 때가 되면 정형문, 정우문, 정소영이에게 고맙고 미안하다는 말 대신 사랑한다는 말을 하고 싶다. 오래지 않아 선진복지국가가 되면 이 책과 이 책 시리즈의 제1권 및 제2권이 시리즈가 아니라 단행본으로 출판할 수 있게 되기를 기대하고 기도드린다.

2013. 10. 25

정 기 옥

초 판 서 언

후진국의 외채문제와 인플레이션 문제는 그 근원이 1970년대 석유파동과 이로 인한 인플레이션에 있었다고 할 수 있다. 인플레이션 문제는 1990년대 초까지 미국을 선두로 해서 해결이 된 것 같이 보였으나, 후진국의 외채문제는 1990년대 말 동아시아 여러 국가들이 외환위기를 겪으면서 아직까지도 중요한 세계경제문제로 남아 있다. 태국이 그렇고 인도네시아가 그러하며, 한국도 그 극복과정에서 여러 가지로 해결해야 할 많은 과제를 남겨놓은 것이 현실이다.

2005년 오늘의 시점에서 볼 때 지난 20여년 동안 세계경제가 어떻게 변화되어 왔는지 돌이켜 보는 것은 매우 중요한 의미를 갖고 있다. 우리경제의 현실을 설명하기 위해서 뿐만 아니라 미래를 설계하기 위해서도 그렇기 때문이다. 그러기 위해서는 거시경제와 국제금융론이 이론적으로 통합이 되어야만 한다.

거시경제와 국제금융론은 거시경제의 측면에서도 통합이 가능하고 국제금융론의 측면에서도 통합이 가능하다. 이 책 「경제이론과 현실」은 거시경제의 측면에서 통합된 것을 국제금융론의 측면에서 검증하는 방법으로 논의를 전개하였다. 그래야만 현실을 설명할 수 있었기 때문이었다.

거시경제의 수요측면에서 통합이 가능하드래도 여러 가지 문제가 있을 수 있다. 예를들면 국제수지와 외환시장 및 환율제도등의 문제이다. 이와 같은 문제들은 국제금융론의 측면에서 분석 될 수 밖에 없는 문제들이기 때문에, 가능한 범위내에서 종합적으로 자세하게 설명되고 있으므로 통합상 발생하는 여러 가지 문제들을 종합적으로 분석하는데 도움이 될 수 있을 것으로 믿는다.

미시경제가 그렇고 거시경제가 그렇듯이, 경제학의 역사는 통합의 역사였다. 경제이론의 혼란기에는 통합이 되어야만 하기 때문이다. 외환위기시에 한 개인의 연구소에서 거시경제와 국제금융론을 통합하고 현실을 설명하기 위한 책을 출판한다는 것은 참으로 어려운 일이었다. 경제적으로 뿐만 아니라 정치·사회적으로도 오해를 받을 소지가 많기 때문이다. 책의 내용에서 보듯이 이 책은 현실을 설명하기 위한 이론에 충실하고 있기 때문에 오해가 있을 수 없을 것으로 믿고 있다.

「경제이론과 현실」 연구·출판 프로젝트는 이 책으로 끝을 맺고자 한다. 2004년 부터「학술원」에 우수 학술도서로 신청을 하면서 생각한 바이지만, 거시경제와 국제금융론의 통합의 과정을 단순화하여 조기에 종결시키는 것이 보다 더 좋은 방법이라고 생각했기 때문이다. 당초의 계획은 이 책의 제3권을 국제경제로 구성할 예정이었다. 그러나 「시리즈」로 출판하기엔 이미 늦은 감이 있기 때문에 기회가 되면 단행본으로 출판이 될 수 있을 것으로 기대하고 있다.

끝으로 이 책이 출판되는 과정에서 그 책임을 다하지 못하여 고향의 친인척 및 선·후배님들에게 송구스럽게 생각한다. 그리고 여러 가지로 도움을 주신 출판업협동조합과 연대중앙문화사에 진심으로 감사를 드린다.

2005년 9월

정 기 옥

목 차

제 1 편

현대경제의 제문제

제 1 장

경제학의 정의와 연구방법론

1. 경제학의 정의
2. 시장경제와 정부의 경제적 역할
3. 경제학의 연구방법론

1. 경제학의 정의

1) 자원의 희소성

재화와 용역을 소비하려는 인간의 욕망은 무한하지만 이를 생산할 수 있는 수단인 자원은 희소하고 유한한데 이를 자원의 희소성이라한다. 여기서 말하는 자원이란 지하자원이나 토지와 같은 자연자원만을 뜻하는 것이 아니라 자본과 노동등과 같은 모든 생산요소를 포함하는 개념이다. 그러므로 경제학에서 말하는 인간의 욕망의 무한성과 자원의 희소성등의 개념은 절대적인 개념이 아니라 상대적인 개념이다.

인간의 욕구는 사람에 따라서 차이가 있고 지역이나 시대에 따라서도 차이가 있지만 어느 시대, 어떤 국가에서도 그 사회의 사람들의 원하는 모든 욕구를 모두 충족시킬 수는 없었으며 앞으로도 이와 같은 현상은 지속될 것이다. 오늘날의 우리경제에서도 우리가 원하는 식품, 옷, 주택, 자동차, 컴퓨터, 냉장고등을 가질수가 있지만 보다 좋은 것을 원하고 보다 많이 가지려고 노력하는 것이 현실이다.

경제학에서는 이론전개의 편의상 자원을 크게 토지, 노동, 자본으로 구분해서 사용하고 있다. 그런데 여기서 말하는 토지는 지하자원, 산림자원, 수산자원, 수자원등의 자연자원을 포함하는 개념이며, 자본이란 돈 그 자체가 아이라 기계, 공장, 도구, 재고와 같은 생산된 생산수단 즉 자본재를 뜻하는 개념이다.

돈은 경제학적 개념으로 화폐라하는데 화폐 그 자체는 아무것도 생산할 수 없으므로 자본이 아니지만 교환 수단으로 분업화와 전문화를 촉진시키기 때문에 중요하며, 총 수요를 관리할 수 있는 수단으로서 거시경제이론에서 중요하게 다루어지고 있다.

경제학은 분업화와 전문화를 기초로 하고 있으며 우리가 특정의 생산분야에서 전문화할 수 있는 것도 화폐가 있기 때문이다.

이상에서 설명한 자원 또는 생산요소는 희소하기 때문에 공급이 무한한 것이 아니라 유한하며, 이와같은 유한한 자원으로 생산된 재화 역시 희소하기 때문에 경제학이 분석이 대상으로하고 있는 모든 경제재와 경제적 자원의 희소성은 가격으로 반영된다. 따라서 공급이 무한한 공기와 물은 자유자원으로 가격이 존재하지 않으며 경제적 분석의 대상도 될 수 없지만 깨끗한 물과 깨끗한 공기는 희소하다고 할 수 있기 때문에 경제학의 분석의 대상이 되는 경제재(자원으로 사용될 때는 경제적 자원)가 된다고 할 수 있다.

자원은 희소하지만 그 용도는 다양하다. 따라서 희소한 자원으로 사회가 원하는 모든 것을 생산 할 수 없고 어떤 것을 생산하면 다른 것을 포기해야 한다. 이와같은 희소성의 원칙을 그림으로 나타낸 것을 생산가능곡선이라 한다. 보다 더 정확히 정의한다면 어떤 한 경제가 두 재화만을 생산한다고 가정했을 경우 주어진 기술수준으로, 주어진 자원을 완전히 고용했을 때 생산할 수 있는 두 재화의 극대의 산출량 수준의 배합점들을 그림으로 나타낸 것을 말한다. 예를 들어 우리경제가 옷과 식량만을 생산한다고 가정했을 경우 주어진 자원과 기술 수준으로 생산할 수 있는 능력으로서 옷과 식량의 산출량은 제한될 수 밖에 없는데 이를 그림으로 나타내면 [그림Ⅰ-1]과 같은 형태가 된다. 모든 경제의 생산가능곡선이 그림과 같은 형태 즉 우하향하지만 원점에 대해서 블록한 형태를 취한다.

그림에서 보는 바와같이 우리경제가 A점에서 생산하고 있다가 옷을 ΔX만큼 더 생산하기 위해서는 ΔY만큼의 식량의 생산을 포기해야만한다. 옷을 한 단위 더 얻기 위해서 포기해야 하는 식량의 수량을 옷의 기회비용이라하며 $\frac{\Delta Y}{\Delta X}$로 나타낼 수 있다. 옷의 산출량을 늘리고자 할 때 식량의 산출량이 감소하는 이유는 자원이 식량의 생산에서 옷의 생산으로 이동하기 때문이다. 그림에서 C점은 생산이 가능하지만 비효율적인 경우이며, 생산요소가 증가하거나 기술이 진보하면 경제가 성장해서 생산가능곡선이 우측으로 이동한다.

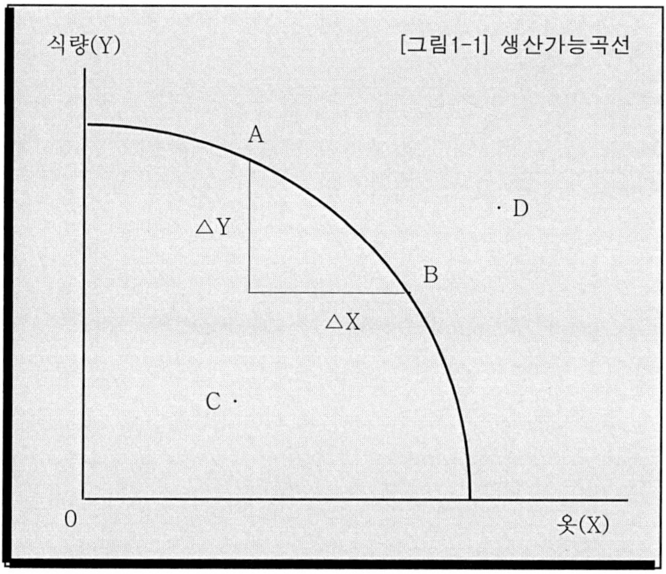

이상에서 설명한 바와 같이 생산가능곡선은 자원의 희소성뿐만 아니라 시장경제의 효율성, 기회비용, 경제성장등을 설명할 수 있는 가장 기본적인 경제모델이라고 할 수 있다.

2) 경제의 기본문제

자원은 희소하지만 그 용도는 다양하다. 따라서 상대적으로 무한한 욕구를 충족시키기 위한 선택의 문제 즉 무엇을 얼마만큼, 어떻게, 누구를 위하여 생산할 것인가하는 경제의 3가지 기본문제가 어떤 사회이든지 간에 직면하고 있는 것이 현실이기 때문에 이를 해결할 수 있는 사회적인 수단(제도)이 필요하게 되는데 자본주의 사회에서는 시장에서 결정되는 가격에 의해서 해결된다. 무엇을 얼마만큼, 어떻게 생산할 것인가하는 문제를 효율적인 자원배분 문제라하며 누구를 위하여 생산할 것인가하는 문제를 소득분배의 문제라한다.

자원이 희소하다면 사회가 요구하는 모든 재화와 용역을 생산할 수는 없는 것이기 때문에 사회가 직면하고 있는 가장 기본적인 경제문제가 무엇을 생산하고 무엇을 포기할 것인가하는 문제일 것이다. 자본주의 사회에서는 이 문제가 가격에 의해서 결정되는데 소비자들이 지불하고자 하는 가격으로 생산비를 메꾸고 남는 재화와 용역들만이 생산되고 생산비도 메꾸지 못하는 것은 포기될 것이다. 따라서 소비자들이 지불하고자하는 가격은 생산자들로 하여금 어떤 상품을 생산하게 할 것인가하는 생산의 신호(signal)로서의 역할을 하게 된다. 그리고 소비자들이 지불하고자하는 가격이 높다면 생산자 또는 기업은 그와 같은 상품의 생산을 증가시킨다.

이처럼 우리 사회에서 생산되는 각종 재화들은 소비자들이 원하는 상품들로 구성되어있는데 이를 생산하기 위해서는 희소한 자원을 사용해야한다. 자원은 희소하지만 그 용도는 다양하므로 가능한한 많은 욕구를 충족시키기 위해서는 기업간의 경쟁을 통해서 각종 자원을 효율적으로 사용해야 할 것이다. 희소한 각종 자원을 어떻게 사용할 것인가 또는 어떻게 배합(배분)해서 재화와 용역을 생산할 것인가하는 문제가 어떻게 생산할 것인가하는 문제이다. 예를 들면 각종 식량이나 섬유제품들은 자본을 많이 사용하고 노동을 적게 사용하거나, 자본을 적게 사용하고 노동을 많이 사용해서 생산할 수 있는 것이다. 자원 또는 생산요소의 가격은 상대적인 희소성을 반영하는 것이라고 할 수 있다. 따라서 기업은 상대적으로 풍부한 자원을 낮은 가격으로 구입해서 생산을 한다면 비용을 절감시킬 수 있고, 이와같은 생산방법으로 생산하는 것이 희소한 자원을 효율적으로 배분하는 방법이기 때문에 어떻게 생산할 것인가하는 문제 역시 가격에 의해서 결정된다.

기업에 의해서 생산된 생산물은 사회의 구성원인 개인에게 소득에 의해서 분배된다. 따라서 누구를 위해서 생산할 것인가하는 문제는 소득분배의 문제이다. 바꾸어 말한다면 개인의 소득에 의한 화폐투표에 의해서 각종 재화와 용역이 생산된다고 할 수 있다. 개인의 소득은 그들이 소유하고 있는 자원 즉 생산요소와 기술수준에 의해서 결정된다. 왜냐하면 개인이 소유하고 있는 생산요소의 수량에 가격을 곱해주면 이는 그대로 개인의 소득이 되기 때문이다.

이상과 같은 경제의 3가지 기본문제외에 또하나의 기본적인 문제를 추가한다면 경제성장의 문제이다. 특히 외환위기를 경험한 우리경제의 경우 이 문제는 중요하다. 경제성장의 주요인은 자본축적과 기술진보이다. 전술한 바와 같이 자본이란 생산된 생산수단 또는 생산요소로서 자본재를 말하는데 이는 과거의 저축과 투자에 의해서 축적된다. 우리가 볼 수 있는 생산설비는 과거의 저축과 투자에 의해서 매년 축적된 것으로 유량이 아니라 저량(stock)이며, 생산에 이용되기 때문에 경제를 성장시키는 요인이 된다. 그런데 자본이 부족한 후진국의 경우에는 차입이라는 수단을 통해서 외국으로부터 자본재를 수입하고 그 대가를 미래의 수출과 수입의 차액으로 지급하므로해서 경제를 성장시킬 수 있다. 이것이 후진국경제발전의 중요한 특징중에 하나이다. 다만 만성적인 경상수지적자는 위험하기 때문에 많은 국가들이 외환위기를 경험하였고, 우리나라도 1997년에 외환위기가 발생하였으나 이를 성공적으로 극복하였다고 할 수 있다.

3) 경제학의 정의

이상에서 설명한 자원의 희소성의 원칙을 전제로 하여 경제학을 정의한다면 인간의 욕구를 충족시키기 위해서 어떻게 희소한 자원을 효율적으로 여러 용도에 배분할 것인가 또는 같은 뜻이지만 무엇을, 어떻게, 누구를 위해서 생산할 것인가하는 선택의 문제를 다루는 학문이라고 할수 있다. 경제학은 이렇게 정의되는 것이 일반적이고 전통적이지만, 이는 희소성의 원칙을 전제로 한 미시경제학적 정의라고 할 수 있다.

경제학은 크게 미시경제학과 거시경제학으로 나눈다.

미시경제학은 인간의 욕구충족을 위한 희소한 자원의 효율적 배분문제를 개별적인 소비자와 생산자의 경제행위를 통해서 미시적으로 접근하는 분야이며, 거시경제학은 국민소득수준, 일반물가수준, 고용수준, 실업수준등의 총량적인 경제변수등을 통하여 경제전체의 움직임, 즉 변동하면서 성장하는 경제전체를 분석하는 분야라할 수 있다.

1930년도까지는 공급은 스스로 수요를 창출하기 때문에 총수요의 부족(과잉생산)으로 인한 경기침체와 대량실업의 문제는 발생하지 않을 것으로 생각하였다. 왜냐하면 과잉생산으로 물가가 하락하면 임금도 즉각적으로 반응하여 똑같이 하락하기 때문에 항상 완전고용이 달성될 수 있을 것으로 보았기 때문이다. 이와같은 경제이론 즉 물가와 임금이 신축적이라는 가정하에 희소한 자원의 효율적인 배분문제를 다루는 경제이론을 고전학파 경제이론이라하는데 신고전학파 경제이론도 여기에 속한다.

그런데 1930년대에 대공황은 고전학파의 경제이론으로는 설명될 수 없었다. 이 때 케인즈(Keynes)는 대공황이 임금과 물가가 경직적인 상태에서 총수요가 부족하기 때문에 발생한 것이라고 생각하고 이를 이론적으로 체계화시켰는데 이때부터 거시경제학이 발전하기 시작하였다. 그후 물가와 실업의 문제가 매우 중요한 경제문제가 되기 시작하였다.

대체적으로 1960년대까지는 케인즈의 단순이론이 그대로 받아들여졌기 때문에 국민소득수준이 낮고 실업이 중요한 경제문제가 되었을 때마다 정부에 의해서 총수요를 증가시키는 정책, 바꾸어 말한다면 소비지출, 정부지출, 투자지출, 순수출을 증가시키는 정책을 각국이 수립해서 이를 적극적으로 추진하게 되었다. 정부가 소비지출을 증가시킬수 있는 요인은 조세를 감소시킬 수 있기 때문이며, 투자지출을 증가시킬 수 있는 이유는 금융정책을 통해서 이자율을 하락시킬 수 있기 때문이다. 물론 경기가 과열되었을 때는 그 반대로 총수요를 감소시켜야 하는데 정부의 이와 같은 정책을 총수요관리정책이라 한다.

이상과 같이 거시경제의 수요측면만을 대상으로 경제를 분석하는 이론을 케인즈의 단순이론이라하는데 1970년대의 스태그플레이션(stagflation)은 케인즈의 단순이론으로는 설명될 수가 없었다. 그 이유는 1970년대의 스태그플레이션 현상의 주된 요인이 총 수요에 있었던 것이 아니라 총공급에 있었기 때문이다. 그 후 거시경제학은 총수요와 총공급의 양 측면에서 체계화되기 시작하여 오늘에 이르고 있으며, 실업과 인플레인션(경기변동의 문제)

및 경제성장의 문제를 다루고 있다. 이렇게 본다면 경제학이란 희소한 자원의 효율적 배분 문제와 경기변동 및 경제성장의 문제를 다루는 학문이라고 할 수 있다.

끝으로 1980년대 이후 후진국의 경제발전과정에서 발생한 외환위기가 중요한 세계경제문제가 되고 있다. 1980년대에는 중남미 여러국가들이 외환위기로 장기간 경제가 침체한 바 있으며, 1990년대에는 동아시아 여러국가들이 외환위기로 경제가 심각한 타격을 받은 바 있고, 우리 나라도 1997년도에 외환위기로 IMF 자금을 지원받은 바있다. 외환위기의 근본적인 요인은 장기간 경상수지가 적자상태이기 때문에 발생하는 것으로 국제수지위기(balance of paynents crisis)라고도 한다. 다행히 1998년부터 우리경제의 경상수지는 흑자를 지속하고 있어 앞으로 외환위기는 발생하지 않을 것으로 보인다.

2. 시장경제와 정부의 경제적 역할

시장경제(market economy) 또는 자유시장경제라는 용어가 경제학에서 중요하게 사용되는 이유는 이것으로 정부의 경제적 역할을 평가할 수 있을 뿐만아니라 자본주의 사회, 공산주의 사회, 봉건주의 사회를 비교분석할 수 있기 때문이다. 오늘날의 모든 경제는 혼합경제체제이며, 시장의 기능과 역할의 정도에 차이가 있을 뿐이다.

정부의 경제적 역할을 평가하고 경제체제를 비교분석하기 위해서는 혼합경제를 단순화하여 정부가 존재하지 않고 가계와 기업만이 존재하는 [그림 1-2]와 같은 시장경제를 이론적인 모델로 사용할 필요가 있다. 이처럼 시장경제라고 할 때는 정부도 없고 국제무역도 하지 않는 경제로서 이론을 단순화하기 위한 하나의 모델이라는 점에 유의할 필요가 있다.

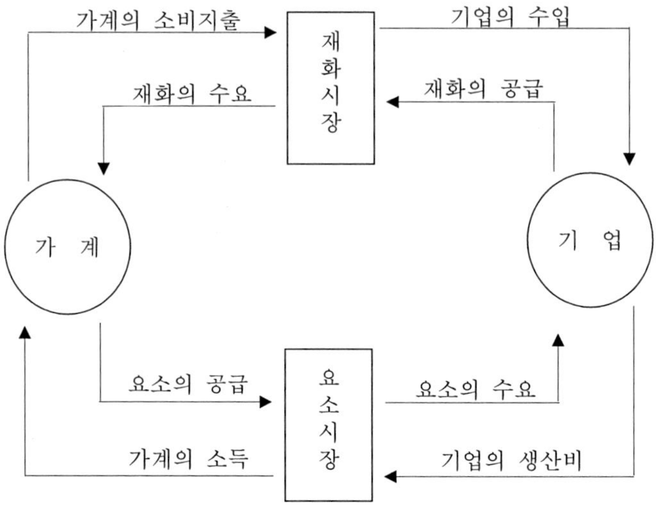

[그림1-2]시장경제와 소득의 순환적 흐름

정부가 존재하지 않는다면 경제주체는 가계와 기업으로 구분되며 시장은 재화시장(생산물시장)과 생산요소시장으로 구분된다. 재화와 용역의 가격은 재화시장에서 가계와 기업의 상호작용에 의해서 결정되고 생산요소의 가격은 생산요소시장에서 가계와 기업이 상호 작용으로 결정된다. 재화시장에서 어떤 한 상품의 과잉생산으로 가계의 수요량이 기업의 공급량보다 부족하면 과잉생산이 해소될 때까지 가격은 하락하고, 기업의 과소생산으로 기업의 산출량보다 가계가 구매하고자하는 수요량이 더 많다면 상품의 부족이 해소될 때까지 가격은 상승한다. 상품의 과부족이 해소되어, 가격이 변동하지 않을 경우 이 때의 가격을 균형가격이라 한다.

생산요소는 가계가 소유하고 있기 때문에, 기업이 가계가 원하는 상품을 생산하기 위해서는 이를 구매하여야 한다. 따라서 생산요소시장에서는 가계가 판매자(공급자)가 되고 기업이 구매자(수요자)가 된다. 가계의 공급량이 기업의 수요량보다 많으면 요소가격은 과잉공급이 해소될 때까지 하락한다. 가계의 공급량이 기업의 수요량보다 적다면 초과수요가 해소될 때까지 가격은 상승한다. 이상의 설명에서 알 수 있는 바와 같이 재화와 용역은 기업에서 가계로 흐르고 생산요소는 가계에서 기업으로 흐른다.

기업이 생산요소를 구입한 대가로 지급되는 임금, 이자, 지대등은 기업의 생산비에 해당하고 이는 가계의 소득이 된다. 가계는 이 소득으로 기업이 생산한 생산물을 구입하므로 가계의 지출은 기업의 수입이 된다. 이처럼 가계의 소득의 지출은 기업을 통해서 다시 가계의 소득으로 유입되는 데 이와 같은 소득의 흐름을 소득의 순환적 흐름이라한다.

이미 설명된 바와 같이 자본주의 사회에서는 무엇을, 어떻게, 누구를 위해서 생산할 것인가하는 문제가 가격에 의해서 결정된다. 그러나 공산주의 사회에서는 경제의 3가지 기본문제가 정부의 명령에 의해서, 봉건주의 사회에서는 전통과 관습에 의해서 해결된다. 공산주의 또는 사회주의 사회에서도 가격이 존재하지만 정부가 결정한 가격이기 때문에 항상 상품의 과부족상태가 문제가 되고 따라서 자원이 비효율적으로 배분된다.

모든 자본주의 경제가 그렇지만 우리 경제도 정부가 기본적인 경제문제 해결에 영향을 미치는 혼합경제체제이다. 정부의 경제적기능 또는 역할은 시장경제가 비효율적이거나 불공평할 때 이를 개선시키고, 경제가 불안정적으로 성장하거나 또는 경제성장을 촉진시킬 필요가 있을 때 경제를 안정시키고 경제성장을 촉진시키는 것이다.

시장은 항상 효율적인 것이 아니라 비효율적일 경우도 있는 데 이를 시장의 실패라 한다. 그리고 시장이 효율적일 경우에도 소득이 불공평하게 분배되는 경우가 있는데 이와 같은 경우에는 효율성을 선택하고 공평성을 포기할 것인가 아니면 공평성을 선택하고 효율성을 포기할 것인가하는 것이 중요한 문제가 된다. 그리고 자본주의 경제는 안정적으로 성장하는 것이 아니라 경기가 변동하면서 성장하는 것이 일반적이기 때문에 경제를 안정시키고, 후진국인 경우에는 경제성장을 촉진시키는 것이 무엇보다도 중요한 경제문제가 되기 때문에 정부가 경제성장을 촉진시킬 필요성이 있는 것이다. 효율성과 공평성의 문제는 미시경제문제이며, 경제안정과 경제성장의 문제는 거시경제문제이다.

3. 경제학의 연구방법론

단순한 시장경제 모델에서 정부가 존재하지 않는다면 경제주체는 가계와 기업으로 구분되고 모든 상품의 가격은 과잉공급이나 초과수요가 소멸할 때까지 상승하거나 하락할 것이다. 이것은 경제학에서 가장 많이 사용되는 모델(model)이며, 연구방법론의 하나의 예에 속한다고 할 수 있다.

모든 과학의 목적은 현실을 설명하는데 있다. 경제학도 경제현상을 설명하고 예측하는데 그 목적이 있다고 할 수 있는데 현실경제는 매우 복잡하기 때문에 이를 단순화 시킬 필요성이 있다. 복잡한 현실경제를 단순화하기 위해서는 가정을 설정해야만 한다. 위의 예에서 "정부가 존재하지 않는다면"은 가정의 설정이고 이와 같은 가정의 설정으로부터 정부가 존재하지 않는 시장경제모델이 성립된다 "과잉공급이나 초과 수요가 존재한다면"은 원인이고 "균형가격이 성립할 때까지 가격은 상승하거나 하락할 것이다"는 결과이다. 따라서 경제모델은 인과관계를 유도하기 위해서 복잡한 경제현실을 단순화 추상화한 것 또는 경제현실을 단순화 시킨 이론적 모형이라고 할수 있다.

단순한 시장경제모델은 수많은 경제모델(economic model)중에 하나에 불과하지만 우리는 이로부터 수많은 미시경제적 현실과 거시경제적 현실을 설명할 수 있는데 미시경제적 현실을 설명할 경우에는 균형가격과 관련해서 설명되어지고 거시경제적 현실을 설명할 경우에는 소득의 순환적 흐름과 관련해서 설명할 수가 있다.

현실을 추상화 또는 단순화한 경제적 모델 또는 경제 이론은 현실세계의 관찰의 결과 검증된 것이라 할 수 있다. 예를 들어 어떤 상품의 가격이 상승할 때 소비자들의 구매량은 감소한다는 소비자 수요이론은 소비자들의 소비행위를 관찰한 이후에 소비행위에 대한 일반원칙으로 검증되었기 때문에 받아들여지게 된 이론이다. 따라서 현실세계에서 관찰이 되었다고 할지라도 모순이 되는 결과가 존재해서 하나의 경제이론으로 받아들여 질 수 없는 것은 경제적 모델이 될 수 없음은 당연한 결과이다. 그러나 검증과정에서 가정 그 자체에 현실성이 부족하다고 하더라도 문제가 되지 않는다. 예를 들어 한계효용이론에서 한계효용을 측정해서 그것을 검증해야한다면 하나의 소비이론이 될 수 없을 것이다. 한계효용이론은 가격과 개별소비자의 수요량과의 관계를 설명할 수 있었기 때문에 소비자 수요이론이 된 것이다. 따라서 검증은 가정을 검증하는 것이 아니라 인과관계가 보편적인 원칙이 될 수 있는가 없는가 하는 모델의 설명능력에 따라서 검증되는 것이다.

특히 모델의 가정은 그 자체가 현실을 단순화 추상화하기 위해서 설정된 것이기 때문에 일반적으로 비현실적이다. “다른 요인이 일정하다면"이라는 여건불변의 가정은 경제적 모델이 많은 가정으로 구성되어 있기 때문이다. 예를 들어 소비자수요이론에서 소비자의 소득, 소비자의 선호, 연관재의 가격등이 일정한 경우에만 가격과 수요량과의 관계가 설명될 수 있는 것이다.

미시이론, 거시이론에서 설명되고 있는 경제적 이론들은 일반적으로 이미 검증된 이론이지만 우리경제의 입장에서 검증할 필요가 있는 것이 있을 수 있다. 예를들면 거시경제이론에서 개방경제의 IS-LM모델(먼델·플레밍모델)은 미국에서 검증된 이론이다. 그러나 이 모델은 아직까지 우리경제에 그대로 적용할 수 없는 모델이기 때문에 우리경제의 입장에서 재검증할 필요가 있다는 것이다. 이에 대한 구체적인 내용은 제4편 “국제금융론과 먼델·플레밍모델” 및 이 책「시리즈」의 제4권, 완결편 연구방법론에서 자세히 설명되고 있다.

경제적 모델의 검증과 관련해서 논의되는 문제가 규범 경제학이다. 이상에서 설명된 바와 같이 특수한 경우를 제외하고는 모든 경제이론이 현실을 관찰해서 모델을 설정하고 이를 현실의 세계에서 검증한 결과 일반원칙으로 받아들여진 것들이기 때문에 실증경제학 또는 실증경제이론이라한다. 이에 반해서 규범경제학은 이와 같은 과정을 거치지 않은 경제이론으로 “무엇이 있어야하는가”하는 가치 판단의 문제를 다루는 분야라고 할 수 있다. 소득의 공평분배론은 규범경제학에 속한다. 왜냐하면 자본주의 사회에서의 소득분배론은 소득의 기능적분배론(한계생산성이론)이지 공평분배론이 아니기 때문이다.

실증경제학과 규범경제학은 상호독립적이다. 그러나 규범경제학은 실증경제학과 사회적인 가치관에 의해서 설정된다. 예를 들면 “최저임금을 올려야 한다”는 말은 규범경제학에 속하는데 이는 최저임금수준이 낮을 경우에 사회적인 가치관에 의해서 설정되는 이론이라고 할 수 있다. 실증경제이론에 문제가 생겼을 때는 통계에 의해서 문제가 해결되지만, 규범경제이론은 윤리적인 가치관을 전제로 하기 때문에 사회적으로 쟁점이 되어 혼란이 야기 될 경우에도 통계에 의해서는 해결될 수 없고 정치적인 판단에 의존할 수 밖에 없다. 그러나 규범적인 논리에 대한 비용·편익분석은 가능하기 때문에 정책의 수립과 그 효과에 대해서는 실증경제학에 의존하게 되는 것이다. 규범적인 가치판단이 정당의 정책이되고 투표를 통해서 실현되는 것은 바로 이와 같은 이유 때문이다.

요 약

1. 인간의 욕구를 충족시키기 위한 자원은 희소하기 때문에 어떻게 희소한 자원을 효율적으로 여러 용도에 배분할 것인가 하는 선택의 문제를 다루는 학문을 경제학이라한다. 경제학은 이렇게 정의되는 것이 일반적이고 전통적이다.
2. 주어진 자원과 기술수준으로 재화와 용역을 생산할 수 있는 한 경제의 생산능력을 생산가능곡선이라 하며 X재 한 단위를 더 생산하기 위해서 포기해야하는 Y재의 수량을 X재의 기회비용이라 한다.
3. 어떤 사회이든 "무엇을 얼마만큼(생산물의 구성), 어떻게(자원배분), 누구를 위하여 (소득분배) 생산할 것인가" 하는 문제에 직면하게 되는데 이를 경제의 3가지 기본문제라하며, 경제성장의 문제까지를 포함시킨다면 4가지 기본문제가 된다. 자본주의 사회에서는 이들 문제가 주로 가격에 의해서 해결되기 때문에 시장경제모델이 이론적으로 필요하다.
4. 정부의 경제적 역할은 비효율성과 불공평성의 개선 및 경제의 안정적 성장에 있다고 할 수 있다.
5. 경제학은 미시경제학과 거시경제학으로 나누는데 미시경제학은 희소한 자원의 효율적 배분문제를 소비자와 생산자의 개별적인 경제행위를 통해서 미시적으로 접근하는 분야이며, 거시경제학은 총량적인 경제변수를 통하여 경기변동과 경제성장을 분석하는 분야이다.
6. 복잡한 현실을 단순화시킨 이론적 모형을 경제모델이라하며 설명능력에 의해서 검증된 모델을 경제이론이라한다. 실증경제학은 검증된 경제이론이며 규범경제학은 검증될 수 없는 가치판단의 문제를 포함하는 경제이론이다.
7. 단순한 시상경제모델은 균형가격의 결징과정과 소득의 순환적 흐름을 분석하는데 매우 유용하게 이용될 수 있다.

중요개념

1. 자원의 희소성, P. 5
2. 자본과 화폐, P. 5
3. 생산가능곡선, P. 6
4. 기회비용, P. 6
5. 경제의 기본문제, P. 7
6. 자본축적, P. 9
7. 기술진보, P. 9
8. 경제학의 정의, P. 9
9. 물가와 임금의 신축성, P. 10
10. 총수요관리정책, P. 10
11. 스태그플레이션, P. 11
12. 외환위기, P. 11
13. 시장경제, P. 11
14. 정부의 경제적 역할, P. 13
15. 혼합경제체제, P. 13
16. 소득의 순환적 흐름, P. 13
17. 시장의 실패, P. 13
18. 효율성과 공평성, P. 13
19. 경제모델, P. 14
20. 규범경제학, P. 15
21. 실증경제학, P. 16

제2장

경제학의 기초개념과 현대경제문제

1. 시장경제의 효율성
2. 소득분배론과 공평성
3. 저축과 투자 및 미래에 대한 경제이론
4. 가격과 물가 수준
5. GNP와 GDP 및 잠재적 산출량 수준
6. 임금과 실업
7. 실업률과 인플레이션
8. 경제성장과 경제발전
9. 전문화의 원칙과 국제무역론
10. 환율과 경상수지 및 해외투자

1. 시장경제의 효율성

경제학의 정의에서 그렇듯이 경제학에서 가장 중요하게 다루는 개념이 효율성이다. 효율성의 정확한 개념은 미시경제학 전체를 이해하고 나서야 이해될 수 있는 개념이라고 할 만큼 미시경제학 대부분이 이 문제를 설명하고 있다고 해도 과언이 아니다.

간단히 요약한다면 자원 또는 생산요소는 희소하기 때문에 각종 재화의 생산에 효율적으로 배분해서 주어진 요소와 기술수준으로 극대의 산출량을 생산하고, 이렇게 생산된 각종재화의 산출량을 사회구성원들의 요구하는 바에 따라 효율적(극대의 후생수준, 또는 극대의 효용수준)으로 분배되어야한다는 것이다. 그런데 시장경제는 비효율적일 때도 있어 실패하는 경우도 있는데, 크게 시장의 불완전성, 외부효과, 공공재의 필요성 등 3가지로 구분하고 있다.

1) 시장의 불완전성

시장은 경쟁적이어서 완전한 것이 아니라 불완전한 것이 일반적인 현상이다. 농수산물시장을 제외하고는 대부분의 시장이 불완전하다.

시장은 경쟁적인 경우에만 자원은 효율적으로 배분된다. 여기서 경쟁이란 경쟁상대방이 다수이기 때문에 경쟁상대방(rival)이 없는 경우라 할 수 있다. 그리고 일반적으로 경제학에서는 경쟁자(competitor)를 라이벌이라는 용어로 사용하지 않는다. 따라서 경제학에서 말하는 경쟁이란 경쟁상대방과 다툰다 또는 겨룬다는 뜻이긴 하지만 경쟁상대방이 다수일 경우이기 때문에 자신과의 다툼(싸움) 또는 자신의 입장에서 최선을 다하는 것으로 해석하는 것이 보다 더 좋을 것이다. 그리고 경쟁은 분업과 교환을 전제로 하기 때문에 사회구성원들 모두가 전문화된 자신이 맡은 바 직업에서 최선을 다할 때 자원은 효율적으로 배분된다고 할 수 있다. 그런데 현실의 시장은 독과점이거나 독점적경쟁시장이 일반적이므로 자원은 효율적으로 배분되지 못하고 있는 것이다.

지금까지 설명에서 알 수 있는 바와 같이 자원이 효율적으로 배분되기 위해서는 완전경쟁시장이어야 한다. 완전경쟁시장에서는 가계와 기업의 상호작용에 의해서 균형가격이 결정되며 균형상태에서는 경제가 효율적이기 때문에 사회전체의 후생수준 또는 복지수준이 극대가 된다. 스미스(Adam Smith)의 보이지 않는 손의 원칙이 여기에 있다. 즉 가계와 기업의 상호작용이 보이지 않는 손에 인도되어 사회전체의 복지수준을 극대화 시킨다는 것이다. 끝으로 효율성은 소비자잉여와 생산자잉여를 합계한 것과 같은데 이에 대한 구체적 내용은 「시장경제의 효율성」에서 자세히 설명되고 있다. 그리고 일반균형이론으로도 효율성이 설명될 수 있는데 제1권 「미시경제」에서는 두가지 방법이 모두 사용되고 있다.

이상에서 설명한 바와 같이 시장은 완전하지는 않지만 정부의 명령에 의해서 경제문제를 해결하는 것 보다는 시장에서 결정되는 가격에 의해서 해결하는 것이 더 효율적이기 때문에 공산주의 사회는 붕괴되었고 시장경제가 성공했다고 할 수 있다.

2) 외부성(외부효과)

외부효과는 외부경제와 외부불경제로 나누는데, 외부불경제가 중요하며 이 문제를 주로 다루는 분야가 자원경제학(환경경제학)이다. 토지를 제외한 상당히 많은 자연자원은 소유권이 존재하지 않는 경우가 많다. 배타적 소유권이 존재하지 않는다면 누구든지 아무렇게나 마구 사용할 수 있기 때문에 자연자원이 낭비되고 비효율적이 되는 것이다. 예를 들면 기업이 정화시설을 갖추지 않고 강물이나 바닷물 또는 공기를 이용해서 폐수나 오염물질을 처리한다면 대기오염이나 수질오염이 발생하게 된다.

깨끗한 공기와 깨끗한 물은 자유자원이 아니라 경제자원이다. 따라서 기업이 생산활동과정에서 폐수나 오염물질을 처리하는데 물과 공기를 사용했다면 그 대가를 지불해야하는데 이를 배타적으로 소유하는 상대방이 없기 때문에 그 대가(오염제거비용)를 지불하지 않는 것이다. 따라서 오염제거 비용만큼 비효율적이 되며 이는 사회적비용으로 처리된다. 외부경제는 이와는 반대로 다른 사람에게 편익을 주지만 그 대가를 받지 않은 경우로 그 만큼 과소공급이 되어 비효율적이 되며, 연구개발과 기술훈련등이 여기에 속한다고 할 수 있다.

3) 공공재

공공재는 도로, 국방, 경찰과 같이 공공의 욕구를 충족시키는 재화와 용역으로, 집합적으로 사용되고 소비로부터 배제시킬 수 없기 때문에 시장에서 공급될 수 없어 시장은 비효율적이 되며, 정부에 의해서 공급되는데 이 문제를 다루는 분야가 재정학이다.

2. 소득분배론과 공평성

경제학에서의 소득분배론은 소득의 기능적분배 또는 소득분배의 한계생산성 이론이지 공평분배론이 아니다. 따라서 소득의 분배는 생산에 기여한 것만큼 분배되고 또 그것이 효율적이기 때문에 타당성이 있지만 경우에 따라서는 공평하지 못하다는데 문제가 있다. 바꾸어 말한다면 시장이 실패하지 않는 경우에도 소득의 분배는 사회적으로 받아들일 수 없을 만큼 불평등할 수도 있다는 것이다. 사회복지 정책, 최저임금제도, 각종의 농업지원정책프로그램, 누진세 제도가 이 때문에 존재한다.

이미 설명한 바와 같이 생산물시장에서 생산된 총산출량은 임금, 지대, 이자, 이윤으로 분배된다. 그 중 약 70%가 임금의 몫이기 때문에 생산비 중 가장 중요한 것이 임금이다. 이와 같은 이유 때문에 임금은 미시경제학뿐만 아니라 거시경제학에서도 매우 중요하게 다루어지고 있다. 미시경제학은 "임금이 신축적이라는 전제하에서" 이론이 전개되고 있지만, 거시경제의 단기분석에서는 "임금이 단기적으로는 경직적이라는 가정하에서" 전개되고 있다. 그리고 최저임금제도와 노동조합의 문제도 거시경제에서 중요하게 다루어지고 있다. 왜냐하면 거시경제의 중요한 문제가 실업의 문제이기 때문이다.

3. 저축과 투자 및 미래에 대한 경제이론

저축과 투자는 미시, 거시, 국제경제이론의 기초가 될 뿐만 아니라 미래에 대한 경제이론으로 대변될 수 있기 때문에 중요하다. 모두 미래의 소비를 증가시키기 위해서 투자되고 저축되므로 동일인에 의해서 저축되고 투자되는 경우에는 그 금액이 동일하다. 예를 들어 어떤 가계의 교육 투자는 일반적으로 저축된 자금이 투자되므로 일치한다고 할 수 있다.

이해를 돕기 위해서 로빈슨 크루소(Robinson Crusoe)경제를 예로 드는 경우가 많다. 로빈슨 크루소가 무인도에서 혼자 살고 있는 경우에는 차입에 의한 투자가 불가능함으로 미래의 소비를 증가시키기 위해서는 저축된 것으로 투자하기 때문에 항상 일치할 수밖에 없다. 그러나 차입이 가능한 현실세계에서는 차입에 의해서 투자되는 경우가 일반적인 현상이다. 예를들어 한국이 생산적인 투자기회가 많아서 투자수익률이 타국에 비해서 높다면 우리경제는 해외자본을 도입(차입)해서 투자 할 수도 있는 것이다.

저축의 주체는 가계이고 투자의 주체는 기업이다. 기업은 자신이 저축한 투자자금과 가계가 저축한 자금을 차입해서 투자를 하므로 한 경제의 투자수준은 가계의 저축과 생산적인 투자사업의 예상수익에 의해서 결정된다. 따라서 우리경제에 생산적인 투자기회가 많다고 할지라도 과거에 투자해 놓은 것이 부족해서 자본이 부족하다면 차입에 의해서 경제가 발전할 수 밖에 없고 각각의 개별기업도 차입성장전략을 선택할 수밖에 없을 것이다. 이것이 외환위기의 근본적인 요인이었다고 생각해도 좋을 것이다.

이상의 설명은 미시경제의 대부자금시장을 기초로 한 것이다. 그런데 외환위기는 최근들어 일반적으로 거시경제이론으로 설명되고 있다. 거시경제의 대부자금시장도 미시경제의 대부자금시장과 본질적으로 똑같다고할 수 있다. 차이점이 있다면 저축이 가계의 저축뿐만 아니라 정부저축을 고려한 국민저축이라는 점이다. 따라서 "저축이 부족할 경우에는 차입에 의해서 경제가 성장할 수 있다"는 차입성장전략의 본질적인 의미는 거시경제에서도 그대로 적용할 수 있다.

외국으로부터의 차입은 자본의 순유입을 뜻한다. 자본의 순유입으로 자본수지가 흑자일 경우에 경상수지는 적자일 수밖에 없다. 경상수지적자는 유량이고 외채는 저량이다. 따라서 경상수지적자가 장기적으로 지속되면 외채가 지속적으로 증가하기 때문에 외채위기에 빠질 수 있다. 1997년 외환위기는 다른 요인도 있지만 가장 중요한 요인이 외채였다고 할 수 있을 것이다.

4. 가격과 물가수준

상품의 가치를 화폐로 나타낸 것을 가격이라 하는데 물가수준이 변화하지 않는다면 가격은 그대로 상대가격을 반영한다. 예를 들어 X재의 가격(Px)이 2,000원이고 Y재의 가격(Py)이 1,000원이라고 한다면 X재의 가치 또는 상대가격은 $\frac{Px}{Py}$로서 2이다. 바꾸어 말한다면 X재의 가치를 Y재로 나타내었을 경우에는 2 단위의 Y재가 된다는 뜻으로 X재 1단위와 Y재 2단위가 교환된다는 것과 같은 뜻이다. 따라서 물가가 변화하지 않거나 변화되는 경우에도 똑같이 똑같은 비율로 변화한다면 상대가격은 불변이다.

거시경제변수로서 물가수준은 지수로 표시되며, 인플레이션이란 물가수준이 상승하는 현상으로 다음과 같이 나타낼 수 있다.

물가상승률(인플레이션율)

$$= \frac{\text{당해연도의물가지수} - \text{기준연도의물가지수}}{\text{기준연도의물가지수}} \times 100$$

명목이자율이 10%이고 물가상승률이 5%라고 한다면 실질이자율은 명목이자율에서 물가상승률을 빼준 5%가 된다. 즉

실질이자율=명목이자율-물가상승률

거시경제 변수는 실질변수로 표시되는 경우가 많다. 따라서, 소비지출, 투

자지출, 정부지출, 순수출, GNP, GDP, 경제성장등 주요거시경제변수를 실질변수로 나타내기 위해서는 물가상승률을 이용해서 환산해 주어야 한다. 이와 관련해서 매우 중요한 개념이 이자율과 환율이다. 명목이자율은 우리가 일반적으로 사용하고 있는 이자율의 개념과 같지만 이로부터 계산된 실질이자율이란 상대가격을 나타내는 개념으로 현재 소비 1단위와 교환되는 미래소비의 할증률을 말한다. 예를 들어 실질이자율이 10%라고 한다면 현재소비 1단위와 미래소비 1.1단위가 교환된다는 뜻이다. 똑같은 이치로 원·달러의 실질환율이란 외국상품의 상대가격을 뜻하는 개념이다. 예를 들어 물가수준이 일정한 상태에서 원·달러의 명목환율이 1,000원에서 1,100원으로 상승하였다면 외국상품의 가격이 우리상품에 비해서 상대적으로 10% 더 비싸게 되었다는 뜻이므로 수출이 증가하고 수입이 감소하기 때문에 단기적으로 환율은 경제를 안정시키는데 매우 중요한 역할을 하게 된다는 것이다. 이에 대한 구체적인 내용은 제4편 "국제금융론과 먼델·플레밍모델" 및 이 책「시리즈」의 제2권 거시경제에서 자세하게 설명되고 있다.

5. GNP와 GDP 및 잠재적 산출량 수준

일정한 기간동안 한 경제의 생산실적인 산출량수준은 왜 변동하면서 성장하는가하는 문제가 거시경제의 주요문제이다. 이를 분석하기 위해서는 한 경제의 산출량수준을 잘 나타낼 수 있는 척도가 필요한데 그것이 국민총생산(GNP)과 국내총생산(GDP)이다. 만약 외국인의 국내투자와 한국인의 해외투자가 똑같다면 문제가 없겠지만 외국인의 국내투자가 한국인의 해외투자보다 크다면 외국인에게 지급되는 요소소득과 한국인이 외국에서 받는 요소소득이 차액만큼 국내총생산이 크게 된다. 따라서 외환위기시에 투자자금을 외국인들이 회수할 수 있다는 측면에서 본다면 국경을 기준으로한 국내총생산보다는 국민을 기준으로한 GNP가 한 국민경제의 희소한 자원으로 생산된 생산실적을 보다 더 잘 나타내는 것으로 생각할 수 있지만, 생산과 소득의 순환적인 흐름의 측면에서 본다면 GDP가 더 좋은 척도가 될 수 있다.

한 경제의 생산실적인 산출량 수준을 나타내는 GDP를 측정하기 위해서는 이중계산은 피해야하고, 물가가 변동하는 경우에는 당해연도의 시장가격으로 나타낸 명목GDP를 기준연도의 시장가격으로 환산해서 실질GDP로 나타내야하며, 시장에서 거래되지 않지만 가치를 측정할 수 있는 것은 포함해야 한다. GDP는 1년을 기준으로하며 1년간의 생산실적이 어떻게 변동하면서 성장하는 가를 분석의 대상으로하는 것이 경기변동이며 따라서 이는 단기분석이다. 경기변동으로 경제가 침체하거나 과열되었을 때는 모두 희소한 자원이 낭비되는 것을 뜻하기 때문에 거시경제의 중요한 목적은 경제가 안정적으로 성장하는데 있다.

경제성장은 실질GDP가 증가하는 현상을 말하며 경제성장률은 다음과 같이 구할 수 있다.

$$경제성장률 = \frac{당해연도의실질\,GDP - 기준연도의실질\,GDP}{기준연도의실질\,GDP} \times 100$$

이는 실제적인 GDP를 기준으로한 통계상의 경제성장률로 이론적인 경제성장을 뜻하는 것이 아니다. 거시경제이론에서 경제성장이란 시간이 경과함에 따라서 잠재적인 산출량수준(잠재적 GDP)이 증가하는 것을 뜻한다. 잠재적 산출량 수준이란 생산가능곡선상의 산출량수준으로 한 경제가 주어진 자원과 기술수준으로 생산할 수 있는 극대의 산출량 수준을 말하므로 경제가 성장한다는 것은 생산가능곡선이 우측으로 이동한다는 것과 같은 뜻이며 현실적으로는 실제적인 GDP의 장기적인 성장추세라고 할 수 있다.

실제적인 GDP는 잠재적 GDP이하일수도 있고 그 이상일수도 있다. 실제적인 GDP가 잠재적 GDP 이하일 때를 경기침체라하며 그 이상일때는 경기과열(과잉생산)이라한다. 따라서 경기변동과 실업 및 인플레이션에 대한 분석은 잠재적 GDP를 기준으로하며, 이때의 물가수준은 안정적이고 실업률은 자연 실업률 수준이다.

6. 임금과 실업

노동시장이 완전경쟁시장이라면 노동의 과잉현상이나 부족현상이 발생했을 경우 임금이 하락하거나 상승하여 균형임금이 되기 때문에 일을 하고자하는 사람들은 모두 취업을 하였고 기업은 고용을 하고자 하는 만큼 고용을 하게 된다. 주어진 임금수준에서 일을 하고자하는 사람들이 모두 취업을 했을 경우에도 실업이 발생하는데 그 이유는 주어진 임금수준에서 일을 하지 않고 더 높은 임금 수준에서 취업을 하고자하는 자발적 실업 때문이다. 이와 같은 사람들이 통계적으로 실업자로 나타나게 된다. 자발적 실업은 실업을 자발적으로 선택한다는 의미이며, 마찰적 실업이라고도 한다.

자발적 실업만 존재하고 다른 실업이 존재하지 않는다면 이상적인 사회가 될 것이다. 왜냐하면 경제는 효율적일 뿐만 아니라 실업자도 빈자리가 생기면 곧 취업을 하기 때문이다. 그러나 노동시장은 임금이 신축적이지 않다는데 문제가 있다.

임금이 신축적이지 않기 때문에 바꾸어 말하면 경직적이기 때문에 발생하는 실업을 비자발적 실업이라하며 거시경제학에서 문제가 되는 것이 이 비자발적 실업이다. 그 이유는 경기가 침체했을 경우에 발생하는 경기적 실업이 비자발적 실업에 속하며 경기적 실업이 중요한 경제문제가 되기 때문이다.

노동시장이 구조적 불균형으로 발생하는 구조적 실업 역시 비지발적 실업에 속하지만 경기적실업과 구분하기 위해서 마찰적실업과 구조적실업을 합하여 자연실업이라고 한다. 따라서 케인즈이론이나 케인즈학파이론은 비자발적 실업의 문제로서 경기적 실업을 어떻게 줄일수 있느냐하는 것을 설명하는 이론이라 할 수 있다. 자발적 실업과 구조적 실업만 존재할 경우의 GDP를 완전고용 GDP 또는 잠재적 GDP라 한다. 실제적 GDP가 잠재적 GDP보다 작은 경우 경기가 침체했다는 뜻이며 그 차이가 크면 클수록 실업이 증가한다는 뜻이다.

7. 실업률과 인플레이션

생산연령인구(15세이상 인구) 중에서 주부와 학생등과 같이 직업이 없으면서도 수입이 있는 일을 찾지 않고 있는 사람을 제외한 나머지 인구를 노동력 또는 경제활동인구라 하며 노동력은 실업자와 취업자로 구분됨으로 실업률은 실업자를 노동력으로 나누어 준 것이다. 단기적으로 정부가 경기를 부양시킨다면 물가는 상승하고 실업률은 감소하는데 이와같은 실업률과 물가상승률의 역의 관계를 그림으로 나타낸 것을 필립스 곡선(Phillips curve)이라 한다. 따라서 실업률을 감소시키고자 한다면 인플레이션이 문제가 되는데 실업률이 자연실업률 이하가 되면 실업률보다 인플레이션의 문제가 더 중요한 거시경제 문제가 된다.

1933년은 대공항의 바닥이었다. 미국의 경우 이때의 실업률은 25%여서 노동력의 1/4이 실업자였다. 이들의 대부분은 비자발적 실업자들이어서 일을 하고자 했지만 취업을 할 수 없었다.

이처럼 수많은 사람들이 취업을 할 수 없었던 것은 사회적으로 유용한 자원인 노동의 낭비였기에 그후 현재까지 실업의 문제가 거시경제의 중요한 문제로 다루어지고 있는 것이다. 그런데 2차대전이후에는 1930년대의 대공황과 같은 실업이 발생하지 않았을 뿐만아니라 1970년대부터는 인플레이션 문제가 더 중요한 거시 경제의 문제가 되자 실업에 대한 견해도 바뀌게 되었는데 이것이 자연실업률이며 자연실업률 수준에서는 물가도 안정적이라는 것이다. 바꾸어 말한다면 자발적실업이나 구조적 실업은 불가피한 사회적 현상이며 자원의 낭비도 아니라는 시각이다. 지금의 시점에서 본다면 실업과 인플레이션의 문제를 동시에 분석하는 수단으로서 잠재적 GDP, 잠재적 GDP 수준에서의 자연 실업과 물가상승률을 기준으로 경기변동의 문제가 분석되고 있다고 할 수 있다. 자연실업을 더욱 더 확대해석한다면 미시경제의 고전적 실업도 포함시켜야한다.

8. 경제 성장과 경제발전

주어진 기술수준으로 희소한 자원을 효율적으로 배분해서 생산할 수 있는 극대의 산출량수준을 미시경제적으로 나타내면 생산가능곡선이고 거시경제적으로는 잠재적 GDP라고 하는데, 생산가능곡선이 우측으로 이동하고 잠재적 GDP가 증가하는 현상 즉 시간이 경과함에 따라서 장기적으로 실제적인 GDP 수준이 증가하는 현상을 경제성장이라한다.

시간이 경과함에 따라서 저축과 투자에 의해 자본이 축적되면 노동자 1인당 자본량 즉 자본·노동비율이 증가한다. 기술이 진보 하지않는다고 할지라도 자본이 축적됨에 따라서 노동의 한계생산물이 증가되어 실질임금과 1인당 소득수준이 증가하고 경제는 성장한다. 경제가 성장함에 따라 실질 이자율은 하락하는데 그 이유는 투자사업의 예상수익률(자본의 한계생산물)이 자본이 축적됨에 따라서 감소하기 때문이다. 따라서 기술이 진보하지 않는한 경제가 성장함에 따라 실질이자율은 계속해서 하락하는데 사람들이 미래를 위해서 더 이상 저축을 하는 것이 이익이 되지 않는다고 생각하는 이자율수준이 되면 실질 임금과 1인당 소득수준은 더 이상 증가하지 않을 것이다. 이와 같이 경제가 더 이상 성장하지 않고 정체되어 있는 상태를 장기정체상태 또는 거시경제의 장기균형상태라 한다.

지난 200년동안의 선진국의 역사를 볼 때 끊임없이 기술이 진보해 왔기 때문에 장기정체상태는 존재하지 않았다. 기술이 진보하면 투자사업의 예상수익률이 상승해서 실질이자율이 상승하고 실질임금과 1인당 GDP가 증가하기 때문이다.

선진국의 경제성장론에 대비해서 후진국의 경제성장론을 경제발전론이라 한다. 위의 설명에서 알 수 있듯이 선진국의 경제는 자본과 기술에 의해서 성장하여 왔다고 할 수 있다. 후진국 역시 경제성장의 가장 중요한 요소는 자본과 기술이다.

그런데 기술은 외국으로부터 차입을 할 수 없지만 자본은 외국으로부터 차입이 가능하기 때문에 차입에 의한 경제발전전략은 불가피한 수단이라고 할 수 있다. 다만 차입에 의한 경제발전전략은 그 자체상 위험성을 내포하고 있다. 왜냐하면 차입의 목적은 투자에 있고 투자는 그 성격상 미래의 예상소득(미래수익)에 의존하기 때문이다. 이미 설명한 바와 같이이것이 1980년대와 1990년대 중남미와 동아시아 여러국가들이 겪어야 했던 외환위기의 근본적인 요인이었다고 할 수 있다.

9. 전문화의 원칙과 국제 무역론

교환을 전제로한 전문화의 원칙은 자본주의 사회의 가장 기본적인 원칙으로 이를 국가간의 무역으로 단순히 확대한 것이 국제무역론이다. 전문화의 원칙은 스미스(Smith)의 절대우위론과 리카도(Ricardo)의 비교우위론으로 구분될 수있다.

시장이 경쟁적이라면 상품간의 교환은 생산비에 따라 결정되기 때문에 각각이 생산자는 자신의 능력으로 가장 잘 할수 있는 (저렴하게 생산할 수 있는) 생산분야에 전문화해서 생산하고 이를 화폐라는 교환수단으로 상호교환한다면 각자가 상호이익이 될뿐만 아니라 사회전체적으로도 희소한 자원이 비효율적인 분야에서 사용되는 것을 막기 때문에 이익이라는 것이다.

이와 같은 스미스의 절대우위론은 노동만이 생산요소이고, 상대적 우위가 아닌 절대우위를 전제로 했다는 점에서 문제가 있긴 하지만 오늘날의 전문화의 원리와 똑같은 개념이다.

그렇다면 개인이든 국가든 절대우위의 생산분야가 없다면 어떻게 전문화하고 어떻게 국제무역이 이루어질 수 있겠는가? 이문제를 설명한 것이 리카도 비교우위론이다.

절대우위의 생산분야가 없다고 할지라도 상대적으로 우위인 생산분야는 있을 것이다. 바꾸어 말한다면 아무리 열등생이라고 할지라도, 그리고 아무리 후진국이라고 할지라도 우등생이 모든 것을 다하고 선진국이 모든 것을 생산하는 것보다는 비교우위에 있는 것을 찾아서 전문화하고 상호교환한다면 희소한 자원을 효율적으로 배분하기 때문에 인류사회의 복지가 증가한다는 것이다. 리카도의 비교우위론 역시 노동만이 생산요소라는 노동가치설을 기초로 했다는 점에 문제가 있지만 기본원리는 오늘날의 국제 무역론과 다를바 없다.

현대의 국제무역론을 대표할 수 있는 이론이 요소부존비율이론이다. 이는 단순히 노동이 풍부한 국가는 노동집약적인 상품에 비교우위가 있고, 자본이 풍부한 국가에서는 자본집약적인 상품에 비교우위가 있으며, 자연자원이 풍부한 국가에서는 자연자원집약적인 상품에 비교우위가 있으므로 각각 생산을 전문화해서 상호교환한다면 무역당사국 모두가 이익이라는 것이다. 다만 공업국가간의 상호무역을 설명할 수 없다는 단점 때문에 여러 형태의 국제무역에 대한 신이론이 연구되고 있으나 기본적으로는 비교우위론과 전혀 다를 바가 없다.

이상의 모든 논리들의 본질은 인간의 능력은 선천적인 것이 아니라 전문화의 결과라는 점이다. 그렇다면 우리 경제의 전문화과정은 앞으로 어떻게 이루어지는 것이 좋을까.

과거 200년간의 역사를 볼 때 투자는 주로 기술이 발전하는 방향에서 이루어져 왔다고 할수 있다. 방직기가 발명되었을 때는 섬유산업에 자동차가 발명되었을 때는 자동차산업에 전기·전자제품이 발명되었을 때는 전기·전자산업에 투자가 집중되면서 자본주의 경제가 발전해왔다고해도 과언이 아니다. 그동안 우리경제는 산업화에 성공하여 자동차산업에서 정보통신산업까지 20세기의 거의 모든 신상품에 비교우위가 있다고 볼 수 있다. 따라서 위험성을 줄인다는 측면에서는 수출상품을 다양화하는 것도 좋지만 전문화의 정도를 강화하는 방향으로 성장전략을 선택한다면 세계적인 기술력을 바탕으로 한 선진입국이 가능할 것으로 보인다.

10. 환율과 경상수지 및 해외투자

정부(중앙은행)가 개입하지 않는다면 외환(외국화폐)의 가격인 환율은 외환시장에서 외환의 수요(지급)와 공급(수입)에 의해서 결정된다. 예를 들어 한국의 외환시장에서 달러가 과잉공급되었을 때는 달러의 가격은 하락할 것이고 달러가 부족할 때는 달러의 가격이 상승해서 달러의 수급이 일치하는 수준에서 균형환율이 결정된다.

외환의 공급은 재화와 용역을 수출하거나, 외국인에게 자산을 매각함에 의해서 이루어지며 외환의 수요는 이와는 반대로 재화와 용역을 수입하거나, 한국인이 해외자산을 구입하는 경우에 해당한다. 따라서 경상수지에서 외환의 지급이 외환이 수입을 초과해서 적자가 발생할 때는 자본수지는 동액만큼 흑자가 되어야하며, 경상수지가 흑자일 때는 동액만큼 자본수지는 적자이어야 외환시장이 균형을 이루게 된다.

외국인의 국내자산의 매입을 외국인의 국내투자라하고 한국인이 해외자산을 구입하는 것을 한국인의 해외투자라 한다. 따라서 자본의 순유출(순해외투자)은 한국인의 해외투자에서 외국인의 국내투자를 공제한 것으로 자본수지 적자에 해당하고, 순해외 투자가 마이너스여서 자본이 순유입될 경우에는 자본수지는 흑자가 된다. 자본의 순유입이 증가해서 외환시장에서 달러의 초과공급이 발생할 때는 환율이 하락하기 때문에 경상수지는 적자가 되며 그 반대일 경우는 경상수지는 흑자가 된다. 따라서 외국인의 자본이 과도하게 유입될 경우에는 원화의 가치가 과대평가될 수 있기 때문에 정부(중앙은행)가 외환시장에 개입해서 환율에 영향을 미칠 수 있다. 그리고 완전한 변동환율제도와 완전한 고정환율제도는 현실적으로 존재하지 않는다고 보는 것이 타당할 것이다. 특히 외환위기를 조기에 극복하기 위해서도 정부의 외환시장 개입은 필연적이라고 할 수 있다.

장기에는 국제적인 대부자금시장(개방경제의 대부자금시장)에서의 자본의 국제적 이동이 환율을 결정하는 중요한 요인이지만 단기에는 화폐가 환율을 결정하는 중요한 요인이 된다. 예를들어 변동환율제도에서 통화량이 증가하면 이자율이 하락하기 때문에 자본이 유출되고 환율이 상승한다. 그러나 고정환율제도에서는 원화의 가치가 과대평가되었을 경우에도 금융정책에 의해서 원·달러환율을 상승시킬 수 없고 평가절하에 의해서 원화의 가치를 하락시키거나 반인플레이션 정책으로 물가상승률을 하락시킬 수 밖에 없다. 이와 같은 이유 때문에 외환위기와 환율위기가 거시경제에서 설명되는 것이 일반론이라 할 수 있다. 이에 대한 구체적인 내용은 제4편 "국제금융론과 먼델·플레밍 모델" 및 이 책「시리즈」의 제2권 거시경제, 제4권 연구방법론에서 자세하게 설명이 되고 있다.

경쟁과 게임

경쟁의 논리는 경제학적인 논리를 다른 사회과학에서 도입한 것이고 게임의 논리는 전쟁이나 놀이의 원리를 경제학에서 원용한 것이다. 따라서 경제학에서 경쟁상대방과 전략적으로 경쟁하는 경우는 게임이론에 국한 된다.

게임의 이론에서 극단적 가격전쟁이 있을 경우에는 당사자 모두가 결국 상호파멸의 결과를 초래할 수도 있다. 그런데 게임이론에 있어서도 상대방의 전략을 주어진 것으로하여 최선을 다하는 경우를 내쉬균형(Nash equilibrium)이라고 하는데 이 이론이 오늘날 게임이론(games theory)의 일반론이라 할 수 있다. 이 이론에 의하면 경쟁 역시 자신의 입장에서 최선을 다하는 상태로 해석되고 있다. 왜냐하면 경쟁상대방이 다수일 경우에는 소비자도 생산자도 가격을 주어진 것으로하여 자신의 능력으로 할 수 있는 최선의 것을 할 수밖에 없기 때문이다.

만약 인류사회가 동물의 세계에서 관찰될 수 있는 생존경쟁에 의한 진화론적인 원칙이 적용되는 사회라고 한다면 적자들만이 생존하고 열등생은 모두 다 사멸할는지도 모른다. 그러나 인류사회는 진화론적인 사회가 아니며 아무리 열등생이라도 아무리 후진국이라도 전문화의 원칙에 의해서 할 일이 있는 사회라 할 수 있다. 바꾸어 말한다면 경쟁은 교환과 전문화의 원칙을 전제로 할 뿐만 아니라 절대우위가 아닌 비교우위의 원칙을 전제로 한다. 더욱더 중요한 것은 인간의 능력은 선천적인 것이 아니라 전문화의 결과라는 점이다.

기업이 환경을 오염시키는 경우나 사람들이 자연자원을 남용하는 경우 역시 게임이론으로 해석될 수도 있으나, 그 근본적인 요인은 배타적 소유권이 존재하지 않아 그 대가를 지불할 상대방이 없기 때문이라고 해석하는 것이 타당할 것이다. 어쨌든 게임은 그 자체가 게임이며 경쟁과는 구별되는 개념이다. 모든 것이 게임으로 설명될 수있다면 경제학이 존재하지 않을는지도 모르며 모든 경제원칙이 모순에 빠질 수도 있다.

요 약

1. 시장이 실패하는 이유는 시장은 불완전할 뿐만 아니라 외부효과를 발생시키며 공공재를 공급할 수 없기 때문이다.
2. 경제학의 소득분배론은 기능적 소득분배론으로 효율성의 측면에서는 타당성이 있지만 공평성의 측면에서 문제가 있다. 누진세제도, 최저임금제도, 각종농업지원정책 프로그램, 사회복지제도등이 이 때문에 존재한다.
3. 저축의 주체는 가계이고 투자의 주체는 기업이다. 기업은 자신이 저축한 투자자금과 가계가 저축한 자금을 차입해서 투자를 하므로 국내저축이 부족할 경우에는 외국으로부터 차입해서 투자할 수도 있다.
4. 상대가격은 상품의 교환비율 또는 상품의 가치를 말하며, 물가수준은 절대가격의 가중평균치로서의 지수를 뜻한다. 이와 관련해서 매우 중요한 개념이 이자율과 환율인데 실질이자율과 실질환율은 실질변수이다.
5. 국민총생산은 GNP, 국내총생산은 GDP라고 하는데 경제성장이란 잠재적 GDP가 증가하는 현상을 말한다.
6. 노동시장이 완전경쟁시장이라면 자연실업은 자발적 실업인 마찰적 실업과 일치하지만 장기적인 구조적 실업과 고전적실업도 단기적인 경기적 실업과 구분이 되는 실업이기 때문에 자연실업은 마찰적 실업과 구조적 실업 및 고전적 실업을 모두 더해준 것이다.
7. 단기적으로 실업률과 물가상승률은 역의 관계에 있는데 이를 그림으로 나타낸 것을 필립스곡선(Phillips curve)이라한다. 따라서 실업률을 줄이려면 물가가 문제가 된다.
8. 시간이 경과함에 따라 저축과 투자에 의해서 자본이 축적되면 기술이 진보하지 않는다고 할 지라도 경제는 거시경제의 장기균형 또는 장기정체상태까지 성장한다. 따라서 기술이 지속적으로 진보하면 장기정체상태는 존재하지 않는다.
9. 국제무역론은 비교우위론을 전제로 하고 있으며, 대표적인 이론이 요소부존비율이론이다.
10. 환율은 외환의 수요와 공급에 의해서 결정되는데 외환의 수요는 외환의 지급에 해당하고 외환의 공급은 외환의 유입(수입)에 해당한다.

중요개념

1. 효율성, P. 21
2. 시장의 불완전성, P. 21
3. 외부성, P. 22
4. 공공재, P. 23
5. 소득의 기능적 분배, P. 23
6. 소득의 공평분배, P. 23
7. 저축과 투자, P. 24
8. 미래소비, P. 24
9. 미래의 예상소득, P. 24
10. 불확실성과 위험성, P. 24
11. 상대가격, P. 25
12. 물가수준, P. 25
13. 물가상승률, P. 25
14. 환율, P. 25
15. 명목이자율, P. 26
16. 실질이자율, P. 26
17. GNP, P. 26
18. GDP, P. 26
19. 잠재적 산출량, P. 27
20. 경제성장, P. 27
21. 경제성장률, P. 27
22. 자발적 실업, P. 28
23. 비자발적 실업, P. 28
24. 마찰적 실업, P. 28
25. 자연실업, P. 28
26. 생산연령인구, P. 28
27. 노동력, P. 29
28. 실업률, P. 29
29. 필립스 곡선, P. 29
30. 자연실업률, P. 29
31. 경제성장, P. 30
32. 투자사업의 예상수익률, P. 30
33. 장기정체상태, P. 30
34. 차입성장, P. 30
35. 절대 우위, P. 31
36. 비교 우위, P. 31
37. 노동가치설, P. 31
38. 요소부존비율 이론, P. 32
39. 국제무역의 신이론, P. 32
40. 외환시장, P. 33
41. 외환의 수요, P. 33
42. 외환의 공급, P. 33
43. 경상수지, P. 33
44. 해외투자, P. 33
45. 외국인의 국내투자, P. 33
46. 외환위기, P. 34

제 2 편

시장경제의 효율성

제3장

완전 경쟁 시장

1. 시장의 형태
2. 완전경쟁시장의 성립조건
3. 완전경쟁기업이 직면하는 수요곡선
4. 완전경쟁기업의 단기공급곡선
5. 완전경쟁시장의 단기공급곡선
6. 완전경쟁시장의 장기공급곡선

1. 시장의 형태

분업과 교환을 전제로한 경쟁은 자원을 효율적으로 배분시킨다.

여기서 말하는 경쟁이란 완전경쟁시장을 뜻한다. 그런데 현실적으로는 농산물 시장이나 증권시장(자본시장)이 완전경쟁시장에 속하고 나머지 모든 시장은 불완전경쟁시장(독점포함)에 해당된다. 막대한 생산규모에 도달할때까지 규모의 경제가 발생하는 산업이 있는가하면, 생산기술을 진보시킬 필요가 있기 때문에 특허권등의 독점권이 부여되는 경우가 있고, 생산을 위한 시설규모가 처음부터 상당히 크기 때문에 막대한 자본이 필요한 산업 등이 있을 수 있으며, 소비자의 욕구를 충족하는데 다양한 상품이 필요한 경우도 있을 수 있다. 이와 같은 이유 때문에 불가피하게 불완전경쟁시장이 존재하게 된다. 뿐만아니라 지리적인 차이도 불완전 경쟁시장을 유발시키는 요인이 된다.

경제학자들이 완전경쟁시장을 선호하는 이유는 완전경쟁시장은 자원을 효율적으로 배분시키고, 다른 시장을 평가할 수 있는 기준이 될 수 있기 때문이다. 예를 들어 비경쟁적인 시장이 자원을 효율적으로 배분시키지 못하는 경우에는 가격과 산출량을 통제(규제)함으로서 불완전경쟁시장의 자원배분 효과를 개선시킬 수 있다.

기업의 생산목적은 이윤을 극대화하는데 있다. 경우에 따라서 시장을 확대하거나 사회적인 명예를 확보하는데 그 목적을 두는 경우도 있지만 이또한 미래의 이윤을 극대화하기 위한 것이라 할 수 있다. 만약에 그렇지 않은 경우에 있어서도 그 목적을 달성하는데 들어가는 비용(손실)은 이윤극대화 원리에 의해서 평가될 수 있으므로 이윤이외의 목적을 추구할 경우에도 이윤극대화 원칙은 유용하다. 경제학에서 가장 기본적인 두가지 원칙(가정)이 있다면 하나는 만족의 극대화 원칙이고 다른 하나는 이윤극대화 원칙이다.

기업의 이윤은 산출량과 가격에 의해서 결정된다. 그런데 완전경쟁기업은 가격순응자이기 때문에 산출량만을 조정하므로서 이윤을 극대화하지만 불완전경쟁기업(독점포함)은 산출량을 조정하여 이윤이 극대화하는 수준에서 가격을 결정할 수 있다. 이와 같은 이유 때문에 불완전 경쟁기업은 자원을 비효율적으로 배분시킨다. 이상의 설명에서 알수 있는 바와 같이 시장이론 또는 시장구조론(시장조직론)은 각각의 시장형태에서 가격과 산출량이 어떻게 결정되고 그 결과가 어떠한가를 설명하는 이론이다. 이와 같은 이유 때문에 시장이론을 생산물시장의 가격과 산출량 결정이론이라고도 한다.

2. 완전경쟁시장의 성립조건

완전경쟁시장의 조건은 시장의 형태를 구분하는 기준으로서 사용되기 때문에 중요하다. 현실적으로는 생산물시장에서 농산물시장 정도가 완전경쟁시장이라고 할 수 있지만 다음에 열거되는 항목들은 농산물시장 뿐만아니라 모든 시장에 적용되는 기준이 된다.

1) 다수의 판매자와 구매자

시장의 형태를 구분하는 기준으로서 가장 중요한 것이 기업 또는 판매자의 수이다. 시장 또는 산업의 개념으로서 이론적으로 유용한 개념은 한 재화의 판매자와 구매자의 집단으로 정의되는 개념이라 할 수 있다. 산업내의 기업의 수가 다수일 경우를 완전경쟁시장, 산업내의 기업의 수가 하나일 경우를 독점시장, 산업내의 기업의 수가 소수일 경우를 과점시장이라한다.

산업 또는 시장내에 기업과 소비자가 다수라면 어느 개별 기업이나 소비자도 시장가격에 영향을 미칠 수가 없게 된다. 그러므로 완전경쟁시장에서의 기업과 소비자는 시장가격을 주어진 것으로 받아들여야 하는 가격순응자이다. 바꾸어 말한다면 주어진 시장가격수준에서 소비자는 자신이 구매하고자 하는 것만큼 얼마든지 구입할 수 있고 기업은 자신이 판매하고자 하는 것 만큼 얼마든지 판매할 수 있다. 어떤 시장이든지 소비자는 가격순응자이지만 기업은 완전경쟁시장에 한해서 가격순응자이며 다른 시장에서는 시장가격을 결정하는 가격설정자 또는 가격결정자라 할 수 있다.

2) 동질적인 재화

산업내의 기업의 수가 다수이고 기업이 생산하는 생산물이 동질적인 시장을 완전경쟁시장, 기업의 수가 다수이고 기업이 생산하는 생산물이 이질적인 시장을 독점적 경쟁시장이라 한다. 동질적인 생산물이란 완전히 표준화되어 있어서 전적으로 동일한 상품이란 뜻이다. 따라서 소비자는 어떤 기업이 생산하는 상품을 구입하든 똑같은 상품을 구입하는 것이 되기 때문에 차이가 없다. 이에 반해서 이질적인 상품이란 산업내 기업이 생산하는 생산물이 질적으로 차이가 있다는 뜻이다. 따라서 독점적 경쟁기업은 상품의 가격에 영향을 미칠 수 있다.

3) 자원의 완전이동성

모든 생산요소가 완전히 자유롭게 어떤 산업으로 들어올 수도 있고 빠져나갈수도 있어야 할 뿐만아니라 기업의 전출입 역시 완전히 자유로워야 한다. 기업의 전출입이 불가능한 기간을 단기라하며 가능한 기간을 장기라한다. 따라서 완전경쟁시장내의 기업들이 초과이윤(경제적이윤)을 얻고 있을 때는 항상 장기에 새로운 기업이 전입하게 된다. 그리고 기업의 이동에는 비용이 들지 않으며, 어떤 인위적인 장벽이나 자연적인 장벽이 존재하지 않는다. 독점적 경쟁시장 역시 기업의 전출입이 자유롭지만 과점시장은 막대한 자본등으로 인한 자연적인 장벽으로 인하여 전출입이 어려우며, 독점시장은 특허등의 인위적인 장벽과 자연적인 장벽으로 전출입이 불가능하다.

4) 완전한 정보와 지식

이론적으로 이에 대한 유용한 개념은 가격에 대한 완전한 정보와 지식이 있어야한다는 뜻이다. 따라서 어떤 소비자도 시장가격을 잘 알고 있기 때문에 비싼 가격을 주고 재화를 사는 일이 없고, 어떤 기업도 시장가격을 잘 알고 있기 때문에 시장가격보다 낮은 가격으로 재화를 파는 일이 없는 시장이 완전경쟁시장이다.

그리고 기업은 초과공급이 발생할 경우 시장가격을 잘 알고 있기 때문에 시장가격보다 조금만 내려도 판매하고자 하는 모든 것을 팔 수 있고, 소비자 역시 초과 수요가 발생할 경우 시장가격을 잘 알고 있으므로 시장가격보다 조금만 올려도 구입하고자 하는 모든 것을 구입할 수가 있기 때문에 가격이 균형가격을 향하여 변동하게 된다. 결국 완전경쟁시장에서는 하나의 상품에 대해서 동일한 하나의 가격만이 존재하는데 이를 일물일가의 원칙이라한다.

이상에서 설명한 완전경쟁시장의 성립조건은 완전경쟁시장에 대한 가정이라고 할 수 있다. 다른 이론도 그렇듯이 완전경쟁시장의 성립조건(가정)은 비현실적이지만 이로부터 얻을 수 있는 결론은 현실을 설명하는데 매우 유용하다고 할 수 있다. 예를 들면 수요와 공급이론과 시장경제의 효율성이 완전경쟁시장을 기초로 하고 있으며 이론적으로 말하는 “경쟁” 역시 완전경쟁을 뜻하는 말이다. 그리고 경제학에서 가장 중요한 이론(모델)이 완전경쟁시장모델이라고 할 수 있다.

3. 완전경쟁기업이 직면하는 수요곡선

독점기업은 산업내의 기업의 수가 하나뿐이기 때문에 독점기업이 직면하는 수요곡선은 바로 시장수요곡선이 되지만, 완전경쟁시장은 산업내의 기업의 수가 다수이기 때문에, 개별기업이 가격에 영향을 미칠수가 없고 따라서 완전경쟁기업이 직면하는 수요곡선은 주어진 시장가격수준에서 수평이다. 완전경쟁기업과 불완전경쟁기업의 차이점은 기업자체의 수요곡선 또는 평균수입곡선에 있다. 바꾸어 말한다면 적어도 이론적으로는 생산비에 차이가 있는 것이 아니라 평균수입 또는 단위당 수입에 차이가 있는 것이다.

[그림3-1] 완전경쟁기업이 직면하는 수요곡선과 총수입곡선

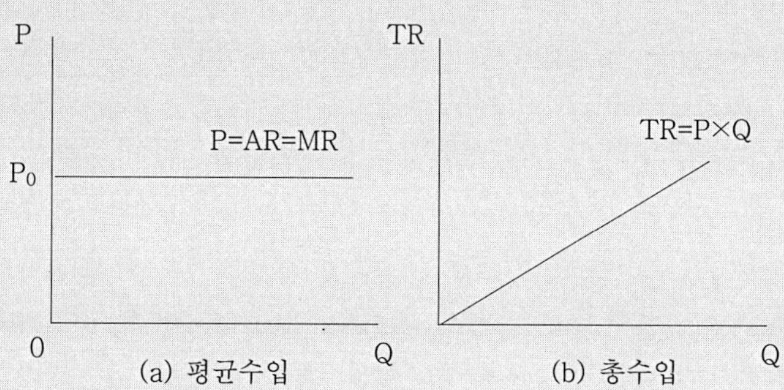

독점기업은 시장수요곡선이 곧 기업의 수요곡선이 되기 때문에, 과점산업은 소수기업으로 시장이 분할되고 상품을 차별화하기 때문에, 독점적 경쟁산업은 이질적인 상품이기 때문에, 개별기업이 직면하는 수요곡선은 모두다 완전경쟁기업의 직면하는 수요곡선과 차이가 있게 되며 이와 같은 이유가 자원을 효율적으로 배분하지 못하는 중요한 요인이 되는 것이다.

1) 평균수입

기업의 평균수입은 개념상 항상 가격과 같다. 그런데 완전경쟁기업은 시장가격에 영향을 미칠수 없는 가격순응자이기 때문에 평균수입을 나타내는 완전경쟁기업이 직면하는 수요곡선은 [그림3-1]에서 보는 바와 같이 주어진 시장가격수준에서 수평이다. 이를 수식으로 나타내면 다음과 같다.

$$AR = \frac{\overline{P} \times Q}{Q} = \overline{p}$$

이는 단순히 기업의 평균수입(AR)이 판매량(Q)과 관계없이 일정하다는 뜻이다. 바꾸어 말한다면 주어진 시장가격수준에서 기업이 판매하고자 하는 모든 것을 판매할 수 있다는 뜻이다.

2) 한계수입과 총수입

완전경쟁기업의 평균수입이 기업의 판매량과 관계없이 주어진 시장가격수준에서 항상 일정하다면 산출량 1단위를 더 팔아서 추가되는 수입인 한계수입(MR)은 평균수입과 일치하게 된다. 따라서 완전경쟁기업의 평균수입(AR)과 한계수입(MR) 및 생산물의 시장가격은 그림에서 보는 바와 같이 항상 AR=MR=P의 관계가 성립한다.

완전경쟁기업의 총수입은 가격에 판매량을 곱해준 것이기 때문에 생산물의 판매량이 0일때는 0이며, 가격이 일정하기 때문에 산출량이 증가하면 그 증가율만큼 증가하므로 원점에서 출발하는 직선이다.

수식으로 나타내면 다음과 같다.

$$TR=\bar{\mathrm{p}}\times Q$$

지금까지 설명에서 알 수 있는 바와 같이 완전경쟁기업이 직면하는 수요곡선은 주어진 시장가격수준에서 수평이기 때문에, 바꾸어 말한다면 가격순응자이기 때문에, 가격을 주어진 것으로 하여 자신의 입장에서 최선을 다할 때 이윤은 극대화한다고 할 수 있다. 따라서 경제학에서 말하는 경쟁이란 경쟁상대방이 없는 비인격적(impersonality)인 경쟁을 뜻한다. 이와 대비되는 개념이 게임이론에서 말하는 경쟁 또는 경합(rivalry)인데 일상생활에서 말하는 경쟁이라는 용어는 이를 두고 하는 말이다.

4. 완전경쟁기업의 단기공급곡선

기업의 이윤이 극대화되는 산출량 수준에서는 총수입과 총비용의 차액이 극대가 되는데, 개념상 이는 한계수입과 한계비용이 일치할 때이다. 따라서 총계분석방법에 의해서도 기업의 이윤극대화 산출량이 설명될 수 있다. 그러나 미시경제 분석방법이 한계분석방법이라고 하는 것과 같이 한계분석에 의해서 모든 시장원칙이 설명되고 있다고 할 수 있다. 따라서 이책에서는 편의상 총계분석방법은 생략하고 한계분석방법에 의해서만 논의가 전개되고 있다.

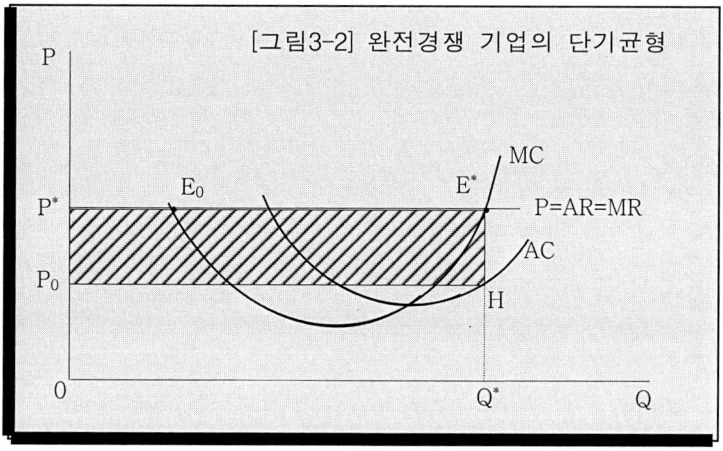

[그림3-2] 완전경쟁 기업의 단기균형

완전경쟁기업은 가격순응자이기 때문에 완전경쟁기업의 한계수입은 주어진 시장가격(P^*)수준에서 산출량과 관계없이 일정한데 이를 그림으로 나타내면 [그림3-2]에서 보는 바와 같이 주어진 시장가격수준에서 수평이 된다. 이에 반해서 한계비용은 산출량이 증가함에 따라 수확이 체증할 때는 감소하지만 수확체감의 법칙이 발생하고부터는 산출량이 증가함에 따라 증가한다. 기업의 한계수입이 한계비용보다 클때는 기업이 생산물 1단위를 더 생산하면 추가되는 수입이 추가되는 비용보다 커서 그 차액만큼 새로운 이윤이 추가되는 것을 의미하므로, 완전경쟁기업은 그림에서 보는 것처럼 한계비용곡선을 따라 산출량을 증가시키게 된다. 결국 한계비용이 한계수입과 일치하는 수준이 되면 이윤이 극대가 되는데 이유는 그 이상을 생산하게 되면 추가단위 생산에 대해서는 손실이 발생하기 때문이다. 따라서 한계비용이 증가하면서 한계수입과 일치하는 E^*점에서 생산을 할 때 이윤이 극대가 된다. 이때의 극대이윤은 빗금친 부분의 $P^*E^*HP_0$이다. 완전경쟁기업은 이윤이 극대가 되면 산출량을 증가시키지도 않고 감소시키지도 않을 것이므로 이를 완전경쟁기업의 단기균형이라한다. 따라서 완전경쟁기업의 단기균형조건 또는 이윤극대화조건은 MR=P=MC이다. 다만 한계비용은 증가하면서 한계수입과 일치해야 한다.

[그림 3-3] 단기손익분기점과 기업폐쇄점

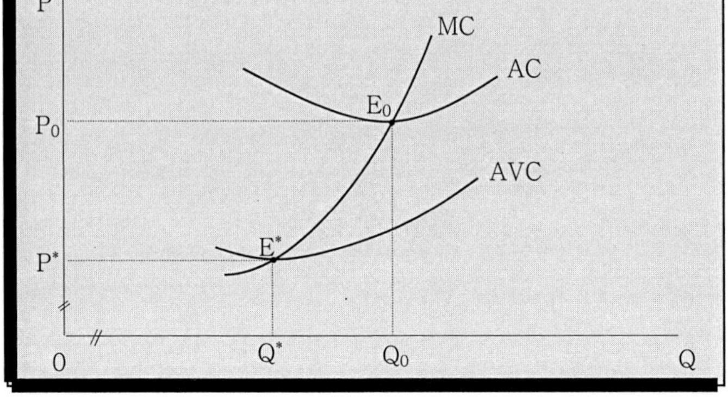

한계비용이 감소하면서 한계수입과 일치하는 E_0점에서는 이윤이 극대가 되는 것이 아니라 손실이 극대가 된다. 왜냐하면 그 전 모든 단위에서의 한계비용이 한계수입보다 크기 때문이다. 이와 같은 경우에는 산출량을 증가시키면 한계수입이 한계비용보다 크므로 손실을 줄일수 있게 된다.

한계비용이 증가하면서 한계수입과 일치하는 산출량수준을 생산하드래도 기업이 항상 이윤을 얻는 것이 아니라 손실을 보는 경우도 있는데 이 경우에도 완전경쟁기업의 이윤극대화조건 또는 균형조건은 그대로 유효하다. 왜냐하면 한계수입이 한계비용을 초과하는 이상 손실을 극소로 할 수 있기 때문이다. 단기에는 고정비용이 존재함으로 생산을 중단한다면 고정비용만큼 손실을 보게 된다. 따라서 생산을 해서 손해를 보는 일이 있더라도 고정비용보다 손실을 줄일수 있다면 생산을 계속하는 것이 유리하게 된다.

[그림 3-3]에서 보는 바와 같이 주어진 시장가격이 평균비용의 극소점과 일치하는 P_0 수준이라면, 한계비용이 증가하면서 한계수입과 일치하는 E_0점에서 생산을 하더라도 평균수입이 평균비용과 일치하기 때문에 기업의 이윤은 0이다. 이처럼 이윤이 0가 되는 단기평균비용의 극소점을 단기 손익분기점이라 한다.

주어진 시장가격이 평균가변비용의 극소점과 일치하는 P^*수준이라면, 한계비용이 증가하면서 한계수입과 일치하는 E*점에서 생산을 하더라도 평균수입이 평균가변비용과 일치하기 때문에 총수입으로 가변요소에 대한 비용만 지불할 수 있게 되어 생산을 중단했을 때와 똑같은 총고정비용만큼 손실을 보게 된다. 이처럼 총고정비용만큼 손실을 보게되는 평균가변비용의 극소점인 기업폐쇄점이하로 가격이 떨어지게 되면 기업은 문을 닫고 생산을 중단하는 것이 유리하다. 따라서 기업이 생산을 하려면 시장가격은 적어도 기업폐쇄점이상 이어야한다.

완전경쟁기업의 단기공급곡선이란 각각의 가격수준에서 완전경쟁기업이 생산해서 판매하고자 하는 공급량을 그림으로 나타낸 것을 말한다. 완전경쟁기업의 단기 공급곡선은 완전경쟁기업의 단기균형조건 또는 이윤극대화조건으로부터 직접 도출할 수 있다. [그림3-4]에서 보는 바와 같이 가격이 P_0일 경우에는 완전경쟁기업은 Q_0를 생산해서 공급하고자할 것이며, P_1일 경우에는 Q_1, P_2일 경우에는 Q_2, P_3일 경우에는 Q_3를 공급하고자 할 것이므로 각각의 균형점을 연결해 준 평균 가변비용 극소점 위에 있는 한계비용 곡선이 완전경쟁기업의 단기공급곡선이다.

[그림 3-4] 완전경쟁기업의 단기공급곡선

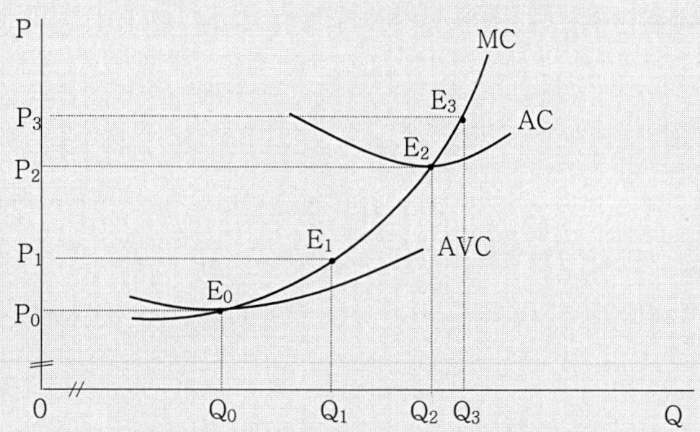

5. 완전경쟁시장의 단기공급곡선

산업내의 모든 경쟁기업의 단기공급곡선을 모두 수평으로 집계해주면 완전경쟁시장 또는 산업의 단기공급곡선이 된다. 일반적으로 공급곡선이라고 할 때의 공급곡선은 완전경쟁시장의 단기공급곡선을 가리키는 말이다. 즉 수요와 공급이론에서 공급곡선은 완전경쟁시장의 단기공급곡선을 말한다. 따라서 완전경쟁시장의 단기공급곡선은 수요곡선과 함께 비교정태 분석수단이 될 뿐만아니라 다른 시장과 정부의 역할을 평가하는 수단이 되기 때문에 중요하다.

완전경쟁시장의 균형가격은 [그림3-5]에서 보는 것처럼 수요량과 공급량이 일치하는 수준에서 결정되는데 이는 미시경제의 수요와 공급의 이론에서 설명된 바와 같지만 여기에서 중요한 것은 시장내의 모든 기업의 한계비용이 가격과 일치하고 있다는 점이다. 원래의 시장수요곡선을 D_0라고 하면 균형가격은 P_0가 될 것이다. 그런데 수요가 증가해서 수요곡선이 D_0에서 D_1으로 이동했다면 균형가격은 P_1으로 상승하고 균형산출량은 Q_1으로 증가한다. 이때 P_1의 시장가격은 단기균형가격이지만 장기균형가격은 될 수 없다.

[그림 3-5] 완전경쟁시장의 단기균형

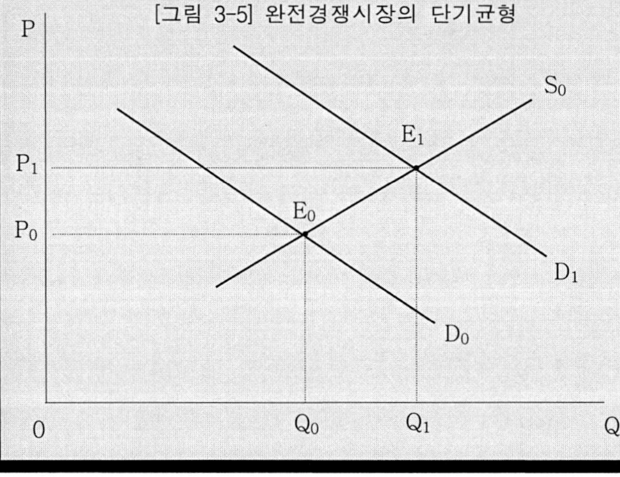

왜냐하면 이 산업내의 기업들이 초과이윤(경제적 이윤)을 얻고 있다면 다른 기업들이 이 산업으로 전입해들어 올뿐만 아니라 산업내의 기업들의 시설규모도 비용을 극소화하기 위해 변화되기 때문이다.

6. 완전경쟁시장의 장기공급곡선

1) 완전경쟁기업의 장기이윤극대화조건

완전경쟁기업은 단기에는 시설규모를 변화시킬수 없지만 장기에는 시설규모를 포함하여 모든 요소의 투입량을 변경시킬 수 있다. 따라서 완전경쟁기업이 장기에 이윤을 극대화하기 위해서는 장기한계비용이 증가하면서 가격 즉 한계수입과 일치하는 수준에서 생산을 할 때 이윤은 극대화된다. 그러므로 완전경쟁기업의 장기이윤극대화조건은 P=MR=LMC이다. 완전경쟁기업이 장기에 가격과 장기한계비용이 일치하는 수준에서 이윤이 극대화하는 이유는 시설규모를 늘리거나 줄임에 의해서 비용을 극소화 할 수 있기 때문이

[그림3-6] 완전경쟁기업의 장기이윤 극대화 조건

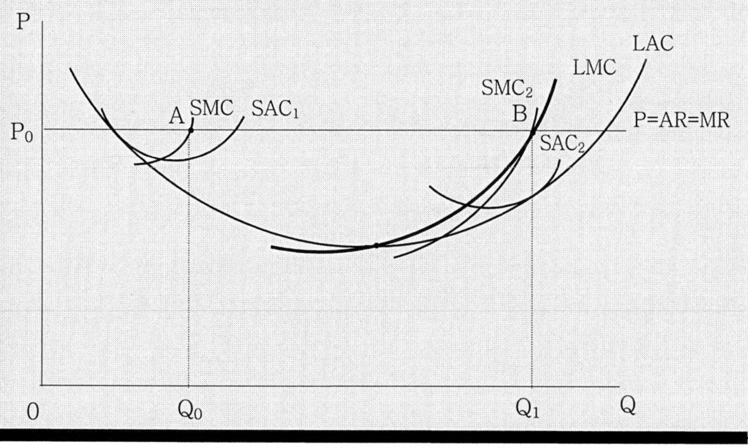

며, 그 결과 장기에는 단기에서 보다 이윤을 더 증가시킬 수 있게 된다.

[그림 3-6]에서 보는 것처럼 생산시설의 제약으로 단기에는 A점에서 생산을 하고 있었지만 장기에는 이윤을 극대화하기 위해서 시설규모를 확대할 수 있기 때문에 B점에서 생산을 하며 이 때의 시설규모는 SAC_2로 이윤극대화 산출량을 생산하기 위한 최적의 규모이다. 따라서 단기에 비해서 단위당 이윤도 높아졌고 산출량도 증가하였다. 그리고 기업이 장기에 이윤이 극대화할 때는 단기에도 이윤이 극대화한다는 뜻이므로 P=SMC=LMC가 성립한다. 바꾸어 말한다면 장기적으로 가격과 장기한계비용이 일치하는 시설규모를 선택하여 단기적으로 가격과 단기한계비용이 일치하는 산출량수준에서 생산한다는 것이다.

완전경쟁기업의 장기손익분기점은 기업폐쇄점과 일치하며 장기평균비용극소점이 이에 해당한다. 시장가격이 장기평균비용의 극소점보다 높은 경우에는 기업이 이윤을 얻을 수 있기 때문에 생산을 계속하겠지만 장기 평균비용곡선의 극소점보다 시장가격이 낮을 경우에는 장기적으로도 손실을 보기 때문에 기업을 폐쇄하고 정리하는 것이 유리하다고 할 수 있다.

따라서 단기의 기업폐쇄점과 장기의 기업폐쇄점은 그 의미에 차이가 있다고 볼 수 있다. 즉 단기에는 시장가격이 기업폐쇄점이하로 떨어지더라도 일시적으로 생산을 중단할 수 있지만 장기에는 영구적으로 생산을 중단하고 다른 산업으로 전출하게 된다는 점이다.

2) 완전경쟁산업의 장기공급곡선

(1) 완전경쟁산업의 장기균형

이론을 단순화하기 위해서 산업내의 모든 기업의 비용조건이 동일해서 모든 기업의 장기평균비용과 장기한계비용은 일치하며, 요소가격도 산업의 산출량과 관계없이 일정하다고 가정하기로 하자. 모든 기업의 장기평균 비용이 일치하므로 모든 기업의 장기평균비용곡선의 극소점 또한 똑같게 된다.

[그림 3-7] 완전경쟁산업의 장기균형

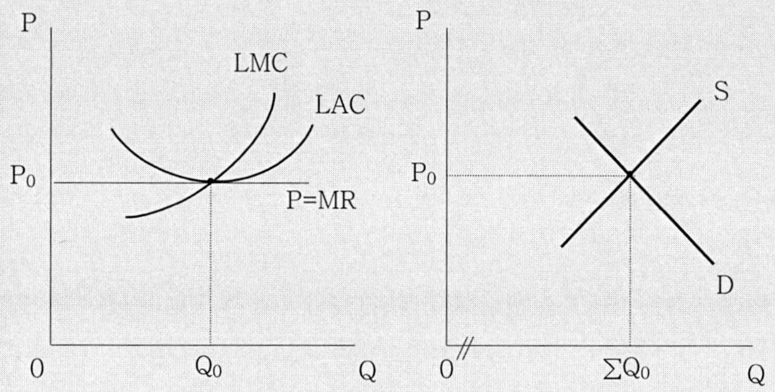

(a) 기업의 균형 (b) 산업의 균형

만약 시장가격이 장기평균비용의 극소점보다 높다면 모든 기업들이 초과이윤 또는 경제적 이윤을 얻게 된다. 따라서 새로운 기업들이 이 산업으로 전입하게 되어 산업의 산출량은 증가하고 생산물의 가격은 극소의 장기평균비용과 일치하는 수준까지 하락하게 된다.

이와는 반대로 시장가격이 극소의 장기평균비용보다 낮다면 일부의 기업이 이 산업에서 빠져나갈 것이기 때문에 산업의 산출량은 감소하고 시장가격은 극소의 장기 평균비용과 일치할 때까지 상승할 것이다.

따라서 시장가격이 극소의 장기평균비용과 일치하는 수준에서는 전입하는 기업도 없고 전출하는 기업도 없을 뿐만아니라 기업도 시설규모를 더 이상 조정할 필요가 없어 기업과 산업이 모두 장기균형상태에 있게 된다. 따라서 완전경쟁기업과 산업의 장기균형조건은 P=MR=LMC=SMC =LAC=SAC이다. 이상의 설명을 그림으로 나타내면 [그림 3-7]과 같다.

완전경쟁산업내의 기업들은 장기에 장기평균비용극소점에서 생산을 하고, 장기균형가격은 극소의 장기평균비용보다 높거나 낮을 수 없으므로 경제적 이윤은 0가 된다. 다만 경제적이윤이 0일때도 총수입으로 모든 명시적 비용과 암묵적 비용은 커버하고 있다는 뜻이 된다. 따라서 암묵적 비용으로서의 이윤(자기자본에 대한 이자와 자기노동에 대한 임금)즉 회계적이윤은 얻고 있다고 할 수 있다. 그리고 기업들은 가장 낮은 비용으로 사회가 요구하는 재화와 용역을 생산하고 있으므로 자원이 가장 효율적으로 사용되고 있으며, 소비자들도 가장 낮은 비용으로 상품을 구입하고 있다고 할 수 있다.

(2) 완전경쟁시장의 장기공급곡선

완전경쟁시장과 기업이 장기균형상태에 있었는데 (그림3-8)과 같이 수요가 증가하여 시장수요곡선이 우측으로 이동하고 시장가격이 상승하였다고 하자. 이를 산업내의 기업의 측면에서 보면 A점에서 생산을 한다는 뜻이므로 산업내의 기업들이 초과이윤(경제적이윤)을 얻게된다. 산업내의 기업들이 경제적이윤을 얻고 있는 이상 새로운 기업이 전입하게 되어 공급은 증가하고 가격은 떨어지게 되므로 완전경쟁산업의 장기공급곡선은 장기평균비용곡선의 극소점과 일치하는 가격수준에서 수평이다. 원래의 균형점과 새로운 균형점을 비교해 본다면 기존기업의 산출량 수준은 종전과 똑같고 산업내 기업의 수만이 증가했을 뿐이다.

[그림3-8] 비용불변산업의 장기공급곡선

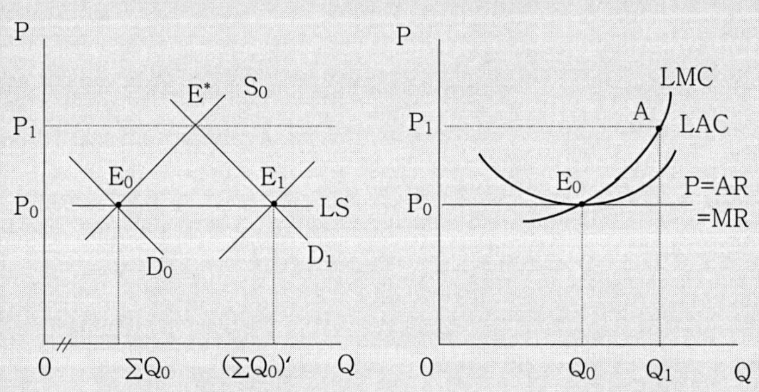

(a) 장기 공급 곡선 (b) 기업의 균형

이상의 설명은 산업의 산출량이 증가하더라도 요소가격이 불변인 경우 즉 비용불변산업의 장기공급곡선에 대한 것이었다.

새로운 기업의 전입으로 산업의 산출량이 증가하고 생산요소에 대한 수요가 증가하더라도 요소가격이 불변인 경우는 이 산업에 사용되는 요소가 특수한 요소가 아니라 일반적인 생산요소로서 경제전체의 총수요량에 비해서 매우 그 비중이 작을 경우에 해당된다. 이에 반해서 이 산업에 사용되는 생산요소가 전문화된 요소일 경우에는 생산요소에 대한 수요가 증가하면 요소가격이 상승하게 된다. 따라서 새로운 기업이 전입으로 시장의 공급곡선은 [그림 3-9]에서 보는 바와 같이 우측으로 이동하고 기업의 장기평균비용곡선은 위쪽으로 이동하는데, 시장가격이 장기평균비용의 극소점과 일치하는 수준에서 기업의 전입이 멈추게 될 것이다. 따라서 새로운 시장의 균형점은 E_1이 되며, 원래의 균형점 E_0와 새로운 균형점 E_1을 연결해 주면 비용증가 산업의 장기 공급곡선이 된다. 이때의 장기공급곡선은 우상향하는데 이것이 일반적인 형태이다. 바꾸어 말한다면 일부의 생산요소의 가격은 상승하기 때문에 장기공급곡선은 일반적으로 우 상향한다는 것이다. 그리고 기업간의 비용조건이 실제적으로 다르다는 것도 우 상향하는 요인이 될 수 있다.

[그림 3-9] 비용증가산업의 장기공급곡선

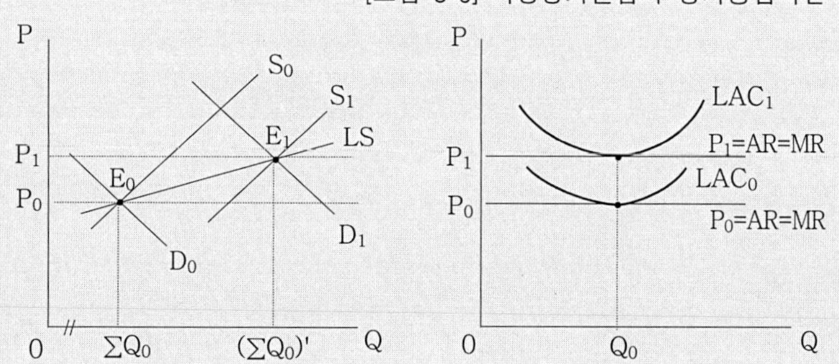

(a) 장기 공급 곡선　　(b) 기업의 균형

새로운 기업의 전입으로 산업의 산출량이 증가하고 생산요소에 대한 수요가 증가할 때 생산요소가격이 하락할 수도 있다. 예를 들면 이 산업이 필요로 하는 기술훈련소가 설립된다든가, 이 산업에서 사용되는 장비를 생산하는 기업이 설립된다든가, 종전에는 이용될 수 없었던 자연자원이 개발되는 경우 및 산업의 확장으로 교통수단이 발달하는 경우가 이에 해당된다. 기업의 전입으로 요소가격이 하락하였다면 이는 기업의 외부적인 요인에 의해서 비용이 하락하는 것이기 때문에 이를 외부경제(external economy)라 한다. 이에 반해서 기업이 시설규모를 늘릴 때 비용이 하락하는 규모의 경제는 내부적인 요인에 의해서 비용이 하락하는 경우에 해당한다. 규모의 경제에 의해서 비용이 지속적으로 하락하는 경우는 선두기업이 유리하기 때문에 독점이나 과점산업이 되겠지만 기업의 전입으로 비용이 하락하는 경우는 개념상 독점이나 과점산업이 될 수 없다.

기업의 전입으로 생산요소가격이 하락할 경우에는 시장의 공급곡선은 우측으로 이동하고 기업의 장기평균비용곡선은 아래쪽으로 이동하는데 시장가격이 극소의 장기평균비용과 일치하는 수준에서 더 이상 새로운 기업이 전입하지 않을 것이다. 따라서 [그림 3-10]에서 보는 바와 같이 새로운 시장의 균형점은 E_1이 되며 원래의 균형점과 새로운 균형점을 연결해 주면 우하향하는 비용감소산업의 장기공급곡선이 된다.

[그림3-10] 비용감소산업의 장기공급곡선

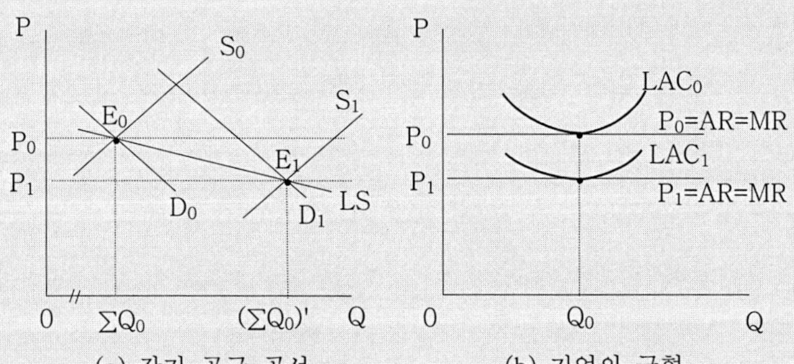

(a) 장기 공급 곡선 (b) 기업의 균형

요 약

1. 기업의 목적은 이윤극대화에 있고 이윤은 요소가격이 주어져 있는 한 가격과 산출량에 의해서 결정되기 때문에 시장이론은 완전경쟁시장과 불완전경쟁시장에서 가격과 산출량이 어떻게 결정되고 그 결과가 어떠한가를 설명하는 이론으로 구성되어 있다.
2. 완전경쟁시장은 (1) 다수의 판매자와 구매자, (2) 동질적인 재화, (3) 자원의 완전이동성, (4) 완전한 정보와 지식 등의 4가지 조건에 의해서 정의된다. 따라서 완전경쟁기업이 직면하는 수요곡선은 주어진 시장가격 수준에서 수평이다.
3. 완전경쟁기업은 단기에 주어진 시장가격과 한계비용이 일치하는 수준에서 생산을 한다면 이윤을 극대화하거나 손실을 극소화할 수 있지만 평균가변비용이하로 시장가격이 하락하면 문을 닫고 생산을 중단 할 것이기 때문에 완전경쟁기업의 단기공급곡선은 평균가변비용극소점 위에 있는 한계비용곡선이다.
4. 완전경쟁기업의 단기공급곡선을 수평으로 집계해주면 시장공급곡선이 되며 시장가격은 수요와 공급이 상호작용으로 결정되므로 시장내의 모든 개별기업의 한계비용은 시장가격과 일치하고 있다.
5. 장기에 완전경쟁기업은 생산시설을 변화시킬 수 있기 때문에 주어진 시장가격과 장기한계비용이 일치하는 수준에서 이윤이 극대화하지만, 기업의 전·출입으로 인하여 산업과 기업의 장기 균형은 산업내 기업의 장기평균비용이 극소화되는 상태에서 이루어진다.
6. 비용불변산업의 장기공급곡선은 산업내 개별기업의 장기평균비용의 극소점과 일치하는 시장가격수준에서 수평이며, 비용증가산업의 장기공급곡선은 우상향하고, 비용감소산업의 장기공급곡선은 우하향한다. 장기공급곡선의 형대는 우상향하는 것이 일반적이라고 할 수 있다.

중요개념

1. 이윤극대화원칙, P. 43
2. 시장이론, P. 43
3. 다수의 판매자, P. 44
4. 동질적인 재화, P. 45
5. 자원의 완전이동성, P. 45
6. 완전한 정보와 지식, P. 45
7. 가격순응자, P. 45
8. 가격결정자, P. 45
9. 이질적 재화, P. 45
10. 기업의 전출입, P. 45
11. 인위적 장벽, P. 45
12. 자연적 장벽, P. 45
13. 일물일가의 원칙, P. 46
14. 완전경쟁기업의 직면하는 수요곡선, P. 46
15. 평균수입, P. 47
16. 한계수입, P. 47
17. 총수입, P. 47
18. 완전경쟁기업의 단기균형, P. 49
19. 완전경쟁기업의 단기균형조건, P. 49
20. 단기손익분기점, P. 50
21. 기업폐쇄점, P. 50
22. 완전경쟁기업의 단기공급곡선, P. 51
23. 완전경쟁시장의 단기공급곡선, P. 51
24. 장기균형가격, P. 52
25. 완전경쟁기업의 장기균형, P. 53
26. 완전경쟁산업의 장기균형, P. 54
27. 비용불변산업, P. 57
28. 비용증가산업, P. 57
29. 비용감소산업, P. 58

제4장

시장 경제의 효율성

1. 효율성의 개념
2. 경제적 잉여
3. 한계비용 가격의 원칙
4. 최저가격의 효과
5. 최고가격의 효과
6. 수입관세의 효과
7. 물품세의 효과
8. 미시경제학의 조류

1. 효율성의 개념

독점을 포함해서 불완전경쟁시장이 존재하지 않고 외부성이 존재하지 않을 경우, 시장경제의 효율성이란 완전경쟁시장의 효율성을 가리키는 말이다. 경제학에서 효율성의 문제를 완전경쟁시장과 일반균형(후생경제학 포함)이론으로 양분하여 설명되는 이유가 이 때문이다. 즉 일반균형과 후생경제학에서는 공공재 및 외부성의 문제와 불완전경쟁시장의 문제를 모두 포함해서 효율성의 문제를 설명하고 있으나 완전경쟁시장이론에서는 완전경쟁시장 그 자체의 효율성의 문제가 설명되고 있다고 할 수 있다. 자연자원은 시장이 존재하지 않는 경우가 많으며, 현실적으로 시장은 불완전경쟁시장이 일반적이므로 이론을 단순화하기 위하여 모든 생산요소와 생산물 시장이 모두 완전경쟁시장이라고 가정하기로 하자.

완전경쟁시장은 주어진 자원과 기술수준으로 다른 사람의 후생(만족)을 감소시키지 않고는 어떤 사람의 후생 또는 효용도 증가시킬수 없는 극대의 만족(후생)을 창출하기 때문에 자원을 효율적으로 배분시킨다. 만약 경제가 다른 사람의 후생을 감소시키지 않고도 어떤 사람의 후생을 증가 시킬수 있다면 이는 극대의 만족을 창출하지 못한다는 뜻이므로 완전경쟁시장의 원리에 의해서 자원을 재배분시킨다면 한경제가 창출할 수 있는 총효용 또는 후생(복지)을 증가시킬수 있게 된다.

주어진 자원과 기술수준으로 극대의 총효용(후생)을 창출한다는 것은 극대의 경제적 잉여를 창출한다는 것과 같은 뜻이다. 경제적 잉여란 소비자 잉여와 생산자 잉여를 합계한 것을 말한다. 따라서 주어진 기술과 자원으로 완전경쟁시장의 원리에 따라 자원을 배분한다면 극대의 경제적 잉여를 얻을 수 있게 되어 자원을 효율적으로 배분시킨다고 할 수 있다.

2. 경제적 잉여(Economic surplus)

1) 생산자 잉여

생산자 잉여란 생산자가 생산비를 초과해서 받는 수입 또는 공급하고자 하는 금액(가격)을 초과해서 받는 가격을 말한다. [그림 4-1]에서 보는 바와 같이 X재에 대한 시장의 수요곡선과 공급곡선이 Dx와 Sx라고 한다면 이 때의 균형가격은 P_0로서 생산자가 X재의 모든 단위에 대해서 받는 금액(가격)이다. 이에 반해서 공급곡선은 생산자가 생산물 각 단위에 대해서 공급하고자 하는 가격 즉 한계비용을 나타낸다.

따라서 최종단위를 제외하고는 각 단위에 대해서 생산자가 받는 수입(균형가격)이 공급하고자 하는 가격(생산비)을 초과하고 있는데 이를 모두 집계해 주면 생산자 잉여가 되므로 $\triangle E_0BC$가 이에 해당된다. 예를 들어 Q_1단위에 대해서는 LK, Q_2 단위에 대해서는 MN이 생산자 잉여에 해당하고, 이와 같은 각 단위에 대한 생산자잉여를 모든 단위에 대해서 집계해 준 것이 생산자 잉여이다. 생산자 잉여는 기업의 이윤과 생산요소에 대한 최소한의 보수를 초과하는 금액으로 구성된다.

2) 경제적 잉여

경제적 잉여는 완전경쟁시장의 균형산출량 수준에서 소비자잉여와 생산자 잉여를 합계한 것이다.

[그림 4-1] 생산자 잉여

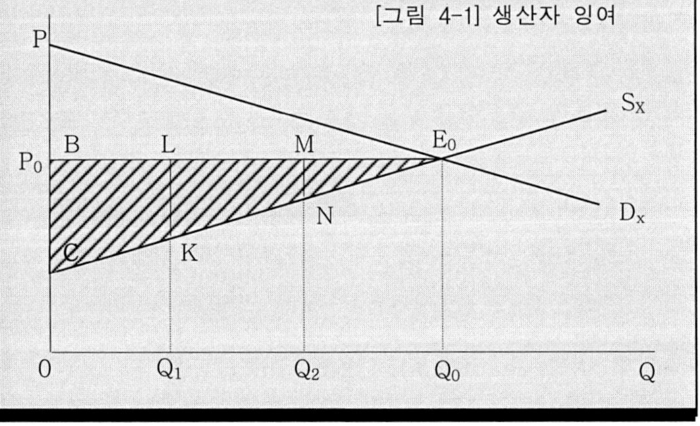

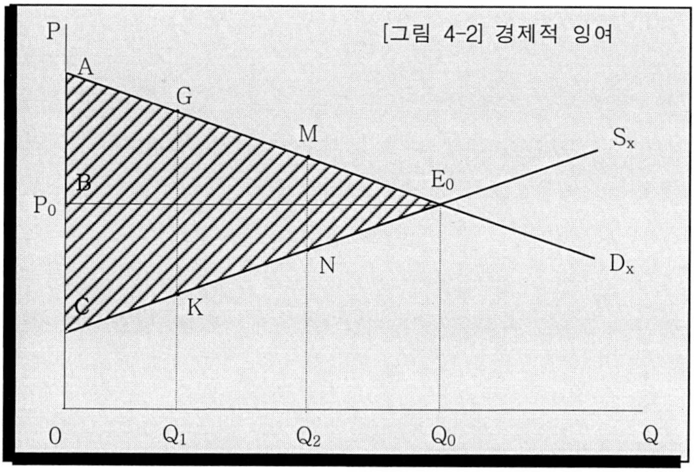

[그림 4-2]에서 보는 바와 같이 소비자 잉여는 $\triangle E_0AB$이고 생산자 잉여는 $\triangle E_0BC$이며, 경제적 잉여는 $\triangle E_0AC$이다. 따라서 경제적 잉여는 최종단위를 제외한 그 전 모든 단위에서 소비자가 지불하고자 하는 금액(가격)과 생산자가 받고자 하는 금액(가격)의 차액을 모두 합계한 것이다. 예를 들어 그림에서 Q_1단위를 생산했을 때 생산자가 공급하고자 하는 금액은 K이며, 소비자가 지불하고자 하는 금액은 G이므로 GK가 경제적 잉여이며 Q_2단위를 생산했을 경우에는 생산자가 공급하고자 하는 금액은 N이고, 소비자가 지불하고자 하는 금액은 M이므로 MN이 경제적 잉여에 해당된다. 따라서 경제적 잉여는 이와 같은 각 단위의 경제적 잉여를 모두 집계한 것이다.

완전경쟁시장이 균형을 이룰 때 경제적 잉여는 극대가 된다.

만약 산출량이 Q_1에서 Q_2로 증가할 경우에는 경제적 후생이 GMNK만큼 증가하며, 산출량이 Q_2에서 Q_0로 증가할 경우에는 경제적 후생이 MNE_0만큼 증가한다. 만약 산출량이 균형산출량을 초과할 경우에는 생산자의 한계비용이 소비자의 한계편익을 초과하기 때문에 경제적 후생은 감소하게 된다. 따라서 완전경쟁시장의 균형산출량수준에서 경제적 후생은 극대가 되므로 완전경쟁시장은 자원을 효율적으로 배분시킨다.

지금까지의 설명은 어떤 한 재화시장의 효율성에 대해서만 설명되었다. 한 재화시장의 효율성의 개념은 수 많은 다수의 상품시장에 대해서도 그대로 적용된다. 이론을 단순화하기 위해서 한계효용이론으로 설명하는 것이 효과적이다. 소비자들은 만족을 극대화하기 위해서 1원어치 한계효용이 균등할 때까지 각 재화를 구입하기 때문에 화폐(소득)의 한계효용을 1이라고 하면 P=MU가 성립한다. 생산자들은 이윤을 극대화하기 위해서 한계비용이 가격과 일치할때까지 각 재화를 생산할 것이기 때문에 P=MC가 성립한다. 따라서 모든 시장이 경쟁시장이라면 모든 시장에서 MU=MC가 성립하고 생산자잉여와 소비자 잉여를 합계한 경제적 잉여는 극대가 된다.

3. 한계비용가격의 원칙

완전경쟁시장이 자원을 효율적으로 배분시키는 근본적인 요인은 산업내의 각각의 개별기업의 한계비용이 가격과 일치하기 때문이다. 바꾸어 말한다면 각각의 개별기업의 한계비용을 하나의 시장가격으로 통합시키므로해서 주어진 산업의 산출량을 극소의 비용으로 생산할 수 있다. 뿐만아니라 어떤 경제이든 모든 기업의 한계비용을 가격과 일치시키므로해서 희소한 자원으로 극대의 산출량을 생산할 수 있고, 극대의 경제적 잉여를 창출할 수 있다는 것이다. 이와 같은 한계비용가격(P=MC)의 원칙은 자본주의 사회이든 공산주의 사회이든, 이윤극대화원칙이 적용되지 않는 집단으로 교회나 가정까지도 적용할 수 있는 일반적인 원칙이다.

한 경제의 모든 산업내의 기업들의 한계비용이 가격과 일치한다면 이 경제는 생산가능곡선상에서 극대의 경제적 잉여를 창출한다. 바꾸어 말한다면 주어진 자원과 기술수준으로 극대의 산출량과 극대의 경제적 잉여를 창출하기 위해서는 모든 산업이 경쟁산업이야 한다. 이와 같은 이유 때문에 완전경쟁시장과 한계비용가격원칙은 불완전경쟁시장을 평가하는 기준이 되며, 정부의 시장개입을 평가하는 기준이 된다. 불완전경쟁시장의 문제는 미시경제의 개별적인 시장형태에서 분석되므로, 여기서는 정부의 시장개입 효과만을 알아보기로 하자.

4. 최저가격의 효과

정부가 시장에 개입해서 가격을 균형가격보다 높게 하거나 낮게 할 수 있는데 가격을 균형가격보다 높게 하는 경우를 최저가격제도 낮게 하는 경우를 최고가격제도라고 한다. 최저가격제도는 정부가 생산자를 보호하거나 지원할 필요성이 있을 경우 및 생산자들의 로비에 의해 실시되는 경우가 많다.

[그림 4-3]에서 보는 바와 같이 정부가 균형가격(P_0)보다 높은 P_1에서 최저가격을 설정하고 그 이하의 가격으로 가격이 하락하는 것을 금지했을 경우, 주어진 최저가격수준에서의 수요량이 공급량보다 작아 초과공급이 발생한다. 따라서 각각의 개별기업들이 수요량과 일치할 때까지 산출량을 감소시킬 것이다. 이 산업의 산출량 수준은 최저가격수준에서의 수요량과 일치하는 Q_2단위가 된다.

소비자들의 구매량은 Q_2단위이고 가격은 P_1이기 때문에 종전의 균형가격(P_0)일 때에 비해서 (P_1-P_0)만큼 높은 가격으로 구매하고 있다. 그러므로 가격상승으로 인한 소비자 잉여의 감소분은 사각형 A만큼이 되며, 소비수량이 Q_0에서 Q_2로 감소했기 때문에 발생하는 소비자 잉여의 감소분은 삼각형 B에 해당된다. 이에 반해서 생산자는 가격상승으로 인하여 생산자 잉여가 사각형 A만큼 증가하며, 산출량이 감소로 인하여 삼각형 C만큼 생산자 잉여가 감소한다. 따라서 최저가격으로 인하여 경제적 후생 또는 잉여는 삼각형 B와 C를 더해준 것 만큼 감소한다. 이것이 최적가격의 효과이다. 이를 흔히 최저가격으로 인한 사회적 순손실(deadweight loss)이라고 한다.

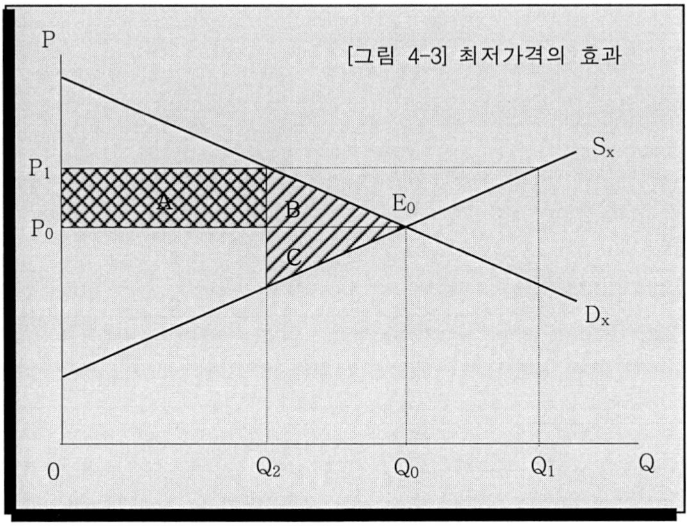

[그림 4-3] 최저가격의 효과

일반적으로 가장 많이 사용되는 최저가격제도가 농산물가격지원 정책이다. 정부가 농산물가격에 최저가격을 설정했을 경우에는 최저 가격수준에서 초과공급량을 정부가 구매한다는데 그 특징이 있다.

[그림 4-4]에서 보는 바와 같이 정부가 농산물가격을 지원하기 위해서 농산물의 최저가격을 P_1으로 설정했다면 최저가격수준에서 공급량은 Q_2이며 수요량은 Q_1이다. 따라서 초과공급량은 Q_2-Q_1이며, 정부가 이를 구매한다. 문제가 되는 것은 농산물의 생산자인 농가가 이와같은 가격지원 정책으로부터 얻는 편익이 소비자의 손실과 정부의 정책비용을 합계한 것보다 큰가하는데 있다.

정부의 농산물가격지원 프로그램이 없었다면 소비자 잉여가 P_0EK가 되지만 최저가격으로 인한 가격상승으로 소비자 잉여는 P_1MK로 줄어들었다. 따라서 가격지원 프로그램으로 인하여 소비자의 손실은 A와 B의 면적의 합계와 같다. 이에 반해서 농산물가격지원 프로그램으로 인하여 농가는 생산자잉여로 표시하여 A와 B 및 C의 면적을 합계 한 것 만큼 이익을 얻게된다. 따라서 가격지원프로그램으로 인한 농가의 편익이 소비자의 손실보다 크지만 정부의 프로그램비용이 $P_1(Q_2-Q_1)$이 된다.

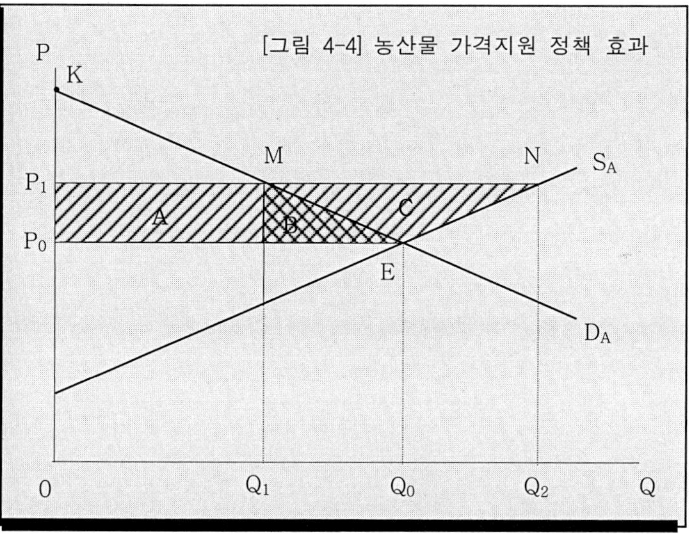

[그림 4-4] 농산물 가격지원 정책 효과

이는 □ Q_2Q_1MN에 해당하며 조세에 의해서 충당되므로 이 또한 소비자의 부담이 된다고 할 수 있다. 결국 가격지원정책으로 인한 경제적 잉여는 종전보다 크게 감소하게 된다.

이상과 같은 문제 때문에 농산물가격지원정책외에 경작 면적에 따라서 생산량을 제한하거나 보조금을 지급하는 정책대안 등이 많은 경제학자들에 의해서 제기 되고 있지만 이 또한 여러 가지 문제가 있어 아직까지도 이 문제가 여러 가지 측면에서 논의되고 있다고 할 수 있다.

5. 최고가격의 효과

최고가격제도는 최저가격제도와는 반대로 정부가 균형가격보다 낮은 가격을 설정하여 그 이상 가격이 상승하지 못하게 하는 미시경제정책을 말한다. 예를 들어 정부가 시장에 개입해서 석유류의 최고가격을 설정하거나 임대주택의 임대료의 최고가격을 설정하는 경우가 이에 해당되는데 소비자를 보호하거나 인플레이션을 억제하기 위해서 이와 같은 정책이 흔히 사용되며 그 결과 상품부족현상으로 인한 암시장이 발생한다.

정부가 [그림 4-5]에서 보는 바와 같이 어떤 상품의 최고가격을 P_1으로 설정했다고 하면 주어진 최고가격수준에서 (Q_2-Q_1)만큼의 초과수요가 발생한다. 그 이유는 산업내의 각각의 개별기업들이 이윤을 극대화하기 위해서 가격과 한계비용이 일치하는 수준까지 산출량을 감소시키기 때문이다. 일부의 소비자들은 상품부족현상으로 인하여 이 상품을 구입할 수 없겠지만 다행히 낮은 가격으로 구입한 소비자들은 C만큼의 소비자잉여를 증가시킬 수 있다. 이에 반해서 이 상품을 구입하지 못한 소비자들은 A만큼이 소비자후생의 감소로 인하여 손실을 보게 된다. 따라서 순 소비자 후생의 변화는 C-A이다.

이에 반해서 생산자는 가격이 하락으로 인하여 C만큼의 생산자후생이 감소하고 산출량이 감소로 인하여 B만큼의 생산자 후생이 감소하기 때문에 생산자의 순후생의 변화는 -(C+B)이다. 따라서 최고가격 제도로 인해서 경제적 후생은 A+B만큼 감소하게 된다. 이는 생산자의 손실이 소비자의 이득을 초과한다는 뜻으로 최고가격으로 인한 사회적 순손실에 해당한다.

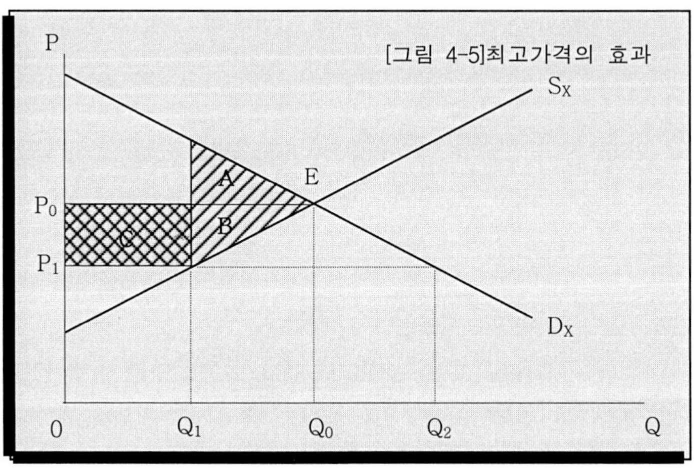

[그림 4-5]최고가격의 효과

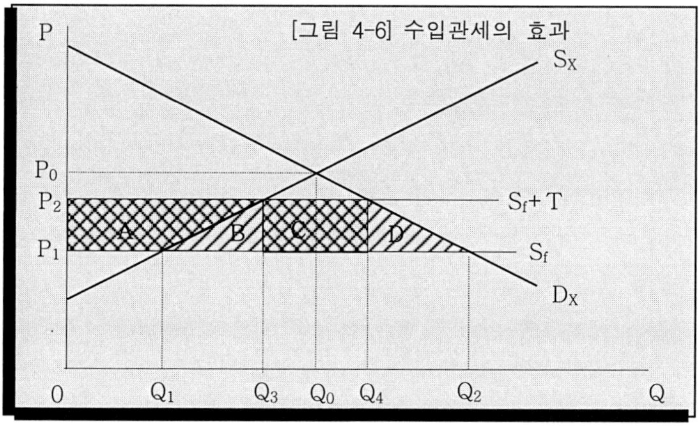

6. 수입관세의 효과

일반적으로 어떤 한 상품을 수입하는 이유는 그 상품의 국제가격(세계가격)이 국내의 균형가격보다 낮기 때문이다. 이론을 단순화하기 위해서 수입국가가 소국이어서 국제가격에 영향을 미치지 않는다고 가정하기로 하고, [그림 4-6]에서 보는 바와 같이 어떤 한 수입상품(X재)의 국내시장 수요곡선과 공급곡선이 Dx, Sx로 주어졌을 때 국제가격(P_1)이 국내시장의 균형가격(P_0)보다 낮다고 하자. 따라서 외국의 공급곡선은 국제가격 P_1수준에서 수평인 S_f가 된다. 수입이 자유롭다면 국내소비자들은 X재를 Q_2만큼 구입하는데 그 중 Q_1이 국내에서 생산된 것이고 Q_2-Q_1 은 수입상품에 해당된다.

정부가 수입상품에 관세를 부과하는 이유는 국내산업(생산자)을 보호하기 위해서이다. 정부가 수입관세를 수입상품 각 단위에 대해서 T만큼 부과한다면 외국의 공급곡선이 T만큼 위쪽으로 평행이동하여 S_f+T가 된다. 따라서 X재의 상품가격이 관세만큼 상승하기 때문에 소비자들이 구매량은 Q_4로 줄어드는데 그 중 Q_3가 국내생산자들에 의해서 생산된 것이고 (Q_4-Q_3)가 외국의 생산자들이 생산한 것으로 수입한 것이다. 따라서 관세로 인한 수입의 감소효과는 $(Q_2-Q_4)+(Q_3-Q_1)$이다. 수입이 감소한 이유는 가격상승으로 인하여 소비가 Q_2-Q_4 만큼 감소하고, 생산이 Q_3-Q_1 만큼 증가했기 때문이다. 그리고 정부의 관세수입효과는 $(P_2-P_1)\cdot(Q_4-Q_3)$ 가 된다.

효율적인 자원배분의 측면에서 수입관세효과를 보면 소비자 잉여는 A+B+C+D만큼 감소하고 그 중 A만큼이 생산자잉여의 증가형태로 생산자에게 이전된다. 그리고 정부의 관세수입효과C를 고려한다면 관세로 인한 경제적 후생의 감소분은 B+D이다.

국내산업을 보호하기 위한 또다른 하나의 제도가 수입쿼터(import quota)제도이다. 정부가 수입상품에 대해서 관세를 T만큼 부과하지 않은 대신 수입량을 통제하여 (Q_4-Q_3)이상을 허용하지 않는다고 했을 경우 가격의 변화와 생산자와 소비자잉여의 변화는 수입관세의 효과와 똑같지만 정부의 관세수입이 없으며 그만큼 외국의 생산자 이윤이 증가함으로 쿼터제보다도 관세가 유리하다고 할 수 있다. 바꾸어 말한다면 정부의 관세수입이 없기 때문에 경제적 후생의 감소분은 B+C+D가 된다. 다만 정부가 수입할 수 있는 권리(수입면허)를 수입업자에게 판매하는 경우에는 수입관세효과와 똑같다고 할 수 있다.

7. 물품세의 효과

이론을 단순화하기 위해서 물품세가 부과되기전 어떤 한 재화(X재)의 수요곡선과 공급곡선을 [그림 4-7]과 같이 Dx와 Sx라고 하면 균형가격과 균형산출량은 각각 P_0와 Q_0가 된다.

단위당 물품세가 △T만큼 부과된다고 하면 공급곡선이 위쪽으로 △T만큼 평행이동한다. 이는 물품세의 부과로 생산자가 각 단위의 X재 생산에 대해 종전의 한계비용에 더해서 물품세를 △T만큼 부담한다는 뜻이다.

따라서 물품세 부과후의 균형가격은 P_1이며 균형산출량은 Q_1이다. 그리고 소비자가 부담하는 가격은 P_1이지만 물품세를 납부하고 난 다음의 생산자의

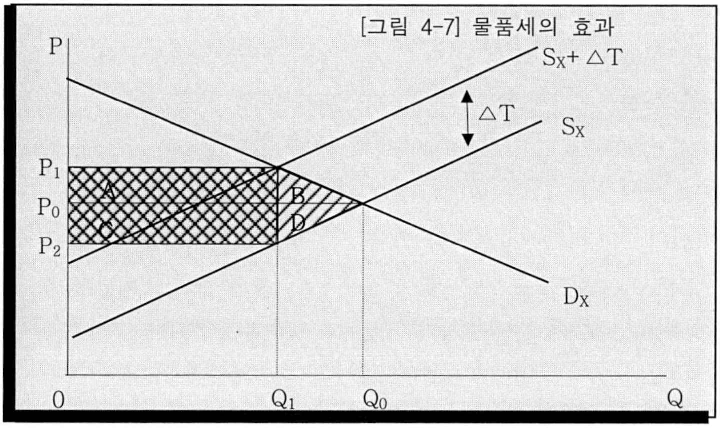

[그림 4-7] 물품세의 효과

단위당 수입은 P_2이다. 물품세의 부과로 소비자잉여는 (A+B)만큼 줄어들었고 생산자 잉여는 (C+D)만큼 줄어들었다.

이에 반해서 정부의 세입이 (A+C)만큼 증가했으므로 경제적 잉여는 (B+D)만큼 줄어들게 된다. 이는 정부의 세입을 단순히 소비자에게 보조금 형태로 지급한다고 하더래도 (B+D)만큼 사회적인 손실이라는 뜻이다. 그 이유는 생산요소가 X재의 생산으로부터 다른 재화의 생산으로 이동했기 때문이다. 따라서 정부가 국방, 경찰, 교육, 도로등의 공공재를 공급하기 위한 조세비용에는 경제적후생의 감소분도 포함되어야만 한다고 할 수 있다.

끝으로 정부의 시장개입이란 일반적으로 최저가격이나 최고가격제도를 뜻하는 말이기는 하지만 지금까지 설명에서 알 수 있는 바와 같이 관세나 수입쿼터 및 물품세 등을 통해서 시장에 개입하는 것도 같은 효과가 있기 때문에 넓은 의미에서 이 또한 시장개입이라고 할 수 있다.

8. 미시경제학의 조류

이미 설명한 바와 같이 외부성이 존재하지 않고 모든시장이 완전경쟁시장이라면(시장이 실패하지 않는다면)경쟁적인 시장은 보이지 않는 손에 인도

되어 경제적 복지가 극대화 되기 때문에 자원이 효율적으로 배분되는데 이를 시장경제의 효율성이라 한다. 따라서 외부성으로 인해서 사적비용과 사회적비용이 일치하지 않는다면 정책에 의해서 이를 일치시키고, 불완전경쟁기업의 시장지배력(가격결정능력)에 의해서 가격과 한계비용이 일치하지 않는다면 정책적인 가격통제로 이를 일치시킨다면 자원이 효율적으로 배분될 수 있을 것이다. 이처럼 미시경제는 효율성을 중심으로해서 이론이 전개되고 있으며 미시경제정책 또한 대부분이 효율성을 개선시키는 것을 주요목적으로 하고 있다. 그 중에서도 대표적인 것이 자유무역정책이다.

관세의 효과와 수입쿼터효과를 논의하는 주요목적이 자유무역이 보호무역보다 효율적이라는 것을 논하는데 있다고 할 수 있다. 우리경제도 외환위기 이후 여러 국가와 자유무역협정을 체결하여 자유무역의 길로 나아가고 있다. 그러나 어떤 사회이든 효율성하나만으로 살아갈수는 없을 것이다. 소득이 불공평하게 분배되는 경우가 많기 때문이다. 자유무역도 보상의 원칙이 적용되지 않는다면 불공평성의 요인이 될 수 있다. 소득이 불공평하게 배분되는 경우에는 이를 개선시킬 필요성이 있다. 최저임금제도와 농업지원정책프로그램 및 각종 사회복지정책이 이 때문에 존재한다. 물론 이는 실증경제학의 문제가 아니라 규범경제의 문제이며 사회적 가치관과 정치적 판단이나 정책에 의해서 해결되어야만 한다. 따라서 정부가 시장에 개입해서 최저가격이나 최고가격제도를 실시하면, 그결과 농어촌의 문제가 해결되고 도시빈곤층이 문제가 해결될 수 있을 것이다. 그러나 자원의 효율적 배분의 측면에서 볼 때 정부의 시장개입은 공평성의 문제를 개선하는 경우에 있어서도 단순히 소득을 이전시키는 것(사회복지정책)보다 나을 수 없다는 것이 일반적인 경제학자들의 주장이라고 할 수 있다.

일반적으로 농산물시장이 가장 완전경쟁시장에 가깝다고 한다. 그렇다면 농산물시장에서는 극대의 경제적 복지 또는 경제적 잉여를 창출할 수 있는데 농어촌이 왜 문제가 되는가? 농어촌이 문제가 되는 것은 시장의 형태 때문에 발생하는 것이 아니라 기술수준이 발전하고 경제가 성장해서 소득 수준이 높아지면 식량에 대한 소비지출 비중이 낮아지기 때문에 발생하는 문제로서 산업구조상의 문제라고 할수 있다.

지금까지는 모든 경제학자들이 경쟁적인 시장을 선호하며, 미시경제적인 대부분의 문제를 효율성을 기준으로 해서 평가하는 것이 일반적인 경향이다. 따라서 불완전경쟁시장을 통제하고 사회적 비용을 사적비용과 일치시키는 정책을 제안하며, 자유무역을 선호하고, 산업구조를 고도화시키려고 하는 것이 오늘날의 일반적인 미시경제학의 조류라 할 수 있다.

자유무역과 변동활율제도

가격은 기회비용을 나타내기 때문에 무역전 어떤상품(X재)의 국내균형가격이 세계의 가격(국제가격)보다 낮으면 X재의 생산에 비교우위가 있어 그 상품을 수출하고, 높으면 외국이 그 상품의 생산에 비교우위가 있다는 뜻이므로 X재를 수입한다. 수출하는 경우는 외국의 시장에서 외국상품과 경쟁을 해야하고 수입하는 경우는 국내시장에서 경쟁을 해야하므로 교환(무역)을 통한 경제적 잉여를 분석하기 위해서는 수입을 분석의 대상으로 하는 것이 편리하다. 특히 무역정책으로서 관세효과와 수입쿼터효과를 분석하는데 매우 편리하다.

이론을 단순화하기 위해서 무역전 농산물의 국내시장가격이 외국의 가격(세계가격)보다 높다고 가정하기로 하자. 자유무역으로 농산물시장이 개방되면 농산물의 산출량은 감소하고 농산물의 수입은 증가할 것이다. 따라서 농가의 생산자 잉여는 감소하지만 소비자 잉여가 보다 크게 증가하기 때문에 무역에 참가하는 모든 국가가 이익이라는 것이다.

그렇다면 자유무역은 위에서 설명하는 것처럼 무역에 참가하는 모든 국가가 항상 이익을 얻을 수 있는가? 그렇지 않을 수도 있기 때문에 현실적으로 관세가 있고 수입쿼터제도가 있는 것이다.

X재를 수입하는 국가가 무역으로부터 이익을 얻기 위해서는 X재의 생산으로부터 노동(자원)이 수출산업으로 이동하여 수출이 증가해야한다. 만약 그렇지 않으면 X재산업의 고용이 감소로 실업이 증가할 수도 있다. 따라서 자유무역으로부터 이익을 얻기 위해서는 수입산업에서 수출산업으로 노동(자원)의 이동이 충분하게 이루어져 수출이 그만큼 증가해야 한다. 결국 무역의 이익은 단기적으로 얻을 수 있는 것이 아니라 장기를 필요로 한다는 것이다.

그리고 새로운 산업은 유치한 단계에 있을수 있기 때문에 새로운 산업이 성장해서 외국의 기업과 경쟁하기 위해서는 일정한 기간동안 유치산업을 보호할 필요가 있다는 것이 유치산업 보호론이다.

유치산업이 보호되기 위해서는 장기적으로 경제성장에 유리한 산업이 선정되어 성장할 때까지 보호되어야 하기 때문에 정치과정에 의해서 결정되어야하는 문제이다. 그런데 경제이론적으로 본다면 장기적으로 성장에 유리한 산업은 단기적인 손실을 커버할 수도 있기 때문에 보호할 필요가 없다고 할 수도 있다. 그 외에도 자유무역은 여러 가지 문제가 있기는 하지만 대부분의 경제학자들이 보호무역보다는 자유무역을 선호하고 있으며, 우리경제도 여러국가와 자유무역협정을 통해서 무역이 보다 더 자유로워지고 있다고 할 수 있다.

무역이 이루어지기 위해서는 외국화폐인 달러화가 필요하다. 달러화는 국제통화(기축통화)이기도 하다. 외국화폐(달러화)의 원화가격을 환율이라한다. 예를들어 달러1단위와 1,000원이 교환된다면 원·달러환율(₩/$)은 1,000(원)이다. 달러화의 가격인 환율도 다른 상품의 가격과 같이 달러화의 수요와 공급에 의해서 결정된다. 따라서 달러화의 수요가 증가하면 달러화의 가격인 환율은 상승하고, 달러화의 공급이 증가하면 달러화의 가격인 환율은 하락한다. 이상의 설명은 정부(중앙은행)가 외환시장에 개입하지 않는 변동환율제도를 설명한 것이다.

환율을 고정시키는 제도를 고정환율제도라 하는데 환율을 고정시키는 대표적인 방법이 정부(중앙은행)의 외환시장개입이다. 이론을 단순화하기 위해서 외국인 자본유입의 증가로 환율이 하락하는 경우를 보기로 하자. 환율이 하락하는 경우 환율을 주어진 고정환율로 유지시키기 위해서는 중앙은행이 외환(달러화)을 매입해야 한다. 이렇게 해서 매입된 달러화는 외환보유고의 증가로 나타난다. 이와는 반대로 외국인의 자본이 유출될 경우에는 달러화를 매각해야하기 때문에 외환보유고가 감소한다. 이상의 설명은 최고가격이나 최저가격을 통해서 정부가 농산물 가격을 안정시키는 방법과 같은 방법이라고 할 수 있다.

환율을 고정시키는 또 다른 방법은 자본의 유출입을 제한(통제)하는 방법이다. 환율이 하락하는 경우에는 외국인의 자본의 유입을 제한하면 환율의 하락을 막을 수 있고, 환율이 상승하는 경우에는 한국인의 해외투자를 제한하면 환율의 상승을 막을 수 있다. 이 방법은 수입을 제한하는 수입쿼터제도와 같은 방법이라 할 수 있다. 그 외에도 거시경제적인 금융정책을 통해서 환율을 주어진 고정환율로 유지할 수 있다. 이는 매우 중요하기 때문에 제3편과 제4편에서 자세히 설명하고 있으며 특히 제12장 「부록」에서는 종합적으로 분석되고 있다.

1997년 외환위기와 2008년도의 금융위기(환율위기)를 겪으면서 우리경제의 환율제도는 변동환율제도로 전환되었다. 그 과정에서 한국은행이 외환시장에 지속적으로 개입하여 왔으나 이는 위기를 성공적으로 극복하기 위한 불가피한 것이었다고 할 수 있다. 따라서 우리경제의 가장 중요한 과제는 자유무역(자유무역협정)과 변동환율제도로의 성공적인 이행에 있다고 할 수 있을 것이다. 환율제도에 대한 구체적인 내용은 제4편 "국제금융론과 먼델·플레밍 모델"에서 자세히 설명되고 있다.

요 약

1. 완전경쟁시장이 자원을 효율적으로 배분하는 이유는 극대의 경제적 잉여를 창출하기 때문이다. 경제적 잉여란 소비자 잉여와 생산자 잉여를 합계한 것이기 때문에 경제적 잉여가 극대일 때는 다른 사람의 후생을 감소시키지 않고는 어떤 사람의 후생도 증가시킬 수 없는 상태가 된다.
2. 다른 시장에 비해서 완전경쟁시장이 자원을 효율적으로 배분시키는 근본적인 요인은 산업내의 모든 기업의 한계비용이 하나의 통일된 가격과 일치하고 있기 때문인데 이를 한계비용가격의 원칙이라하며, 이 원칙이 다른 시장을 평가하는 기준이 된다.
3. 정부가 생산자를 보호하거나 지원하기 위해서 최저가격제도를 실행하는 경우 생산자잉여의 증가분이 소비자 잉여의 감소분보다 작기 때문에 경제적 잉여가 감소하는데 이것이 사회적 손실에 해당한다. 정부가 농산물 가격을 지원하기 위해서 최저가격제도를 실시하는 경우에도 같은 효과가 있지만 최저가격

수준에서 정부가 농산물을 구입한다는데 차이가 있다.

4. 정부가 소비자를 보호하기 위해서 최고가격제도를 실행하는 경우 소비자 잉여의 증가분이 생산자잉여의 감소분보다 작기 때문에 경제적 잉여가 감소하는데 임대주택의 최고가격제도가 이에 해당한다고 할 수 있다.
5. 정부가 생산자를 보호하기 위해서 관세를 부과하는 경우에는 생산자잉여의 증가분과 관세수입을 합계해 준 것이 소비자잉여의 감소분보다 작기 때문에 비효율적이다.
6. 간접세인 물품세를 부과했을 때 소비자잉여의 감소분과 생산자잉여의 감소분을 합계해 준 것이 정부의 세입보다도 크기 때문에 경제적 잉여의 감소분 또한 생산자와 소비자가 부담하는 조세비용에 해당된다.

중요개념

1. 효율성, P. 63
2. 경제적 잉여, P. 63
3. 생산자 잉여, P. 63
4. 소비자 잉여, P. 65
5. 한계비용가격의 원칙, P. 66
6. 최저가격의 효과, P. 67
7. 농산물가격 지원정책, P. 68
8. 최고가격의 효과, P. 69
9. 암시장, P. 70
10. 수입관세의 효과, P. 71
11. 국제가격, P. 71
12. 소국, P. 71
13. 국내시장, P. 71
14. 국제시장, P. 71
15. 수입관세, P. 71
16. 관세수입효과, P. 72
17. 수입쿼터, P. 72
18. 물품세 효과, P. 72
19. 규범경제학, P. 74
20. 보호무역, P. 74
21. 산업구조, P. 74
22. 자유무역, P. 74

제5장

게임이론과 시장구조론

1. 게임과 전략
2. 내쉬균형(Nash equilibrium)
3. 극소이득의 극대화 전략
4. 제로섬 게임(Zero-sum games)
5. 시장구조론
6. 과점산업과 잠재적 경쟁시장
7. 자연독점의 문제

1. 게임과 전략

경쟁이란 용어는 경제학뿐만 아니라 법학이나 정치학에서도 많이 쓰이는 개념이지만 경제학으로부터 도입한 것이다. 그런데 이 용어가 사회적으로 이용되는 대부분의 경우 경쟁 상대방(rival)을 인식하고 쓰이는 경우가 많다. 그런데 경제학에서 경쟁 상대방을 인식하면서 경쟁하는 경우는 과점시장에 국한되며 그것도 게임의 이론에 한한다고 보아도 과언이 아니다.

게임의 이론은 과점기업이 경제활동을 할 경우 경쟁 상대방의 반응을 고려해야 하기 때문에 마치 운동경기의 선수나 경기자와 같이 행동한다는 이론이다. 그리고 이 이론은 상대방과의 관계에 있어서 전략적인 행동을 전제로 한다는 뜻에서 전략 행위론이라고 할 수도 있다. 특히 이 이론은 이해관계의 충돌(싸움)의 상황에서 최적전략의 선택의 문제를 설명하는 것을 목적으로 하고 있다. 바꾸어 말한다면 경쟁 상대방의 가능한 모든 반응을 고려한 후에 이윤을 극대화 할 수 있는 행동의 방향이 무엇이냐 하는 것이 주요한 문제가 된다.

게임이 성립하기 위해서는 경기자가 있어야 하고, 규칙이 있어야 하며, 보수 또는 상금(payoff)이 있어야 한다. 이것이 게임의 기본적인 특징이며 이해관계가 충돌하는 경우에 일반적으로 발생하는 기본적인 요소이다. 과점시장에 대한 게임이론에서 경기자는 기업이며 보상 또는 보수는 이윤이나 산출량 또는 가격이 될 수 있을 것이다. 이론전개의 편의상 두 기업(A기업과 B기업)만이 존재하고 보수는 이윤이라고 가정하기로 하자.

두 과점기업이 이윤을 놓고 게임을 하는 경우 이윤은 두 기업의 전략에 의해서 결정된다. 예를 들어 A기업은 신문광고전략에 우위가 있기 때문에 신문광고를 선택하고 B기업은 TV광고에 우위가 있기 때문에 TV광고를 선택한다고 하자. 이와 같은 경우에는 B기업이 어떠한 전략을 선택하든 A기업은 신문광고로 이윤을 많이 얻을 수 있기 때문에 A기업의 우위전략(dominant strategy)은 신문광고이며 B기업의 우위전략은 TV광고이다. 따라서 두 기업의 최선의 전략은 상대방의 전략과 관계가 없으며,항상 자신의 우위전략을 선택하기만 하면 된다. 이와 같은 상태를 우위전략균형이라 하며 가장 단순한 형태의 게임이라 할 수 있다. 문제는 이처럼 게임이 단순한 것이 아니라 이해관계가 상호 충돌한다는데 있다.

2. 내쉬균형(Nash equilibrium)

이미 설명한 바와 같이 내쉬균형이란 경쟁상대방의 경제적 활동을 주어진 것으로 보고 최선을 다하는 상태를 말한다. 완전경쟁, 독점적 경쟁, 독점시장의 균형은 모두 내쉬균형에 해당한다고 할 수 있다. 왜냐하면 경쟁 상대방이 다수이거나, 없기 때문이다.

이론을 단순화하기 위해 어떤 과점산업 내에 A기업과 B기업이 있다고 하고, A기업의 전략은 「가」전략과 「나」전략, B기업은 「다」전략과 「라」전략을 갖고 있으며 각각의 전략은 〔표 5-1〕과 같이 그 이윤이 서로 충돌하고 있다고 한다면 A기업만이 「나」전략에 우위를 갖게 된다. 즉 B기업은 A기업이 「가」전략을 선택할 경우에는 「다」전략이 최적이며 「나」전략을 선택할 경우에는 「라」전략이 최적이다. 따라서 A기업이 「나」전략을 선택하는 이상 B기업은 「라」전략을 선택하게 된다.

〔표 5-1〕 보수(PAYOFF) 행렬

기업 A	기업 B	
	「다」전략	「라」전략
「가」전략	A기업이윤 1,000만원 B기업이윤 2,000만원	A기업이윤 700만원 B기업이윤 1,000만원
「나」전략	A기업이윤 2,000만원 B기업이윤 1,000만원	A기업이윤 1,000만원 B기업이윤 2,000만원

이상에서 보는 바와 같이 기업 A는 「가」 전략에 비해서 「나」 전략이 항상 절대적 우위에 있지만 기업 B는 절대적 우위전략이 없고, 다만 기업 A가 어떤 전략을 선택하느냐에 따라서 최적전략이 있을 따름이다. 따라서 기업 B는 어떤 전략이 기업 A에게 우위인가를 알고 난 다음에야 최적전략이 선택될 수 있게 된다. 이처럼 내쉬균형이란 경쟁 상대방의 전략(우위전략)이 주어져 있을 경우 이에 따라 각 기업이 최적전략을 선택하는 상태라고 할 수 있다.

각 기업이 우위전략을 갖고 있을 경우의 우위전략균형과 내쉬균형이 차이점은 전자는 우위전략이 항상 최선의 선택(최적전략)인 반면 후자는 경쟁 상대방의 전략이 주어져 있을 경우 이에 따라 최적전략이 선택된다는 것이다. 그리고 모든 게임에는 하나의 내쉬균형만이 있는 것이 아니라 하나 이상의 내쉬균형을 갖는 게임도 있고 내쉬균형이 없는 게임도 있을 수 있다. 내쉬균형은 이해관계가 있는 게임의 일반론이라고 할 수 있다.

3. 극소이득(이익)의 극대화 전략(Maxmin strategies)

경쟁 상대방이 합리적으로 행동할 경우에는 내쉬균형이 타당하지만 그렇지 않을 경우에는 내쉬균형은 깨질 수밖에 없는데 이와 같은 경우에 적용될 수 있는 전략이 극소이득(이익)의 극대화 전략이다. 바꾸어 말한다면 경쟁 상대방의 우위전략을 알고 있고 상대방 기업이 그 전략을 선택할 경우에는 내쉬균형이 타당하지만 어떤 이유로 상대방 기업이 우위전략을 선택하지 않고 다른 전략을 선택하는 경우에는 해당 기업이 치명적인 손실을 보는 수도 있기 때문에 보수적인 경영자라면 극소이득의 극대화 전략도 선택할 수 있다는 것이다. 결국 극소이득의 극대화 전략을 선택하는 기업은 상당한 추가 이윤을 포기하는 것과 같게 된다. 그러나 이와 같은 전략도 게임이론에서 많이 이용되고 있는 것이 현실이다.

예를 들어 〔표 5-1〕에서 기업 A가 「가」전략을 선택하는 경우 기업 B가 「라」전략을 선택한다면 1,000만원의 이윤이 아니라 1,000만원이 손실을 본다고 하자. 이는 물론 기업 A가 비합리적으로 행동할 경우이다. 이와 같은 상황이 발생할 수도 있다고 기업 B가 생각한다면 기업 B는 「다」전략을 선택하게 되는데 「다」전략이 바로 극소이득이 극대화 전략에 해당한다.

왜냐하면 기업 B가 「다」전략을 선택한다면 극소이득(이익)이 1,000만원이지만 「라」전략을 선택한다면 극소이득이 -1,000만원이기 때문이다.

4. 제로섬 게임(Zero-sum games)

어떤 한 기업의 이득(이익)이 다른 기업의 손실과 일치할 경우의 게임을 제로섬 게임이라 한다. 예를 들어 A기업이 광고에 의해서 1%의 시장을 얻으면 B기업은 1%의 시장을 잃는 것과 같고, A기업이 가격을 상승시켜서 10%의 시장을 잃었다면 B기업이 10%의 시장을 얻는 것과 같은 게임이다.

이와 같은 제로섬 게임은 단순한 게임이지만 현실적으로 많이 응용되는 게임이며 특히 광고효과를 설명하는데 많이 이용된다.

제로섬 게임의 보수행렬은 두 기업 중 한 기업만을 대상으로 하여 그 기업의 이득을 「+」 손실을 「-」로 나타낸다. 왜냐하면 한 기업의 이득은 다른 기업의 손실과 꼭 같기 때문이다. 〔표 5-2〕는 기업 A의 입장에서 본 보수행렬로서 기업 A의 「가」전략과 「나」전략에 대해서 기업 B가 3개의 가능한 전략 「갑」, 「을」, 「병」의 전략으로 대응한다고 했을 때, 기업 B의 반응에 따라서 나타나는 이득과 손실을 %로 나타낸 것이다.

이미 설명한 바에 의해서 알고 있는 바와 같이 기업 A는 기업 B의 전략과 관계없이 「가」에 우위가 있으므로 「가」전략을 선택하며 이에 따라 기업

〔표 5-2〕 기업 A의 보수행렬

기업 A	기업 B			극소이득
	「갑」	「을」	「병」	
「가」	10%	0%	20%	0%
「나」	-20%	-10%	0%	-20%
극대 이득	10%	0%	20%	0%=0%

B는 「을」의 전략을 선택할 것이다. 기업 A에게 20%의 이득을 주면 자신에게 20%의 손실이 되고 기업 A에게 10%의 이득을 주어도 자신에게 10%의 손실을 주므로 손실을 0%로 극소화 하고자 할 것이기 때문이다. 즉 기업 B의 입장에서는 기업 A의 이득을 극소화시키는 전략이 자신의 손실을 극소화시키는 전략이 된다. 이는 상대방 이득의 극소화가 자신의 이익의 극대화이기 때문에 내쉬균형에 해당한다.

극소이득의 극대화 전략에 의해서도 제로섬 게임을 설명할 수 있다.

즉 기업 A는 B의 입장에서 보면 자신이 「가」 전략을 선택할 때는 기업 B가 「을」 전략을 선택하고 자신이 「나」 전략을 선택하는 경우에는 기업 B가 「갑」 전략을 선택할 것이라는 것을 알고 있기 때문에 이 두 경우의 극소이득 중 극대가 되는 「가」 전략을 선택한다. 결과적으로 기업 B는 「을」 전략을 선택하므로 내쉬균형과 동일하다.

이상의 설명에 의해서도 알수 있는 바와 같이 제로섬 게임은 내쉬균형에 의해서도 설명이 가능하고 보수적 전략인 극소이득의 극대화 전략에 의해서도 설명이 가능한 게임이다.

5. 시장구조론(시장 조직론)

1) 시장구조와 효율성

아직까지는 완전경쟁시장이 정부의 경제적 역할과 불완전 경쟁시장을 평가하는 기준이 되고 있다. 그 근본적인 이유는 완전경쟁시장에서는 가격과 한계비용이 일치하기 때문이다. 다른 모든 시장에서는 가격과 한계비용이 일치하지 않으며, 따라서 이론적으로 희소한 자원이 비효율적으로 배분되고 있는 것이다. 이미 설명한 바와 같이 왜 농업을 제외하고 다른 모든 생산물 시장이 불완전 경쟁시장인가? 불완전 경쟁시장에서는 왜 한계비용가격(P = MC)의 원칙이 성립하지 않으며 그 결과는 어떠한가? 대체적으로 이와 같은 두 가지 문제를 다루는 분야가 시장구조론이라고 할 수 있다.

현실적으로 불완전 경쟁시장이 발생하는 요인은 미시경제의 시장형태에서 설명한 바와 같지만 그 중에서도 중요한 것이 제조업에 있어서의 규모의 경제이다. 특히 한국과 같이 시장이 협소한 국가에서는 많은 제조업이 시장에 비해서 막대한 산출량에 달할 때까지 규모의 경제가 작용한다. 이와 같은 경우에는 많은 소규모 기업이 생산하는 것보다 소수의 대규모 기업이 생산하는 것이 희소한 자원을 효율적으로 사용할 수 있게 한다. 예를 들면 한국의 철강산업, 자동차산업, 전자산업, 조선산업, 중공업, 화학 및 기타 여러 산업이 여기에 속한다고 할 수 있다. 바꾸어 말한다면 자동차산업에서 수많은 중소기업들이 자동차를 생산하는 것이 희소한 자원을 효율적으로 사용하는 것이라고는 볼 수 없기 때문에 소수의 대기업이 자동차를 생산하고 있다고 할 수 있다. 이외에도 대기업의 동태적 편익(효율성)에 대해서 논의되는 경우가 많다.

대기업의 동태적 효율성이란 규모의 경제뿐만 아니라 많은 기술이 대기업에 의해서 진보하였다는 것이다. 특히 1997년의 외환위기 극복과정과 2008년의 금융위기(환율위기) 극복과정에서 알 수 있는 바와 같이 우리 경제에 있어서의 대기업의 역할은 매우 중요하다고 할 수 있다. 일반적으로 대기업을 부정적으로 평가하는 이유가 대기업의 독점력의 사회적 비용 때문이다. 이는 미시경제의 독점시장에서 이미 설명한 것이기 때문에 더 이상의 설명이 필요 없을 것이다.

결국 동태적 효율성의 측면에서 기술진보와 경제성장을 강조할 필요성이 있을 경우에는 대기업을 긍정적으로 평가하고, 정태적 효율성의 측면에서 독점력의 사회적 비용을 강조할 필요성이 있을 경우에는 대기업을 부정적으로 평가할 수 밖에 없을 것이다. 이 책 시리즈의 주요한 목적은 개방경제의 거시이론의 공급측면을 마련(설정)하는데 있기 때문에 시장경제의 정태적 효율성 뿐만아니라 대기업의 동태적 효율성도 강조하고자 하였다. 왜냐하면 우리가 잘 알고 있는 바와 같이 아직까지는 우리경제의 기술진보와 경제성장에 있어서 대기업의 기여도가 크다고 볼 수 있기 때문이다. 물론 슘페터(Schumpeter)에 의해서 동태적 효율성의 개념이 경제학에 도입된 이후 아직까지도 논쟁의 대상이 되고 있는 중요한 문제이다.

대기업을 긍정적으로 평가하기 위해서는 대기업의 경제적 이윤은 연구개발에 쓰여져야하고, 연구개발에 의해서 기술이 진보하면 “창조적 파괴"과정(process of "creative destruction")을 통하여 투자되어야만 한다. 창조적 파괴란 새로운 기술이 개발되면 종전의 생산설비가 진부하여 쓸모없게 된다는 것이다. 1997년과 2008년의 금융위기를 극복하는 과정에서는 불가피하게 대기업의 연구개발과 투자가 순조롭게 이루어지지 않았지만 앞으로는 연구개발과 투자에 대기업의 기여도가 크게 진전될 것으로 생각한다. 끝으로 재벌에 의한 경제력(economic power) 집중의 문제는 이 책 시리즈의 연구방법과 범위에서 벗어나는 문제이기 때문에 이에 대해서는 설명이 되지 않고 있다.

2) 과점산업의 독점력(시장지배력) 측정방법

독점력은 한 기업의 독점력을 측정하는 방법과 한 산업의 독점력을 측정하는 방법이 있다. 전자는 우리가 잘 알고 있는 바와 같이 러너지수(Lerner index)에 의해서 측정되며, 후자는 시장 집중률(concentration ratio)을 측정하는 방법으로서 허핀달지수(Herfindahl index)에 의해서 측정된다. 러너와 허핀달은 모두 처음으로 이들 개념을 도입한 경제학자의 이름이다. 러너지수는 독과점기업의 독점력을 측정하는데 이용되며, 허핀달 지수는 과점산업의 독점력(시장 지배력)을 측정하는데 이용된다.

과점산업내의 대기업의 시장 지배력(시장 집중률)을 측정하기 위해서는 과점산업 내의 기업을 대기업의 순서대로 나열한 후 4대기업, 8대기업, 10대기업, 30대기업, 50대기업 등의 매출액 비중(시장 점유율)을 측정해서 대기업의 시장 지배력을 평가하는 방법이 있을 수 있는데 허핀달 지수는 이와 같은 방법을 이용한 지수이다. 과점산업 내의 모든 기업의 매출액 비중을 제곱해서 더해주었을 때의 허핀달 지수는 다음과 같이 나타낼 수 있다.

$$H = S_1^2 + S_2^2 + S_3^2 + \cdots\cdots \ S_n^2$$

여기서 S_1은 산업 내에서 가장 큰 대기업의 매출액 비중(시장 점유율)이며, S_n은 가장 작은 소기업의 매출액 비중이다. 매출액 비중을 모두 더해주면 1 또는 100%가 되지만 허핀달 지수는 각 기업의 매출액 비중을 제곱해 준 것이기 때문에 대기업에 보다 더 큰 가중치를 준 것이라고 할 수 있다. 예를 들어 산업 내에 기업이 하나 뿐이어서 독점산업이라면 허핀달 지수는 10,000이 되며 기업의 수가 100개이고 시장 점유율이 똑같이 1%라면 허핀달 지수는 100이며, 기업의 수가 10개이고 시장 점유률이 똑같이 10%라면 허핀달 지수는 1,000이다. 따라서 소수의 대기업이 산업을 지배하고 있을 때는 허핀달 지수가 크고 독점력도 큰 산업이라고 할 수 있다. 이로부터 독과점 금지기준 지수를 생각해볼 수 있을 것이다. 예를 들어 산업 내의 10개의 대기업이 대부분의 시장을 점유하고 있다면 허핀달 지수가 대체적으로 1,000내외일 것이므로, 1,000을 기준으로 해서 그 이상 독과점화 하는 것을 금지할 수 있으며 가격 또한 통제할 수 있게 된다.

지금까지 설명은 반독점법을 통해서 독과점 기업인 대기업이 독점화하는 것을 막고 경쟁을 촉진시켜야 한다는 가정하에서 이론이 전개된 것이다. 그런데 독과점을 효율적으로 막을 수 있는 수단으로 경제를 개방하고 시장을 확대하면 외국의 기업과 경쟁해야하기 때문에 완전경쟁시장과 같이 자원이 효율적으로 배분될 수 있게 된다. 뿐만아니라 이미 설명한 바와같이 경제가 개방되어 시장이 확대되면 규모의 경제로부터 이익을 얻을 수 있고, 선진기술을 이용할 수 있기 때문에 경제성장을 촉진할 수도 있을 것이다. 따라서 반독점법을 통해서 대기업을 통제하는 것만이 자원을 효율적으로 배분하는 방법이라고 생각하는 것은 옳지 못하다.

6. 과점산업과 잠재적 경쟁시장

잠재적 경쟁시장(contestable market)이란 비록 독점산업이나 과점산업이라고 할지라도 기존 기업과 동일한 비용조건으로 진입이 완전히 자유롭고, 전출(퇴출)에 있어서도 매몰비용(sunk costs)이 발생하지 않아 자본손실이 없어 퇴출 비용이 전혀 들지 않는 경우에는 완전경쟁시장과 똑같이 효율적이라는 의미에서 이를 경합시장 또는 잠재적 경쟁시장이라 한다. 따라서 이와 같은 산업인 경우에는 산업내의 경쟁이 중요한 것이 아니라 잠재적 경쟁이 문제의 대상이 된다.

[그림 5-1] 잠재적 경쟁시장의 가격과 산출량

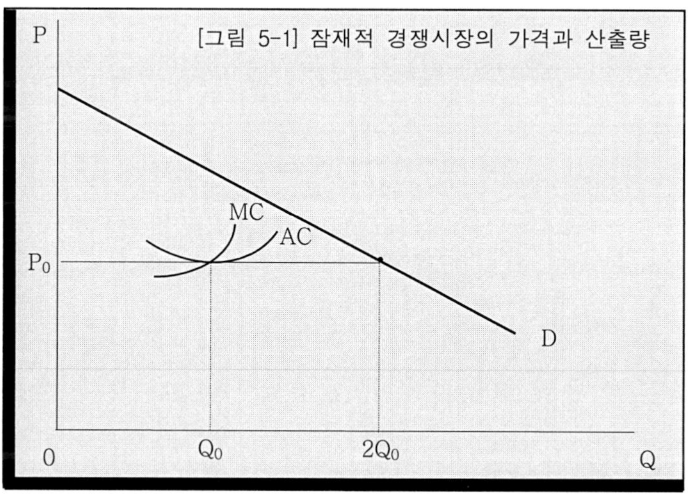

진입이 완전히 자유롭고 퇴출 비용이 전혀 없는 산업이란 거의 없을 뿐만 아니라 이와 같은 가정은 극단적인 가정이고 비현실적인 가정이라고 할 수 있기 때문에 아직까지도 논쟁의 대상이 되고 있는 문제이다. 그러나 경제이론이 가정에 크게 구애받지 않는 이상 전출입이 비교적 쉬운 산업에는 이 이론이 유용하게 이용될 수 있다고 할 수 있다. 〔그림 5-1〕은 어떤 한 과점산업 내에 기업이 둘뿐이며, 비용조건이 동일한 경우 한 기업의 평균비용곡선과 한계비용곡선 그리고 시장수요곡선이다. 이 기업이 직면하는 수요곡선은 평균비용이 극소가 되는 수준에서 수평이기 때문에 경제적 이윤은 존재하지 않는다. 왜냐하면 경제적 이윤이 발생한다면 다른 기업이 진입해서 조금 낮은 가격으로 쉽게 판매할 수 있기 때문이다. 결국 가격은 극소의 평균비용과 같게되며 경제적 이윤은 소멸하게 된다. 따라서 기업은 Q_0의 산출량을 P_0의 가격으로 판매하게 되며 P = MC = AC가 성립한다. 잠재적 경쟁기업은 국내기업뿐만 아니라 외국기업일 수도 있다.

7. 자연독점의 문제

전기, 가스, 수도, 케이블 TV 등 자연 독점기업인 경우에는 정부에 의해서 가격과 산출량이 통제(규제)되지만 자원을 효율적으로 배분시킬 수 있는 한계비용가격의 원칙(P = MC)이 성립하도록 규제를 할 수 없어 문제가 된다. 왜냐하면 장기 평균비용과 일치하도록 가격을 통제하면 P>LMC이고, 장기 한계비용과 일치하도록 가격을 통제하면 기업이 손실을 보기 때문이다.

〔그림 5-2〕에서 보는 바와 같이 독점기업을 통제하지 않는 경우 최적 산출량수준 또는 이윤극대화 산출량 수준은 Q_0이고, 가격은 P_0, 독점이윤은 ABCD가 된다. 따라서 Q_0의 산출량 수준에서는 P>LMC가 되어 사회적인 관점에서 볼 때 산출량은 늘리고 가격은 하락시키는 것이 바람직하다.

이와 같은 이유 때문에 모든 산출량 수준에서 규모의 경제가 작용하는 산업(일반적으로 공기업)인 경우에는 정부가 하나의 기업만 허가하고 가격과

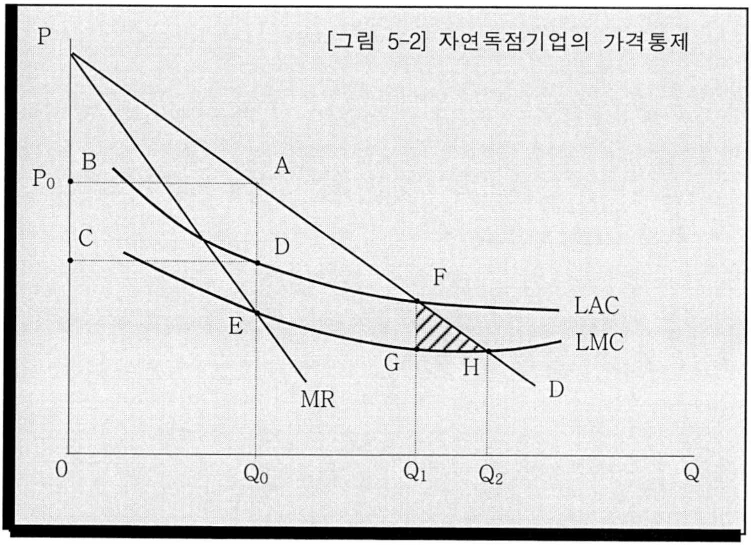

[그림 5-2] 자연독점기업의 가격통제

산출량 수준을 통제하게 된다. 통제하는 방법은 두 가지가 있을 수 있는데 하나는 장기 평균비용과 일치하도록 가격을 통제하는 방법이고 다른 하나는 장기 한계비용과 일치하도록 가격을 통제하는 방법이다.

가격을 장기 평균비용과 일치하도록 통제했을 경우에는 그림에서 보는 바와 같이 빗금친 부분(FGH)만큼 사회적 후생의 손실 또는 사회적 비용을 유발시킨다. 이에 반해서 장기 한계비용과 일치하도록 통제했을 경우에는 자원은 효율적으로 배분되지만 가격이 평균비용보다 낮기 때문에 기업이 손실을 보게 되며 따라서 보조금을 지급하지 않은 이상 독점기업이 생산을 하지 않게 된다. 보조금을 지급하는 것보다는 기회비용만큼의 정상적인 투자 수익률을 얻을 수 있게 하는 방법이 좋은 것으로 생각되기 때문에 일반적으로는 장기 평균비용과 일치하도록 가격을 통제하는 방법이 선호되고 있다. 이상의 설명은 자연독점 기업을 미국과 같이 민간기업(private firm)으로 조직하는 경우이다. 이에 반해서 유럽과 같이 자연독점 기업을 정부가 소유하고 경영할 수도 있다. 우리나라도 공기업 민영화과정을 통해서 미국과 같이 민간기업으로 육성하고 있다.

죄인의 딜레마(Prisoners' delema)

이 게임은 경제학자들보다 법학자들이 더 잘 아는 게임인데 이것이 경제이론에서 원용되는 이유는 이와 같은 유형의 게임이 현실적으로 많이 존재할 뿐만 아니라 외부 불경제인 환경오염의 문제 등도 이를 통해서 설명이 가능하기 때문이다.

두 범죄 용의자가 어떤 범죄의 공범자인데 각자 다른 방에서 동시에 검사로부터 취조를 받는다고 하자. 두 죄인의 전략은 범죄를 자백할 것인가 말 것인가 하는 단순한 문제이다. 만약 묵비권을 행사해서 두 죄인 모두 다 자백을 하지 않는다면 증거 불충분으로 2년형을 구형받고, 둘 다 자백을 한다면 10년형을 구형 받는다고 하자. 그리고 두 죄인 중 한사람만 자백을 하고 한 사람은 자백을 하지 않는다면 자백을 하지 않은 사람이 죄를 뒤집어 쓸 수도 있으니까 10년 이상이 형을 받게 된다고 하면 그 결과는 어떻게 될까?

상대방이 자백을 할 경우 자신의 죄형이 무거워질 수밖에 없기 때문에 자백을 할 수밖에 없고, 상대방이 자백을 하지 않을 경우 자백을 한다면 자신의 죄가 가벼워질 수가 있으므로 이 때에도 자백을 한다는 것이다. 두 용의자가 이렇게 해서 모두 자백을 하므로 두 용의자의 형량을 합계하면 그 어떤 경우보다도 최악의 상태가 될 수도 있다.

환경오염의 경우에도 모든 기업이 정화시설을 갖추고 오염물질을 처리한다면 모두가 이익이 될 수 있는데도 그렇지 못한 이유가 죄수의 딜레마와 같은 딜레마에 빠지기 때문이다. 다른 기업이 정화시설을 갖추었는데 A기업만이 안그럴 수 있다면 A기업만이 더 큰 이익을 얻고, 다른 기업이 정화시설을 갖추지 않았는데 A기업만이 정화시설을 갖춘다면 A기업만이 망할 수도 있기 때문에 결국 모든 기업이 환경을 오염시킬 수 있다는 것이다. 이상에서 설명한 죄인의 딜레마와 같은 유형의 게임도 이것이 반복되면 서로에게 이익이 되는 전략을 선택한다고 보는 것이 일반론이다. 공동으로

죄를 범하는 공동행위는 반복될 수 있는 게임이 아니지만 칼텔과 같은 공동행위는 반복되는 게임이기 때문이다. 예를들어 어떤 한 칼텔산업이 두 기업으로 구성되어 있을 때 두 기업의 전략은 칼텔이 정한 가격으로 판매할 것인가 아니면 몰래 가격을 하락시킬 것인가하는 단순한 문제이다. 몰래 가격을 하락시킨다면 보다 더 큰 이윤을 얻을 수 있기 때문이다. 따라서 두 기업 모두 몰래 가격을 하락시키는 전략을 선택할 것이기 때문에 죄인의 딜레마와 같은 결과에 빠질 수 있다. 그러나 이 게임은 반복이 될 수 있는 게임이다. 반복이 될 수 있는 게임인 경우에는 결국 상대방을 신뢰하고 협조하기 때문에 서로에게 이익이 되는 전략, 즉 칼텔의 경우에는 칼텔이 정한 가격을 선택한다는 것이다. 칼텔이 불안정하지만 지속되는 이유가 이 때문이다.

요 약

1. 과점산업내의 기업이 상호 우위전략을 가지고 있을 때는 어떤 기업의 전략이 다른 기업의 전략에 영향을 미치지 않기 때문에 이해관계가 있는 게임이 성립하지 않는다. 이해관계가 있는 게임이 성립하기 위해서는 어떤 기업이 전략이 다른 기업의 전략에 영향을 미치고 이해관계가 충돌하는 경우에 한한다.
2. 내쉬균형이란 경쟁상대방의 경제적 활동을 주어진 것으로 보고 자신이 입장에서 최선을 다하는 상태를 말하는데 이해관계가 충돌하는 게임의 영역에서 적용될 수 있는 게임이론의 일반론이라 할 수 있다. 다만 경쟁상대방이 비합리적으로 행동할 경우에는 내쉬균형이 성립하지 않는다.
3. 경쟁상대방이 비합리적으로 행동할 경우에는 극소이득의 극대화전략이 성립하는데 제로섬게임은 내쉬균형으로도 설명이 가능하고 극소이득의 극대화 전략으로도 설명이 가능하다. 그리고 죄인의 딜레마게임은 게임이 딜레마에 빠지는 경우 적용될 수 있는 게임이다.
4. 동태적 효율성이란 대기업의 동태적 편익을 말하는데 규모의 경제와 기술진보가 주로 대기업에 의해서 이루어졌기 때문에 대기업이 중소기업에 비해서 동태적으로 볼 때 효율적일 수 있다는 것이다. 이는 시장구조의 문제점으로 지금도 논쟁의 대상이 되고 있는 중요한 문제이다.
5. 독과점기업의 독점력을 측정하는 방법으로 흔히 사용되는 것이 러너지수로서

이는 한 기업의 독점력을 측정하는 방법이다. 이에 반해서 과점산업의 독점력을 측정하는 방법으로 이용되는 것이 대기업의 매출액비중(시장점유율)이며, 대기업의 매출액 비중을 시장지배력 또는 시장 집중률이라고 한다.

6. 진입이 완전히 자유롭고 퇴출비용이 전혀들지 않는 과점산업을 이론적인 개념으로 잠재적 경쟁시장 또는 경합시장이라하는데 완전경쟁시장과 똑같이 자원을 효율적으로 배분시킨다. 잠재적 경쟁기업은 국내기업뿐만 아니라 외국기업일 수도 있지만 가정 자체에 문제가 있기 때문에 아직까지도 논쟁의 대상이 되고 있는 문제이다.
7. 자연독점기업의 가격을 장기 한계비용과 일치하도록 통제하면 자원은 효율적으로 배분되지만 기업이 손실을 보기 때문에 보조금을 지급해야하고, 장기평균비용과 일치하도록 통제하면 사회적비용을 유발시킨다. 일반적으로는 장기평균비용을 기준으로 통제하는 방법이 선호되고 있다.

중요개념

1. 게임의 이론, P. 83
2. 전략행위, P. 83
3. 게임의 요소, P. 83
4. 우위전략, P. 83
5. 내쉬균형, P. 84
6. 보수행렬, P. 84
7. 최적전략, P. 85
8. 극소이득의 극대화전략, P. 85
9. 제로섬 게임, P. 86
10. 시장구조론, P. 88
11. 동태적 편익, P. 88
12. 동태적 효율성, P. 88
13. 기업의 독점력, P. 88
14. 산업의 독점력, P. 89
15. 시장 지배력, P. 89
16. 시장집중률, P. 89
17. 허핀달지수, P. 90
18. 잠재적 경쟁시장, P. 91
19. 경합시장, P. 91
20. 잠재적 경쟁기업, P. 92
21. 자연독점, P. 92
22. 공기업, P. 92
23. 죄인의 딜레마, P. 94

제 3 편

화폐와 경제

제6장

고전적 이분법과 화폐수량설

1. 화폐의 정의와 기능
2. 고전적 이분법과 화폐의 중립성
3. 대부자금시장
4. 화폐수량설
5. 거시경제의 단기분석과 장기분석

1. 화폐의 정의와 기능

화폐란 재화와 용역을 교환할 때 교환의 매개물(medium of exchange) 또는 지불수단(means of payment)으로 통용되는 것을 말한다. 따라서 화폐의 기본적인 특징은 지불시 상대방이 거절하지 않고 수령하는데 있다. 어떤 상품이 일반적인 교환수단으로 사용된다면 그 상품이 화폐가 될 수 있는데 이를 물품화폐 또는 상품화폐라 한다. 역사적으로 볼 때 상품화폐는 여러 가지 형태가 있었다. 조선시대에는 쌀이나 면포가 물품화폐로 사용되었고, 미국의 식민지시대에는 담배가 상품화폐로 사용되기도 하였다.

물품화폐는 내구성이 없고, 운반이 어려우며, 소액의 거래에 이용될 수 없는 등 여러 가지 불편이 많았기 때문에 그 후 금속화폐(동전)와 지폐가 사용되게 되었다. 지폐가 금과 태환이 될 수 있는 제도를 금본위제도라 하며, 태환이 불가능한 불환지폐가 사용되는 제도를 관리통화제도라 한다. 오늘날 우리가 사용하는 지폐 역시 불환지폐로서 관리통화이며 법화이다.

화폐는 크게 현금통화와 예금통화로 나눈다. 현금통화란 동전과 지폐를 말하며 예금통화란 당좌예금이나 보통예금처럼 예금주의 요구가 있을 때는 언제라도 예금은행이 현금을 지불해야 하는 예금을 말한다. 요구불예금이 일반적인 지불수단으로 사용되는 이유는 예금을 기초로 하여 예금은행이 창조(발행)한 예금화폐(수표)가 교환수단으로 사용되기 때문이다.

일정시점에서 민간이 보유하고 있는 현금통화와 예금통화를 합하여 통화량(M_1)이라 하며, 통화량에 저축성예금을 합해준 것을 총통화(M_2)라 한다. 이처럼 통화량은 유량이 아니라 저량이며 정부의 금융정책에 의해서 결정된다.

따라서 화폐수량설이나 유동성선호설에서 문제가 되는 것은 화폐의 공급이 아니라 화폐의 수요에 대한 문제가 주로 논의된다.

화폐는 정부(중앙은행)의 금융정책에 의해서 공급이 결정된다고 할 수 있지만 대부자금시장에 있어서의 자금의 공급은 저축에 의해서 결정된다. 화폐의 수요와 공급에 관한 시장을 화폐시장이라 하며, 저축과 투자에 대한 시장을 대부자금시장이라 한다. 고전적 이분법에 의하면 저축과 투자에 의해서 실질이자율이 결정되며 화폐수량설에 의해서 물가상승률이 결정된다. 따라서 화폐를 교환수단으로 생각한다면 실질이자율은 저축과 투자에 의해서 결정된다 고 할 수 있다.

화폐는 다음과 같은 3가지 기능을 갖고 있다. 첫째는 교환의 매개물로서의 기능이며, 둘째는 계산의 단위 또는 가치척도로서의 기능이고, 셋째는 가치저장수단으로서의 기능이다. 교환의 매개물로서의 기능과 가치척도로서의 기능을 강조한 이론이 고전적 이분법에 의한 화폐수량설이며 가치저장수단으로서의 기능을 강조한 이론이 유동성 선호설이다.

화폐의 기능 중 가장 중요한 것이 교환수단(매개물)으로서의 기능이다. 우리가 재화와 용역을 구입할 때는 화폐를 주고 구입하며 노동을 할 때는 화폐를 받고 노동을 제공한다. 교환수단으로서의 화폐가 사용되면 물물교환에 따르는 불편을 덜어줄 뿐만 아니라 분업과 전문화를 촉진시킨다. 이는 물물교환경제를 생각하면 쉽게 이해될 수 있는 일이다. 물물교환경제란 일반적인 지불수단으로서의 화폐가 존재하지 않는 경제를 말한다. 이와 같은 경제에서는 상품과 상품이 서로 교환될 것이기 때문에 교환이 이루어지기 위해서는 각자가 상대방이 원하는 것을 갖고 있어 쌍방의 욕구가 서로 일치해야만 한다. 그런데 자기 자신의 욕구와 정확하게 일치하는 다른 사람을 찾기란 불가능하지는 않겠지만 많은 시간과 거래비용이 들게 된다. 화폐가 있으면 쌍방의 욕구가 동시에 일치하지 않아도 되기 때문에 이와 같은 비효율성을 막을 수 있는 것이다. 왜냐하면 사람들은 자신이 생산한 재화를 팔아 화폐를 가지고 있다가 자신이 원하는 재화를 구입하면 되기 때문이다. 일반적으로 가계는 노동을 팔아 화폐를 가지고 있다가 필요로 하는 각종 재화와 용역을 구입하면 되기 때문에 화폐는 분업과 전문화를 촉진시키며, 물물교환의 비효율성을 제거해 준다는 점에서 중요하다고 할 수 있다.

계산의 단위 또는 가치척도로서의 화폐의 기능이란 상품의 가치를 화폐로 나타낸다는 뜻이다. 무게의 단위는 Kg, 길이의 척도는 m, 온도의 단위는 ℃

로 나타내는 것과 같이 상품의 가치를 화폐로 나타낸다는 것이다. 상품의 가치란 교환비율 또는 상대가격을 말한다. 예를 들어 소고기 한 근에 10,000원, 돼지고기 한 근에 5,000원이라고 하면 소고기 한 근의 가치는 돼지고기 2근이며, 운동화가 10,000원이고, 양말이 2,000원이라면 운동화의 가치는 양말 5켤레가 된다. 그런데 현실적으로는 이렇게 복잡하게 상품의 가치를 나타내지 않고 화폐로 나타내며, 교환비율이나 상대가격이 필요할 경우에만 가치를 상품의 수량으로 나타내면 된다. 예를 들어 Y재와 교환되는 X재의 가치는 $\frac{Px}{Py}$인데 이는 X재 한 단위와 교환되는 Y재의 수량을 말한다. 가치척도로서의 기능과 교환수단으로서의 화폐의 기능을 강조한 이론이 고전적 이분법과 화폐 수량설이며 다음에 설명하는 가치저장수단으로서의 화폐의 기능을 강조한 이론이 유동성선호설이다.

가치저장수단으로서의 화폐의 기능이란 가치를 가장 안정적으로 저장할 수 있는 수단이 화폐라는 것이다. 주식이나 채권 및 실물자산 등도 가치를 저장할 수 있지만 위험한 자산인데 반해서 화폐는 가장 안정적인 가치저장수단이 된다. 즉 미래의 소비에 사용할 수 있는 자산이면 어떤 것이든 가치저장수단이 될 수 있는데 그 중에서도 가장 안정적인 수단이 화폐라 할 수 있다. 유동성이란 화폐와 쉽게 교환될 수 있는 자산을 말한다. 채권이나 주식 및 화폐는 상호 쉽게 교환되기 때문에 유동자산에 속하며 그 중에서도 가장 유동적인 자산이 화폐라고 할 수 있다. 따라서 유동성선호설이란 넓은 의미에서 유동자산에 대한 선호(수요)이론이라고 할 수 있으며, 좁은 의미에서는 화폐 그 자체에 대한 수요이론이라고 할 수 있다.

2. 고전적 이분법(Classical dichotomy)과 화폐의 중립성

제 1권 미시경제에서 이미 설명한 바와 같이 대부자금시장에서 결정되는 이자율은 실질이자율이다. 그렇다면 명목이자율은 어떻게 결정되는가? 화폐수량설에 의해서 물가상승률이 결정되면 실질이자율에 물가상승률을 더해준 것이 명목이자율이 되는데 이처럼 실질변수와 명목변수를 양분해서 경제를 설명하는 방법을 고전적이분법(classical dichotomy)이라 한다. 고전적(classical)이란 1930년대 이전 경제이론이라는 뜻이며 이분법이란 경제변수를 명목변수(nominal variables)와 실질변수(real variables)로 구분해서 설명하는 방법을 말한다. 고전적이라 하지만 오늘날도 거시경제의 장기분석이 이 방법을 따르고 있다고 할 수 있다.

바꾸어 말한다면 거시경제의 단기분석을 제외하고는 모든 경제이론이 고전적 이분법에 의해서 설명되어지고 있다고 할 수 있다.

고전적 이분법에 의하면, 화폐는 명목변수에는 영향을 미치지만 실질변수에는 영향을 미치지 않는데 이를 화폐의 중립성(monetary neutrality) 또는 화폐베일관이라 한다. 예를 들어 중앙은행이 화폐의 공급량을 2배로 증가시키면 물가수준이 2배로 상승하고 명목임금, 명목 GDP 등의 명목변수도 2배로 상승하지만 실질임금, 실질 GDP 등의 실질변수는 불변이라는 것이다. 바꾸어 말한다면 화폐공급량이 증가하면 모든 가격이 화폐공급량의 증가율만큼 상승하기 때문에 상대가격이나 교환비율에는 전혀 영향을 미치지 않는다는 것이다.

그 중에서도 중요한 것이 실질이자율과 명목이자율이다.

실질이자율은 대부자금시장(market for loanable funds)에서 결정되며, 명목이자율은 화폐수량설에 의해서 결정된 물가상승률에 실질이자율을 더해준 것이다. 대부자금시장이란 금융시장(financial market)의 이론적인 개념으로, 제 1권 미시경제에서 이미 설명한 바와 같이 저축에 의해서 대부자금이 공급되고 투자에 의해서 대부자금이 수요되는 시장을 말한다. 현실적으로 대부자금시장은 채권시장이나 주식시장과 같은 직접금융시장과 은행을 통해서 자금이 거래되는 간접금융시장으로 구분할 수 있다. 이와 같은 여러 형태의 금융시장을 통털어 하나의 시장으로 이론화한 개념이 대부자금시장이다.

화폐의 공급량이 증가해서 물가만이 상승하는 경우에는 가치척도로서 화폐가치가 하락한다. 화폐가치만이 하락했다는 것은 계산의 단위가 변화되었다는 것에 지나지 않기 때문에 실물에는 영향을 미치지 않는다. 그렇다면 이와 같은 화폐중립성의 개념은 단기에도 적용될 수 있는 것일까? 오늘날의 대부분의 경제학자들은 단기에는 화폐공급량의 변화가 실질변수에 영향을 미친다고 보고 있다. 실제로 이 개념을 처음으로 도입한 18세기의 경제학자 흄(David Hume) 자신도 단기에 이를 적용하는 것은 문제가 있을 것이라고 생각하였다. 즉 단기에는 화폐공급이 실질이자율에 영향을 미치고 이것이 투자지출을 결정하기 때문에 금융정책에 의해서 총수요를 관리할 수 있는 수단이 되는 것이다. 따라서 거시경제이론을 연구할 때는 그것이 단기인가 장기인가를 구분하는 것이 매우 중요하다고 할 수 있다.

다만 최근 들어서는 장기라는 개념이 여러가지로 구분되어 사용되고 있다는 점에 유의할 필요가 있다. 화폐가 중립적인 기간을 경제성장과 구분하여 전자를 중기 또는 장기 후자를 장기 또는 최장기라고 하는 경우가 있으니 유의할 필요가 있다. 이 책에서는 원래의 방법에 의해서 단기와 장기로 구분하고 있다. 이와 같은 방법에 의해서도 경제성장이 독립적으로 설명되고 있다면 문제가 될 것이 없다고 생각되기 때문이다.

3. 대부자금시장

저축이란 소득 중 소비되지 않은 것이므로 가계는 이 저축을 직접금융시장인 채권시장이나 주식시장을 통해서 주식이나 채권을 구입함에 의해서 직접적으로 기업에 대부할 수 있으며, 은행에 저축함에 의해서 간접적으로 기업에 대출할 수도 있다.

따라서 대부자금의 공급은 가계의 저축이다. 기업은 자신이 저축한 자금과 가계가 저축한 자금을 차입해서 투자를 하기 때문에 대부자금의 수요는 기업의 투자이다. 실질이자율은 대부자금의 수요와 공급이 상호작용에 의해서 결정된다. 물론 가계도 주택을 구입하든가 자녀들의 교육을 위해서 차입하는 경우도 있지만 경제주체를 가계와 기업으로 구분하고 경제전체를 거시적으로 보는 경우에는 이를 무시해도 좋을 것이다.

〔그림 6-1〕에서 보는 바와 같이 실질이자율이 균형이자율 i_0보다 높을

경우에는 대부자금의 공급량이 대부자금의 수요량을 초과하기 때문에 대부자금의 공급자들의 경쟁으로 이자율이 하락하고, 이자율이 균형이자율 i_0보다 낮을 경우에는 대부자금의 수요량이 대부자금의 공급량을 초과하므로 대부자금의 수요자인 기업의 경쟁에 의해서 이자율이 상승한다. 수요와 공급이 일치하는 이자율 i_0가 되면 초과수요나 초과공급이 존재하지 않아 다른 요인의 변화가 없는 한 변화되지 않는 이자율이 되므로 이를 균형이자율이라 한다. 이렇게 해서 결정된 이자율은 실질이자율인데 여기에 물가상승률을 더해준 것이 명목이자율이다. 따라서 장기에 화폐공급량의 증가로 물가상승률이 상승하면 물가상승률이 상승한 것만큼 명목이자율이 상승하는데 이를 피셔효과(Fisher effect)라 한다. 이 때 화폐는 화폐의 중립성의 원칙상 실질이자율에는 영향을 미칠 수 없다. 바꾸어 말한다면 화폐수량설에 의해서 물가상승률이 결정되고 대부자금시장에 의해서 실질이자율이 결정되기 때문에 명목이자율을 설명하기 위해서는 대부자금시장과 화폐수량설을 모두 알아야한다는 것이다.

전술한 바와 같이 금융시장 또는 대부자금시장은 직접금융시장인 채권시장 및 주식시장과 간접금융시장으로 나눌 수 있다.

간접금융시장은 은행이 중개기관으로 작용하여 가계의 저축을 기업에게 대출해주는 역할을 한다. 그리고 주식시장과 채권시장을 합하여 증권시장이라 한다. 이상의 설명과 같이 금융시장이라고 할 경우에는 일반적으로 저축에 의해서 기업의 투자자금이 거래되는 시장을 말하지만 화폐시장을 포함하는 개념으로 사용되는 경우도 있다. 따라서 넓은 의미의 금융시장개념이 사용될 경우에는 그것이 중앙은행에 의해서 화폐가 공급되고 거래되는 화폐시장인가 아니면 저축에 의해서 기업의 투자자금이 거래되는 대부자금시장인가를 구분할 필요성이 있다.

증권시장은 주식, 회사채, 국·공채 등의 증권이 신규로 발행되는 발행시장과 이미 발행된 증권이 매매되는 유통시장으로 구분된다. 기업은 투자에 필요한 자금을 채권이나 주식을 발행함으로서 자금을 조달하며 가계가 이를 구입하므로서 자금을 공급한다.

[그림 6-1] 대부자금시장과 실질이자율

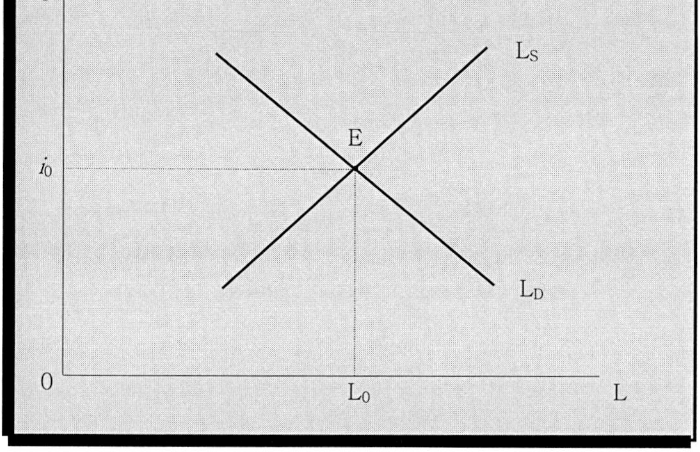

기업이 발행하는 채권을 회사채 또는 사채라 하는데, 이는 발행한 기업이 매년 회사채 소유자에게 이자를 지급하며 만기가 되면 원금(할인발행인 경우에는 액면)을 상환해야 한다. 회사채는 그 성격상 다음과 같은 3가지 특징을 갖고 있다. 첫째는 상환기간에 따라 단기사채와 장기사채로 구분되는데, 장기사채는 만기가 되기 전에 그 소유자가 자금이 필요할 경우 낮은 가격으로 팔아야 하기 때문에 보다 더 위험하다고 할 수 있다. 따라서 장기사채의 이자율이 단기사채의 이자율보다 높다. 이 회사채의 이자율을 사채수익률이라고도 하는데 이는 채권의 구입을 투자의 개념으로 보기 때문이다. 그러나 경제학적으로는 채권이나 주식의 구입은 저축에 해당된다. 왜냐하면 소득 중 소비되지 않는 부분이 저축이며 이를 은행에 저축할 수도 있고 채권이나 주식을 구입하는데 사용할 수도 있기 때문이다.

채권은 유통시장에서 쉽게 팔 수 있기 때문에 매우 유동적인 자산이며 「유동성 선호이론」에서 말하는 유동성에 해당한다. 따라서 가계는 화폐를 보유하는 것이 유리할 경우에는 화폐를 보유하고 채권을 보유하는 것이 유리할 경우에는 채권을 보유하게 되는데 이를 유동성 선호이론이라 한다. 이에 대해서는 다음 장에서 자세하게 설명되고 있다.

둘째로, 기업이 파산에 의한 채무상환불능(default)으로 채권의 소유자가 손해를 볼 수도 있으므로 채무불능의 위험성의 높은 기업에서 발행하는 회사채일수록 이자율이 높다. 이에 반하여 정부가 발행한 국채(government bonds)는 가장 안전하기 때문에 일반적으로 이자율이 낮다고 할 수 있다.

셋째로, 채권수익률인 이자 역시 소득에 해당하므로 그 소유자는 이자소득세를 납부해야 하는데 이와 같은 이자소득세가 면제되는 채권이 있을 경우에는 이자율이 낮다고 할 수 있다. 지금까지 설명에 의해서도 알 수 있듯이 경제학에서 이자율이라고 할 때는 회사채수익률을 나타내는 것이라고 생각하는 것이 경제학을 이해하는데 도움이 될 것이다. 기업의 자금조달 방법으로 가장 대표적인 것이 회사채 발행에 의한 자금조달이며, 투자주체인 기업의 투자비용이 회사채 이자율이기 때문이다.

기업은 주식을 발행해서도 자금을 조달하는데 이를 구입하는 가계의 입장에서 보면 주주로서 회사의 이윤에 대한 청구권을 구입하는 것이라 할 수 있다. 회사가 이윤을 내지 못했을 경우에는 배당을 받을 수 없을 뿐만 아니라 파산하는 경우에는 소유지분에 대해서 보상받을 수도 없기 때문에 채권보다 위험성이 높으며 따라서 수익률도 높다고 할 수 있다. 주식을 구입하는 것 역시 가계의 입장에서 보면 투자가 아니라 저축이다. 왜냐하면 소득 중에 일부로 이를 구입하는데 지출되기 때문이다. 따라서 채권과 주식은 저축수단에 지나지 않는다.

지금까지 설명은 가계와 기업의 측면에서 접근한 대부자금시장이었다. 경제주체를 가계와 기업 및 정부로 구분하고 경제전체를 거시적으로 보는 경우에는 이미 설명한 바와 같이 경제전체의 저축 즉 국민저축은 민간저축과 정부저축을 합계해준 것으로 다음과 같이 나타낼 수 있다.

$$S = (Y - T - C) + (T - G)$$

또는 $S = Y - C - G$

따라서 대부자금의 공급은 국민저축이고 대부자금의 수요는 기업의 투자이다. 대부자금의 수요와 공급에 의해서 실질이자율이 결정되므로 적자재정에 의한 정부지출의 증가는 국민저축을 감소시키고, 따라서 실질이자율이 상승하고 투자가 감소하며 자본저량이 장기적으로 감소하는데, 이를 흔히 구축효과라 한다. 조세의 감소도 똑같은 효과가 있다.

끝으로 경제성장이 주어진 수준에서 일정하다면 가처분소득과 소비지출도 일정하다고 가정할 수 있다. 그리고 조세와 정부지출도 정책변수이기 때문에 대부자금의 공급곡선인 저축곡선은 국민소득수준이 주어져 있을 경우에는 주어진 수준에서 수직이다. 거시경제이론에서 대부자금공급곡선이 수직으로 표시되는 경우가 많은 것은 바로 이와 같은 이유 때문이다.

4. 화폐 수량설(Quantity theory of money)

화폐 그 자체는 생산요소가 아닐 뿐만 아니라 중립적이기 때문에 산출량(실질 GDP) 수준에는 전혀 영향을 미치지 않고, 정부가 금융정책으로 통화량(화폐의 공급량)을 증가시키면 장기적으로는 통화량의 증가율만큼 물가만이 상승한다는 이론이 화폐수량설이다. 이 이론은 제2권 「거시경제」에서 설명한 바와 같이 장기적인 물가의 변화를 설명하거나 물가가 급속히 상승하는 초인플레이션(hyperinflation)을 설명하고자 할 경우에 이용되는 이론이며 단기적인 물가수준의 변화는 총수요와 총공급 이론에 의해서 설명되어진다.

산출량(실질 GDP) 수준에 물가수준(GDP deflator)을 곱해주면 명목 GDP(P × Q)가 되는데 이 명목 GDP를 통화량(M)으로 나누어준 것이 화폐의 유통속도(V)로 다음과 같이 나타낼 수 있다.

$$V = P \cdot Q / M$$

여기서 중요한 것은 화폐의 유통속도가 매우 안정적이기 때문에 일정하다고 가정할 수 있다는 점이다. 따라서 중앙은행(정부)에 의해서 화폐의 공급량(통화량)을 증가시키면 명목 GDP(P·Q)가 통화량의 증가율만큼 증가한다. 그런데 장기적으로 실질 GDP(Q)는 요소의 공급량과 기술수준에 의해서 증가될 뿐이지 통화량과는 관계가 없으므로 화폐의 공급량의 증가는 물가만 상승시키는 결과가 된다. 예를 들어 통화량이 2배로 증가하면 화폐는 중립적이기 때문에 물가가 2배로 상승하며 화폐가치는 1/2로 하락한다.

이상에서 설명한 화폐수량설은 〔그림 6-2〕에 의해서도 설명될 수 있다. 화폐의 공급은 물가수준(P)이나 화폐가치($\frac{1}{P}$)와는 관계없이 정부의 금융정책에 의해서 결정되는 사항이므로 화폐의 공급곡선은 주어진 화폐공급량(통화량) 수준에서 수직이다.

화폐수량설에서 화폐의 수요는 교환수단으로서의 화폐의 기능을 강조한다. 즉 사람들이 화폐를 보유하는 이유는 화폐를 사용해서 자신이 필요로 하는 재화와 용역을 구입할 수 있기 때문에 화폐를 보유한다는 것이다. 따라서 물가가 상승하여 화폐가치가 하락하면 화폐의 수요량은 증가한다. 바꾸어 말한다면 화폐가치와 화폐수요량과의 관계는 역의 관계가 있기 때문에 우하향하는 화폐수요곡선이 된다.

그림에서 보는 바와 같이 장기에는 물가가 조정되어 화폐의 수요와 공급을 일치시킨다. 그림에서 물가수준은 역으로 표시되어 있어 아래로 이동할수록 높은 물가수준을 나타낸다. 화폐의 수요와 공급이 일치하는 수준에서 균형물가가 결정되므로 균형물가 수준은 P_0이고 이 때의 화폐가치는 $\frac{1}{P_0}$ 이다.

만약 물가수준이 균형물가수준보다 높아서 P_2일 경우(화폐가치 $\frac{1}{P_2}$)에는

[그림 6-2] 화폐가치와 물가수준

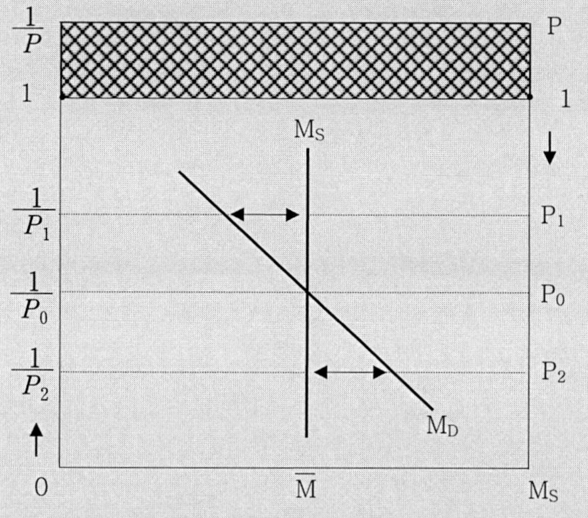

주어진 화폐공급량보다 사람들이 더 많은 화폐를 보유하고자 할 것이기 때문에 물가수준은 하락하고 화폐가치는 상승한다. 반대로 물가수준이 균형물가수준보다 낮아 P_1일 경우는 주어진 통화량보다 더 적게 화폐를 보유하고자 할 것이기 때문에 물가수준은 상승하고 화폐가치는 하락한다. 따라서 물가수준이 P_0이고 화폐가치가 $\frac{1}{P_0}$일 경우에는 다른 요인이 변화가 없는 한 물가수준은 더 이상 변화하지 않을 것이기 때문에 이 때의 물가수준을 균형물가수준이라 한다.

정부의 금융정책에 의해서 화폐의 공급량이 증가하면 화폐의 공급곡선이 우측으로 이동한다. 따라서 물가는 상승하고 화폐가치는 하락한다. 이 때의 물가상승률은 통화량의 증가율과 똑같다. 왜냐하면 장기에 화폐는 중립적이어서 실질 GDP에 아무런 영향도 미칠 수 없기 때문이다. 바꾸어 말한다면 중앙은행(정부)이 통화량을 증가시킨다면 사람들의 화폐보유량(가계와 기업의 화폐보유량)은 그들이 원하는 것보다 더 많아지게 된다. 따라서 보유하고자 하는 것보다 더 많이 보유하게된 부분(초과공급량)을 지출하게 되는데 완전 고용상태에서 지출이 증가하게 되면 물가만 상승한다는 것이다. 보다 더 구체적인 내용은 제2권 거시경제의 인플레이션이론에서 설명되고 있다.

이상의 설명에서도 알 수 있는 바와 같이 장기적인 물가수준은 화폐시장에 의해서도 설명될 수 있다. 그런데 거시경제학에서 화폐시장이라고 할 경우에는 유동성 선호설에 의해서 이자율이 결정되는 화폐시장을 가리키는 경우가 일반적이다. 따라서 장기적인 물가수준을 결정하는 화폐시장과 유동성 선호설을 설명하는 화폐시장을 구분하는 것이 거시경제학을 이해하는 데 매우 중요하다고 할 수 있다. 유동성 선호설에 의한 화폐시장은 다음장에서 구체적으로 설명되고 있다.

5. 거시경제의 장기분석과 단기분석

1930년대 이전의 거시경제이론, 바꾸어 말한다면 고전적 거시경제이론(classical macroeconomic theory)은 고전적 이분법과 화폐수량설을 기초로 하고 있는데 이는 장기적인 거시경제를 설명하는 이론이라고 할 수 있기 때문에 거시경제의 장기분석에 해당한다고 할 수 있다. 즉 화폐수량설에 의해서 물가수준 즉 명목변수가 설명되고 실질변수는 상대가격에 의해서 설명이 되는 이분법적인 것이었다. 예를 들면 저축과 투자에 의해서 실질이자율이 결정되는데 실질이자율은 현재의 소비 1단위와 교환되는 미래의 소비수량의 증가분을 나타내는 것으로 현재 소비의 상대가격($1+i$)을 나타낸다고 할 수 있다. 이렇게 해서 결정되는 저축과 투자에 의해서 자본이 축적되는데, 자본이 축적되면 생산성을 향상시키고 실질 GDP를 증가시키기 때문에 이것이 곧 경제성장론에 해당한다. 현재의 시점에서 본다면 경제성장, 잠재적 GDP, 자연실업률, 장기필립스곡선, 장기적인 인플레이션이론 등이 고전적 이분법과 화폐수량설에 의해서 설명되어지는 변수들이라 할 수 있다.

오늘날 대부분의 거시경제학자들은 고전적이분법과 화폐수량설이 장기에는 타당하다고 생각하고 있지만 단기에는 타당하지 않은 것으로 보고 있다. 예를 들어 화폐의 공급이 증가했다고 하자. 물가가 상승하기 위해서는 소비자들의 소비지출이 증가해야만 하는데 화폐공급의 증가율만큼 상승하기 위해서는 수년이 필요할 수도 있다. 특히 임금은 경직적인 성격이 있기 때문에 경기가 침체하는 경우에도 하락하지 않는 경향이 있다. 화폐공급이 증가하더라도 물가가 경직적이라면 화폐는 이자율을 통해서 투자에 영향을 미치고 실질 GDP에 영향을 미칠 수 있게 된다. 따라서 화폐는 중립적인 것이 아니라 직·간접적으로 실질변수에 영향을 미칠 수 있다. 이것이 다음에 설명되는 유동성선호설의 주요내용이다.

이와 관련해서 중요한 것은 대부자금시장(금융시장)과 화폐시장의 구분이다. 대부자금시장은 저축과 투자에 의해서 실질이자율이 결정되는 시장으로 주식시장, 채권시장, 간접금융시장이 이에 해당하며, 화폐시장은 중앙은행에 의해서 화폐가 공급되고 민간부문에 의해서 화폐가 수요되는 시장을 말한다. 주식시장은 증자와 공모에 의해서 투자자금이 조달되며, 채권시장은 채권의 발행에 의해서 투자자금이 조달되므로 이를 흔히 직접금융시장이라 한다. 이에 반해서 소비자들이 은행에 저축한 자금은 은행의 대출에 의해서 투자자금이 조달되므로 이는 간접금융시장에 해당된다. 따라서 주식이나 채권을 구입하든 아니면 은행에 저축을 하든 소비자의 입장에서는 모두 저축에 해당한다. 다만 주식이나 채권시장에 있어서의 손바뀜현상은 경제전체적으로 볼 때는 저축에 해당되지는 않는다.

경제이론적으로 중요한 것은 장기적으로 화폐는 물가를 결정하는 중요한 요인이 되지만 단기적으로는 이자율을 변화시킬 수도 있다는 것이다. 이는 「대부자금시장에서 결정된 장기적인 이자율에 단기적으로 화폐가 영향을 미칠 수 있다」고 해석하여도 좋을 것이다. 바꾸어 말한다면 단기적으로는 유동성 선호설을 설명하는 화폐시장에 의해서 거시경제가 설명되고 장기적으로는 대부자금시장에 의해서 거시경제를 설명할 수 있기 때문에 주도적 역할이 서로 바뀌게 된다는 것이다.

개방경제의 대부자금시장

지금까지 설명한 대부자금시장 즉, 국민저축과 국내투자에 의해서 실질이자율이 결정되는 시장을 봉쇄경제의 대부자금시장이라 한다. 이는 실질이자율이 조정되어 국민저축과 국내투자를 일치시킨다는 뜻이므로 다음과 같은 등식이 성립한다.

Y - C - G = I

또는

Y = C + I + G

따라서 장기에 봉쇄경제의 거시경제가 균형을 이루는 이유는 실질이자율이 조정되어 국민저축과 국내투자를 일치시키기 때문이라고 할 수 있다. 그러나 개방경제에서는 국민저축이 국내투자와 순해외투자에 이용될 수 있기 때문에 국민저축과 총투자(국내투자+순해외투자)가 일치하는 수준에서 실질이자율이 결정된다고 할 수 있다. 이는 실질이자율이 조정되어 국민저축과 총투자를 일치시킨다는 뜻이므로 다음과 같은 등식이 성립한다.

Y - C - G = I + (X-M)

정리하면

S - I = (X-M)

따라서 순해외투자(S-I) 와 순수출(X-M)이 일치하는 수준에서 거시경제가 장기균형을 이룬다고 할 수 있다. 순해외투자와 순수출의 개념을 도입해서 개방경제를 설명하는 이유가 이와 같은 이유 때문이다. 그런데 순해외투자는 외환의 수요와 같고 순수출은 외환의 공급과 같기 때문에 순해외투자와 순수출이 일치하는 경우에는 외환시장도 균형을 이루게 된다. 바꾸어 말한다면 거시경제가 균형을 이룰 때는 외환시장과 국제수지도 항상 균형을 이룬다는 뜻이다.

순해외투자는 자본수지 적자에 해당하고 순수출은 경상수지흑자에 해당하므로 자본수지가 적자일 때는 경상수지가 동액만큼 흑자이기 때문에 국제수지와 외환시장이 균형을 이루게 된다는 것이다. 자본수지가 흑자일 때는 반대로 생각하면 된다. 따라서 외환시장을 분석함에 의해서도 개방경제의 거시이론을 설명할 수 있게 된다.

이상의 설명에서 알 수 있는 바와 같이 순해외투자와 순수출이 일치하는 수준에서 외환시장은 균형을 이루는데 이 때의 환율이 원·달러의 실질환율(e)이다. 원·달러의 명목환율(E)은 원·달러의 실질환율에 미국의 물가수준(P^*)에 대한 국내물가수준(P)을 곱해준 것과 같기 때문에 다음과 같은 등식이 성립한다.

$$E = e \cdot \frac{P}{P^*}$$

장기에 화폐는 중립적이기 때문에 실질환율에는 영향을 미칠 수 없고 물가수준과 명목환율에만 영향을 미친다.

예를들어 미국의 물가수준은 불변인데 우리 경제의 물가수준만이 통화량의 증가로 10% 상승하면 원·달러의 명목환율이 10% 상승한다는 것이다.

지금까지 설명에서 알 수 있는 바와 같이 장기에 개방경제의 거시이론의 중요한 목적은 개방경제의 장기균형과 외환시장을 분석하는데 있다고 할 수 있다. 그런데 순해외투자와 순수출로 외환시장을 설명하는 방법은 변동환율제도에서의 환율의 변동을 설명하는 데에는 문제가 없지만, 국제수지와 외환시장 및 고정환율제도를 충분하게 설명할 수 없다는데 문제가 있다고 할 수 있다. 따라서 거시경제이론은 단기뿐만 아니라 장기에도 외환시장은 항상 균형을 이루고 있다는 가정하에서 전개되는 이론이라고 할 수 있다. 왜냐하면 국제수지와 외환시장이 불균형일 때는 거시경제도 불균형이기 때문이다. 이 문제는 제11장과 12장에서 자세히 설명되고 있다.

끝으로 소비와 저축이 이자율이 함수라고 가정하는 경우에는 대부자금의 공급곡선인 저축곡선은 우상향하지만 가처분소득이 함수라고 가정하는 경우에는 주어진 수준에서 수직이다. 이자율은 대부자금의 수익률이기 때문에 이자율이 상승하면 소비를 줄이고 저축을 증가시키는 것으로 보면 국민저축곡선은 우상향한다. 그러나 가처분소득의 함수라고 보는 경우에는 이자율과 관계없이 주어진 수준에서 수직이 된다. 이미 설명한 바와 같이 조세와 정부지출은 정책변수이고, 경제성장이 주어진 장기에는 소득수준도 주어진 수준에서 불변이기 때문이다.

요 약

1. 화폐란 교환의 매개물로 통용되는 것을 말하며 교환수단으로서의 기능, 가치척도로서의 기능, 가치저장수단으로서의 기능을 가지고 있다.
2. 실질이자율은 대부자금시장에서 결정되며, 명목이자율은 화폐수량설에 의해서 결정된 물가상승률에 실질이자율을 더해 준 것이다. 이처럼 실질변수와 명목변수를 양분해서 경제를 설명하는 방법을 고전적 이분법이라 한다.
3. 대부자금시장이란 저축에 의해서 대부자금이 공급되고 투자에 의해서 대부자금이 수요되는 시장으로 금융시장의 이론적인 개념이며, 현실적으로는 채권시장과 주식시장과 같은 직접금융시장과 은행을 통해서 자금이 거래되는 간접금융시장으로 구분된다.
4. 경제주체를 가계와 기업 및 정부로 구분하고 경제전체를 거시적으로 보는 경우에는 대부자금의 공급은 국민저축이고 대부자금의 수요는 기업의 투자이다. 따라서 적자재정정책은 이자율을 상승시키고 투자를 구축하는데 이를 구축효과라 한다. 그리고 국민소득이 주어진 수준에서 일정하다고 가정하면 대부자금의 공급곡선을 수직으로 나타낼 수 있다.
5. 화폐수량설이란 유통속도가 일정할 경우 통화량을 증가시키면 장기적으로 물가만이 상승한다는 이론으로, 화폐의 중립성 또는 화폐베일관의 개념과 고전적 이분법의 개념은 화폐수량설을 기초로 하고 있다.
6. 화폐수량설은 중앙은행에 의해서 화폐가 공급되고 민간부문에 의해서 화폐가 수요되는 화폐시장에 의해서도 설명이 될 수 있으며, 화폐가치는 물가수준의 역수로 나타낼 수 있다.
7. 거시경제의 장기분석은 고전적 이분법을 전제로 하고 있는데 이를 흔히 고전적 거시경제이론이라고도 한다.

중요개념

1. 화폐, P. 101
2. 교환의 매개물, P. 101
3. 지불수단, P. 101
4. 물품화폐, P. 101
5. 상품화폐, P. 101
6. 금속화폐(동전), P. 101
7. 지폐, P. 101
8. 금본위제도, P. 101
9. 불환지폐, P. 101
10. 관리통화제도, P. 101
11. 관리통화, P. 101
12. 법화, P. 101
13. 현금통화, P. 101
14. 예금통화, P. 101
15. 예금화폐, P. 101
16. 통화량, P. 101
17. 총통화, P. 101
18. 화폐론, P. 102
19. 미시금융론, P. 102
20. 화폐의 기능, P. 102
21. 교환수단, P. 102
22. 물물교환경제, P. 102
23. 분업과 전문화, P. 102
24. 거래비용, P. 102
25. 물물교환의 비효율성, P. 102
26. 계산의 단위, P. 103
27. 가치척도, P. 103
28. 교환비율, P. 103
29. 상대가격, P. 103
30. 가치저장수단, P. 103
31. 유동성, P. 103
32. 유동자산, P. 103
33. 실질이자율, P. 104
34. 명목이자율, P. 104
35. 물가상승율, P. 104
36. 실질변수, P. 104
37. 명목변수, P. 104
38. 고전적 이분법, P. 104
39. 화폐의 중립성, P. 104
40. 화폐베일관, P. 104
41. 대부자금시장, P. 105
42. 채권시장, P. 105
43. 주식시장, P. 105
44. 직접금융시장, P. 105
45. 간접금융시장, P. 105
46. 대부자금의 공급, P. 105
47. 대부자금의 수요, P. 105
48. 중개기관, P. 107
49. 증권시장, P. 107
50. 발행시장, P. 107
51. 유통시장, P. 107
52. 채권과 주식의 발행, P. 107
53. 회사채, P. 107
54. 사채, P. 107
55. 단기사채, P. 107
56. 장기사채, P. 107
57.회사채 이자율, P. 107
58. 회사채수익율, P. 107
59. 채무상환불능, P. 108
60. 국채(government bonds), P. 108
61. 이자소득세, P. 108
62. 기업의 자금조달방법, P. 108
63. 배당, P. 108
64. 파산, P. 108
65. 국민저축, P. 108
66. 구축효과, P. 109
67. 화폐수량설, P. 109
68. 장기적인 물가의 변화, P. 109
69. 초인플레이션, P. 109
70. 화폐의 유통속도, P. 110
71. 화폐가치와 물가수준, P. 110
72. 화폐공급곡선, P. 111
73. 화폐수요곡선, P. 111
74. 균형물가수준, P. 111
75. 물가상승율, P. 111
76. 거시경제의 장기분석, P. 112
77. 거시경제의 단기분석, P. 112
78. 고전적 거시경제이론, P. 112
79. 현재소비, P. 112
80. 미래소비, P. 112

제7장

유동성 선호설

1. 개념
2. 화폐의 수요를 결정하는 요인
3. 화폐시장의 균형
4. 화폐가 총수요에 미치는 영향
5. IS - LM분석
6. 명목화폐의 수요와 공급

1. 개념

유동성 선호설(theory of liquidity preference)은 케인즈(Keynes)의 화폐수요이론으로 고전적이분법이나 화폐수량설과는 대비되는 개념이다. 고전적이분법에 의하면 화폐는 전혀 실질변수에 영향을 미칠 수 없지만, 유동성 선호설에 의하면 단기적으로 화폐의 수요와 공급에 의해서 이자율이 결정되면, 이것이 투자수요를 변화시키기 때문에 실질변수에 영향을 미칠 수 있다는 이론이다.

화폐의 공급은 정부(중앙은행)의 금융정책에 의해서 결정이 되는데 정부가 화폐의 공급량을 증가시켰다고 하자. 단기에도 화폐가 중립적이라면 물가에만 영향을 미치기 때문에 물가가 화폐의 증가율만큼 상승한다. 그러나 물가는 소비자들이 지출을 증가시키고 난 다음에 상승하며, 임금은 물가가 상승하고 난 다음에 상승하는 것이 일반적인 현상이다. 바꾸어 말한다면 가계의 소득의 지출은 기업을 통해서 가계의 소득으로 순환되며, 임금의 조정은 물가상승률을 기초로 해서 이루어진다는 점이다. 따라서 단기에 화폐는 이자율에 큰 영향을 미치고 장기에는 중립적이어서 물가에만 영향을 미친다고 할 수 있다.

유동성이란 정확하게 정의한다면 어떤 자산이 쉽게 화폐와 교환될 수 있는 가능성의 정도를 뜻하는 개념이다. 따라서 유동적인자산(liquid asset)이란 화폐와 쉽게 교환될 수 있는 자산을 뜻하며, 정의상 화폐는 가장 유동적인 자산이다. 일반적으로 화폐와 쉽게 교환될 수 있는 자산은 국채, 회사채, 주식, 저축성예금 등이 금융자산이다.

이와 같은 금융자산은 이자가 붙기 때문에 이를 보유하고 있으면 이자수익을 얻을 수 있다. 그러므로 화폐를 보유하는 기회비용은 이자이다.

유동성선호설은 화폐의 기회비용을 강조한다. 즉 이자율이 높으면 화폐를 보유하는 기회비용이 높기 때문에 화폐의 수요량은 감소하며, 이자율이 낮으면 기회비용은 낮으므로 화폐수요량은 증가한다는 것이다. 따라서 유동성선호설은 금융자산선택이론(portfolio theory)이라고도 할 수 있다.

자산선택이론의 중요한 원칙 중에 하나는 분산투자이다. 즉 화폐는 수익성이 없지만 가장 안전한 자산이기 때문에 가치저장수단으로 화폐를 보유한다는 것이다.

2. 화폐의 수요를 결정하는 요인

화폐의 수요를 결정하는 요인은 물가수준과 이자율 및 실질소득이다. 이자율에 의한 화폐수요를 투기적동기에 의한 화폐수요라 하며, 실질소득에 의한 화폐수요를 거래적동기에 의한 화폐수요라 한다. 단기에는 물가상승률이 주어져있다고 볼 수 있기 때문에 이론전개의 편의상 물가수준이 불변이라고 가정하기로 하자. 물가수준이 불변이라면 명목화폐에 대한 수요와 실질화폐에 대한 수요는 일치한다. 다만 물가가 변화한다고 했을 경우 실질화폐에 대한 수요는 다음과 같이 나타낼 수 있다.

$$\text{실질화폐에 대한 수요} = \frac{\text{명목화폐에 대한 수요}}{\text{물가 수준}}$$

일반적으로 대부분의 사람들은 항상 얼마간의 화폐를 현금으로 가지고 있든가 은행에 요구불예금으로 예금을 해두는 것이 일반적인 현상이다. 지출에 의해서 화폐잔고가 감소하게되면 다른 금융자산을 팔아서 화폐보유량을 증가시킬 수 있다. 예를 들어 한 달에 200만원의 임금소득을 얻는 가계가 이를 모두 소비지출 한다고 가정했을 경우 모두 화폐로 소유하고 있으면서 1개월 동안 지출한다면 이 가계의 화폐잔고는 평균 100만원이 된다. 그런데 소득 중의 일부로 채권을 구입하고, 화폐잔고가 0가 되면 채권을 팔아 나머지 기간동안 지출에 대비한다면 이자소득을 얻을 수 있다. 이 경우에 평균적인 화폐잔고는 감소한다. 위의 경우 봉급날에 100만원으로 채권을 구입하고 15일후에 현금화해서 지출에 대비한다면 이자소득을 얻을 수 있다. 물론 이는 위험선호자의 경우로서 이해를 돕기 위한 하나의 예에 지나지 않을 뿐이다.

화폐는 또한 가치저장수단으로서 가장 안전한 자산이기 때문에 재테크(부의 축적)의 수단으로서 화폐를 보유할 수도 있다.

대부분의 사람들이 과거의 저축에 의해서 금융자산을 가지고 있는데 이는 물론 자녀들의 교육이나 퇴직 후의 노년기에 대비하기 위해서 축적된 부(wealth)의 일부이다. 이와 같은 금융자산에 대한 투자는 분산투자 하는 것이 일반적인 현상이므로 이를 위해서 화폐를 보유한다. 즉 화폐는 가장 안전한 자산으로 부의 축적수단이 될 수 있다는 점이다. 따라서 사람들은 이자율이 높으면 위험한 자산인 채권의 보유량을 증가시키고 이자율이 낮으면 안전한 자산인 화폐의 보유량을 증가시킨다. 이상에서 설명한 바와 같은 이자율과 화폐수요와의 관계를 투기적 동기에 의한 화폐의 수요라 한다.

이자율과 화폐수요와의 관계는 화폐의 한계편익과 화폐의 기회비용의 개념을 이용해서도 설명될 수 있다. 편익이란 개념은 상당히 다의적인 개념으로 쓰인다. 소비자의 편익은 효용이고, 기업의 편익은 일반적으로 수입이며, 화폐의 편익이란 화폐를 보유하기 때문에 얻을 수 있는 편리(convenience)함의 정도를 나타낸다. 화폐를 적게 보유하고 채권을 많이 보유하게 되면 채권을 팔아 현금화하는데 시간이 걸릴 뿐만 아니라 채권은 화폐보다 위험한 자산이기 때문에 불안하다. 따라서 화폐를 적게 보유하고 채권을 많이 가지고 있을 때는 화폐의 한계편익이 높으며 화폐를 많이 보유하면 많이 보유할수록 화폐의 한계편익은 감소한다. 이를 그림으로 나타내면 〔그림 7-1〕과 같이 우하향하는 한계편익곡선이 된다.

이에 반해서 화폐의 한계기회비용은 이자율과 같으며 주어진 이자율수준에서 수평인데 이는 개인이 가격순응자이기 때문이다. 따라서 이자율이 높으면 높을수록 화폐보유로 말미암아 그만큼 높은 이자를 포기해야 한다.

[그림 7-1] 이자율과 화폐의 수요

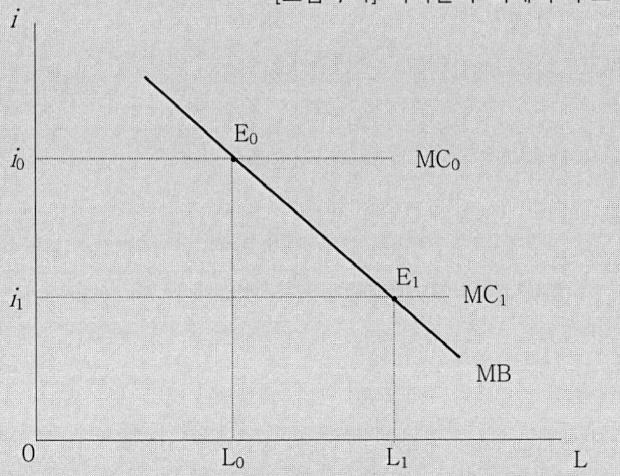

그림에서 이자율이 i_0일 때는 화폐수요량은 L_0가 되며, i_1으로 이자가 하락하면 채권을 팔아 화폐로 보유하기 때문에 화폐의 수요량은 L_1이 된다. 따라서 소득수준이 주어져 있을 때 이자율에 대한 개인의 화폐수요곡선은 우하향하며 한계편익곡선이 화폐에 대한 수요곡선이 된다.

가계나 기업이 교환수단으로서 화폐를 보유하고자 하는 것을 거래적동기에 의한 화폐의 수요라 한다. 기업은 단기에 노동과 원료를 구입하기 위해서 화폐를 필요로 하며, 가계는 다음 소득의 수취시점까지 지출에 대비하기 위해서 화폐를 필요로 한다. 이미 설명한 바와 같이 거래적동기에 의한 화폐 역시 투기적동기로 활용될 수 있기 때문에 이를 명확하게 구분하기는 어렵다고 한다. 중요한 것은 실질소득이 증가하면 거래적동기에 의한 화폐수요가 증가한다는 점이다. 〔그림 7-2〕에서 보는 바와 같이 실질소득이 증가하면 화폐수요곡선이 우측으로 이동하고 화폐수요량은 L_0에서 L_1으로 증가한다.

[그림 7-2] 실질소득과 화폐의 수요

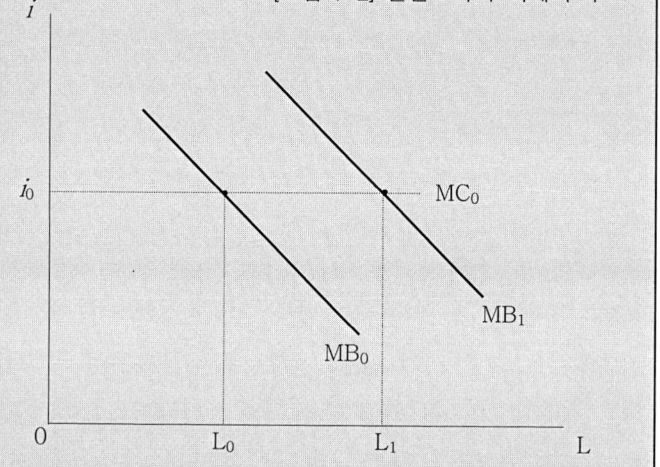

3. 화폐시장의 균형

금융자산으로 화폐와 채권만이 존재하는 단순한 경제에서는 채권가격이 하락해서 채권수익률(채권이자율)이 높아지면 채권을 구입할 것이고 채권가격이 상승해서 이자율이 하락하면 화폐를 보유하는 것이 부(wealth)를 증가시킬 수 있는 중요한 수단이 된다는 것은 당연한 이치이다. 따라서 화폐시장에서 화폐에 대한 초과수요가 발생할 경우에는 채권을 팔아서 화폐로 보유하려고 하기 때문에 채권가격은 하락하고 이자율은 상승하며, 반대로 화폐의 초과공급이 발생할 경우에는 채권을 보유하려고 할 것이기 때문에 채권가격은 상승하고 이자율은 하락한다. 화폐의 수요와 공급이 일치하는 수준에서의 이자율은 다른 요인이 변화가 없는 한 더 이상 변화되지 않기 때문에 균형이자율이 된다.

명목화폐의 공급($\overline{M}$)은 단기에 중앙은행(정부)의 금융정책에 의해서 결정되는 정책변수이기 때문에 이자율과 관계없이 결정된다. 즉 확장적인 금융정책으로 명목화폐의 공급(명목통화량)을 늘릴 수도 있고 긴축적인 금융정책으로 명목화폐의 공급량을 줄일 수도 있다. 따라서 명목화폐의 공급($\overline{M}$)이 주어져 있다고 한다면 실질통화량($\frac{\overline{M}}{P}$) 역시 주어진 수준에서 일정하게 되는데 이를 그림으로 나타내면 수직인 실질화폐의 공급(실질통화량)곡선이 된다. 왜냐하면 단기에 물가수준은 주어져 있다고 가정할 수 있기 때문이다.

시장의 화폐수요는 소득수준이 주어져 있다고 할 경우 이자율과 역의 관계가 있으므로 〔그림 7-3〕에서 보는 바와 같이 우하향 한다. 수요와 공급이 일치하는 수준에서 균형이자율 i_0가 결정되는데 만약 이자율이 균형이자율보다 낮다면 화폐에 대한 초과수요로 인하여 채권가격이 하락하고 이자율이 상승하며, 이자율이 균형이자율보다 높다면 화폐에 대한 초과공급으로 채권가격이 상승하고 이자율은 하락한다.

[그림 7-3] 균형이자율의 결정

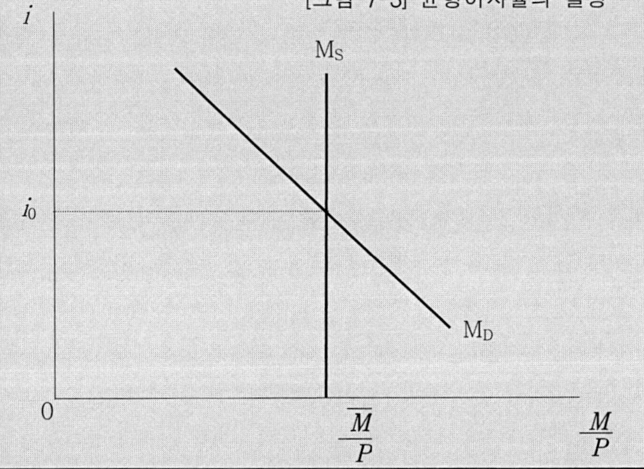

실질소득수준이 증가하면 실질화폐에 대한 수요곡선이 우측으로 이동하고 소득수준이 감소하면 실질화폐에 대한 수요곡선이 좌측으로 이동한다. 원래의 소득수준이 Y_0이었을 때 화폐수요곡선을 〔그림 7-4〕에서 보는 바와 같이 $M(y_0)$라고 한다면 소득이 Y_1으로 감소했을 경우에는 화폐의 수요곡선이 좌측으로 이동해서 $M(y_1)$이 된다. 원래의 균형이자율 수준에서는 화폐의 초과공급이 발생하므로 채권가격이 상승하고 이자율이 새로운 균형이자율이 될 때까지 하락한다. 반대로 소득이 Y_2로 증가했을 경우에는 거래적동기에 의한 화폐수요의 증가로 화폐수요곡선이 우측으로 이동하여 $M(y_2)$가 되므로 채권가격은 하락하고 이자율은 새로운 균형이자율(i_2)이 될 때까지 상승한다.

[그림 7-4] 실질소득과 이자율과의 관계

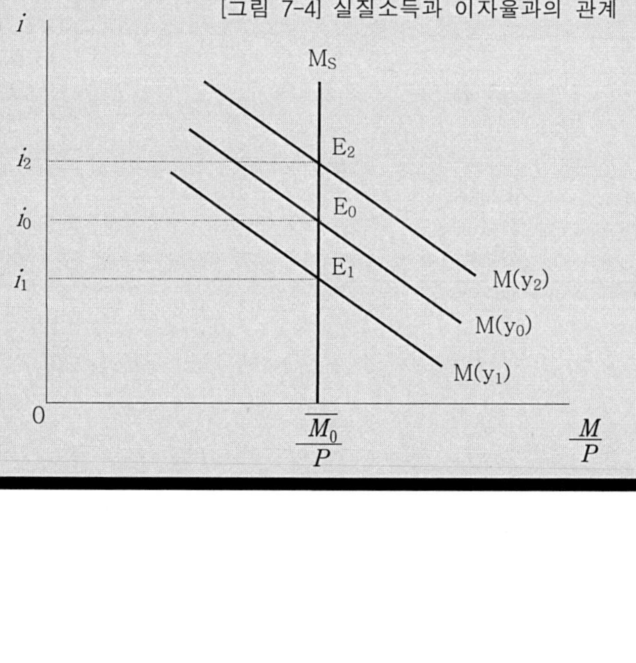

[그림 7-5] LM곡선

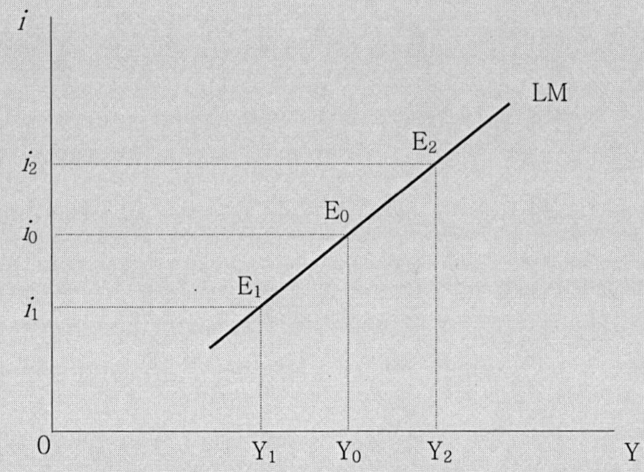

따라서 소득이 증가한다면($Y_1 < Y_0 < Y_2$) 화폐시장의 균형이자율은 상승($i_1 < i_0 < i_2$)하는데 이를 다른 직각좌표 상에 나타낸 것을 LM곡선이라 한다. 바꾸어 말한다면 LM곡선이란 국민소득수준과 이자율과의 단기적인 관계를 나타낸 것으로 정의 관계가 있기 때문에 [그림 7-5] 에서 보는 바와 같이 우상향 한다. LM곡선은 실질통화량($\frac{\overline{M}}{P}$)이 증가하면 각각의 주어진 소득수준에서 이자율이 하락하기 때문에 오른쪽으로 이동하며 실질통화량이 감소하면 왼쪽으로 이동한다. 중앙은행이 확장적인 금융정책에 의해서 명목통화량($\overline{M}$)이 증가하면 실질통화량은 증가하고 그 반대일 경우에는 감소하며, 물가수준이 하락하면 실질통화량이 증가하고 그 반대일 경우는 실질통화량이 감소한다. 다만 명목화폐의 공급량($\overline{M}$)과 물가수준(P)이 똑같이 똑같은 비율로 변화한다면 실질통화량은 불변이 되는데 단기에는 이와 같은 관계가 성립되지 않는다고 보는 것이 일반적인 견해이다.

4. 화폐가 총수요에 미치는 영향

유동성선호설이 중요한 이유는 단기적으로 화폐는 투자지출(투자수요)에 영향을 미치고 이것이 총수요(총지출)를 변화시키기 때문이다. 바꾸어 말한다면 금융정책에 의한 화폐의 공급의 변화가 이자율에 영향을 미치고 이것이 투자지출을 변화시키기 때문에 총수요가 변화한다는 점이다. 다음의 설명은 정부(중앙은행)가 확장적인 금융정책에 의해서 명목통화량($\overline{M}$)을 증가시키는 경우 어떻게 총수요에 영향을 미치는가 하는 과정을 설명한 것이다. 긴축적인 금융정책에 의해서 명목통화량을 감소시키는 경우에는 이와는 반대로 해석하면 된다.

중앙은행이 확장적인 금융정책으로 명목통화량을 △M만큼 증가시켰다면 〔그림 7-6〕에서 보는 바와 같이 단기에는 물가수준이 일정하다고 볼 수 있기 때문에 실질통화량이 $\frac{\overline{M_o}}{P}$ 에서 $\frac{\overline{M_1}}{P}$ 으로 증가하고 따라서 실질화폐의 공급곡선이 우측으로 평행이동한다.

[그림 7-6] 통화량 증가의 효과

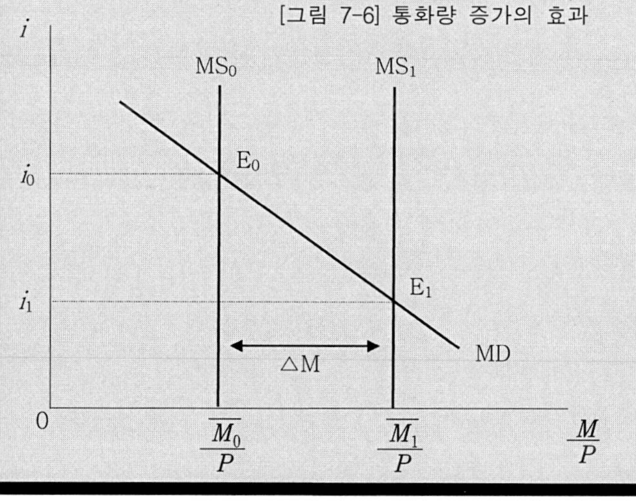

원래의 균형이자율 i_0 수준에서는 화폐의 초과공급이 발생하므로 채권가격이 상승하고 이자율이 새로운 균형이자율 i_1 수준까지 하락한다.

이자율이 하락하면 투자지출이 증가한다. 투자지출은 생산설비에 대한 투자지출, 신설주택에 대한 투자지출, 재고에 대한 투자지출로 구분할 수 있는데 그 중에서 투자지출의 대부분을 차지하는 생산설비에 대한 기업의 투자지출이 이자율의 변화에 대해서 크게 변화되기 때문이다. 물론 주택이나 재고에 대한 투자지출도 생산설비에 대한 투자지출과 마찬가지로 변화된다.

[그림 7-7] IS 곡선

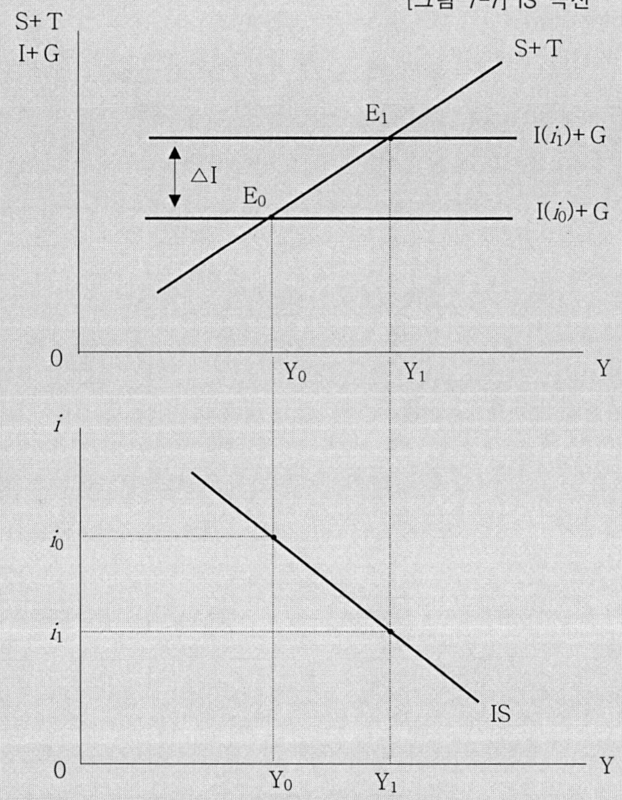

〔그림 7-7〕에서 보는 바와 같이 정부의 확장적인 금융정책으로 통화량을 △M만큼 증가시킨 결과 이자율은 i_0에서 i_1으로 낮아졌고 투자지출은 I_0에서 △I만큼 증가하였다고 하자. 투자지출이 △I만큼 증가하면 총지출도 투자지출의 증가분만큼 증가한다. 따라서 승수원리에 의해서 수요측면의 국민소득은 투자지출의 증가분의 승수배만큼 증가하여 새로운 균형국민소득 수준은 Y_1이 된다.

이는 물론 생산을 증가시키고 고용을 증가시키는 경우에도 임금과 물가가 불변인 경우에 해당된다.

이자율이 하락하면 투자지출이 증가하고 균형국민소득 수준이 증가하므로 이자율과 균형국민소득 수준과의 관계는 역의 관계에 있다. 위의 설명에서 이자율은 i_0에서 i_1으로 낮아졌고 균형국민소득 수준은 Y_0에서 Y_1으로 증가하였는데 이를 그림으로 나타내면 〔그림 7-7〕과 같이 우하향하는 IS곡선을 얻을 수 있다. 즉 IS곡선이란 이자율과 균형국민소득 수준과의 역의 관계를 그림으로 나타낸 것을 말한다.

그런데 LM곡선 도출과정에서도 설명된 바와 같이 소득이 증가하면 이자율이 상승한다는 점이다. 따라서 IS곡선과 LM곡선은 이자율을 통해서 서로 연결되고 있으며 화폐가 총수요에 미치는 효과는 축소된다. 이와같은 2차적인 화폐시장의 조정문제를 분석하는 것을 IS-LM분석이라 한다. 바꾸어 말한다면 IS곡선은 생산물시장에서 결정되는 이자율과 국민소득과의 관계를 나타내는 곡선이며 LM곡선은 화폐시장에서 이자율과 국민소득과의 관계를 나타내는 곡선이기 때문에, 어느 하나의 곡선 그 자체만으로 이자율이나 국민소득이 결정되는 것이 아니라 두 곡선의 상호작용으로 이자율과 국민소득이 결정된다는 것이다.

5. IS-LM분석

위에서도 설명한 바와 같이 화폐의 수요와 공급에 의해서 이자율이 결정되는 시장을 화폐시장이라 한다면 저축(S)과 투자(I)에 의해서 균형국민소득의 결정되는 시장은 생산물시장(product market)이라 할 수 있다. 그리고 생산물시장을 금융의 측면에서 본 것이 대부자금시장이다.

생산물시장과 화폐시장(money market)은 상호 독립적인 것이 아니라 상호 의존적이다. 생산물시장에서 총지출이 변화해서 국민소득이 변화하면 거래적동기의 화폐수요가 변화하여 이자율이 변화되고 이것이 총지출과 국민소득을 변화시키기 때문에 생산물시장과 화폐시장을 동시에 분석하는 것을 IS-LM분석이라 한다. 바꾸어 말한다면 생산물시장에서 결정된 수요측면의 균형국민소득은 화폐시장을 통해서 2차적인 조정과정을 거치게 된다는 것이다.

생산물시장과 화폐시장이 〔그림 7-8〕에서 보는 바와 같이 E_0점에서 균형을 이루고 있었는데 정부지출이 증가로 IS곡선이 오른쪽으로 이동하였다

[그림 7-8] 정부지출증가의 효과

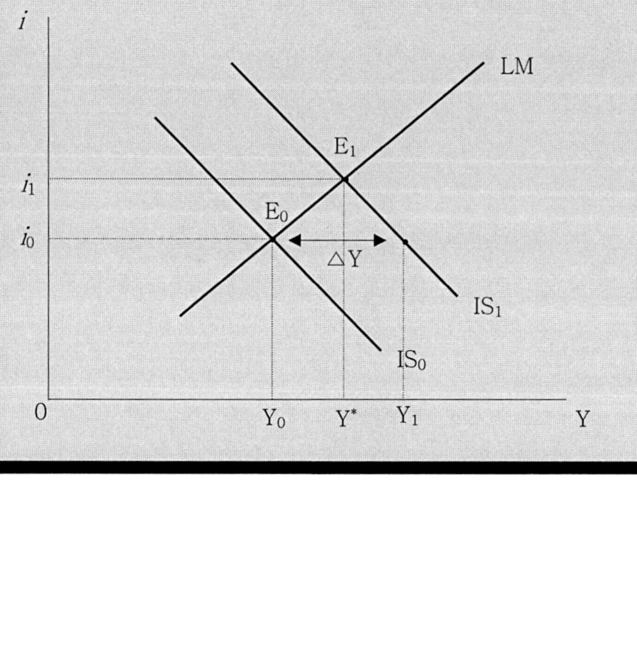

고 하자. 정부지출 이외에 총지출을 증가시키는 다른 요인이 변화하더라도 똑같은 효과가 있기 때문에 IS곡선이 오른쪽으로 이동한다. 총지출을 감소시키는 요인이 변화한다면 이와는 반대방향으로 이동함은 물론이다. 그림에서 보는 바와 같이 총지출이 증가하면 주어진 이자율수준에서의 국민소득은 Y_0에서 Y_1으로 △Y만큼 증가한다.

생산물시장에서의 균형국민소득이 증가하면 거래적동기의 화폐수요의 증가로 화폐시장에서 화폐에 대한 초과수요가 발생한다. 따라서 이자율이 상승하고 투자지출이 감소하기 때문에 생산물시장에서의 균형국민소득은 감소한다. 화폐시장에서 이자율이 상승하고 생산물시장에서 균형국민소득이 감소해서 이루어지는 새로운 균형점은 E_1이다. 결국 정부지출이 증가로 민간투자가 감소하게 되었는데 이를 구축효과라 한다. 정부지출의 효과로서 승수과정을 통한 국민소득의 증가분은 △Y이고 구축효과에 의한 국민소득의 감소분은 $Y_1 - Y^*$이다. 이는 정부지출의 증가분이 구축효과로 인한 민간투자의 감소분보다 크다는 뜻이다.

LM곡선은 금융정책에 의해서 명목통화량이 변화하거나 물가수준이 변화하면 이동한다. 확장적인 금융정책에 의해서 명목통화량($\overline{M}$)이 증가했다고 하자. 화폐시장에서는 실질화폐의 초과공급으로 이자율이 하락한다.

이자율이 하락하면 투자지출과 총지출이 증가함으로 생산물시장에서의 균형국민소득은 증가하여 〔그림 7-9〕에서 보는 바와 같이 E_1점에서 새로운 균형을 이루게 된다. 끝으로 정부지출이나 조세의 변화를 통해서 IS곡선을 오른쪽으로 이동시키고 금융정책에 의해서 LM곡선을 동시에 오른쪽으로 이동시키면 화폐시장에서의 이자율을 변화시키지 않고도 생산물시장에서의 국민소득수준을 증가시킬 수 있는데 이와 같이 IS곡선과 LM곡선을 동시에 이동시키는 정책을 혼합정책이라 한다.

[그림 7-9] 화폐공급증가의 효과

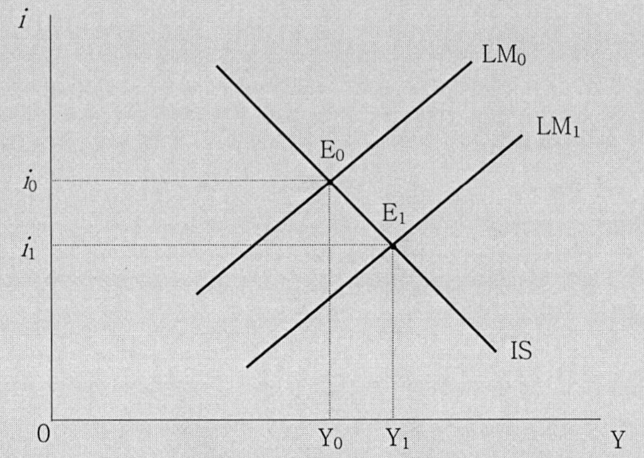

이상의 설명으로부터 우리가 알 수 있는 것은 우리 경제의 중앙은행인 한국은행의 정책적인 기능의 독립이 사실상 불가능하다는 점이다. 예를 들어 경기침체로 인한 확장적인 재정정책일 때 한국은행이 통화량을 감소시키기가 어렵고, 인플레이션으로 인한 긴축적인 재정정책일 때 한국은행이 확장적인 금융정책을 실시하기가 사실상 불가능하다. 바꾸어 말한다면 재정정책과 금융정책은 상호 의존적일 수밖에 없기 때문에 재정정책과 금융정책은 정부의 정책방향에 따라서 상호 보완적으로 결정된다고 할 수 있다. 다만 국가에 따라 독립성의 정도에 차이가 있음은 물론이다.

6. 명목화폐의 수요와 공급

유동성 선호설에 의한 화폐시장은 명목화폐의 수요와 공급으로 설명되는 경우도 있으니 유의할 필요가 있다. 명목화폐의 수요를 물가수준으로 나누어주면 실질화폐의 수요가 되고 명목화폐의 공급을 물가수준으로 나누어 주면 실질화폐의 공급이 되기 때문에 균형이자율의 결정원리는 어느 쪽으로 설명해도 똑같다고 할 수 있다.

예를 들어 중앙은행이 화폐의 공급을 증가시키면 [그림7-10]에서 보는 바와 같이 명목화폐의 공급곡선이 우측으로 이동하여 이자율이 하락한다. 명목화폐의 수요곡선이 우하향하는 이유도 실질화폐의 수요곡선이 우하향하는 이유와 똑같다. 즉 화폐 보유의 기회비용이 이자율이므로 이자율이 하락하면 명목화폐의 수요량이 증가하기 때문이다.

그리고 물가수준이 하락하면 주어진 이자율수준에서 명목화폐의 수요가 감소하므로 명목화폐 수요곡선이 좌측으로 이동한다. 따라서 이자율이 하락하고 투자지출과 총지출이 증가한다. 이상의 설명으로부터 우리가 알 수있는 것은 명목화폐의 수요와 공급에 의해서도 총수요곡선을 도출할 수 있고 재정·금융정책의 효과를 설명할 수 있다는 것이다. 차이점이 있다면 방법론상의 차이일 뿐이다. 이 책 「시리즈」는 이론 전개의 편의상 실질화폐의 수요와 공급으로 설명하고 있다.

[그림 7-10] 명목화폐의 수요과 공급

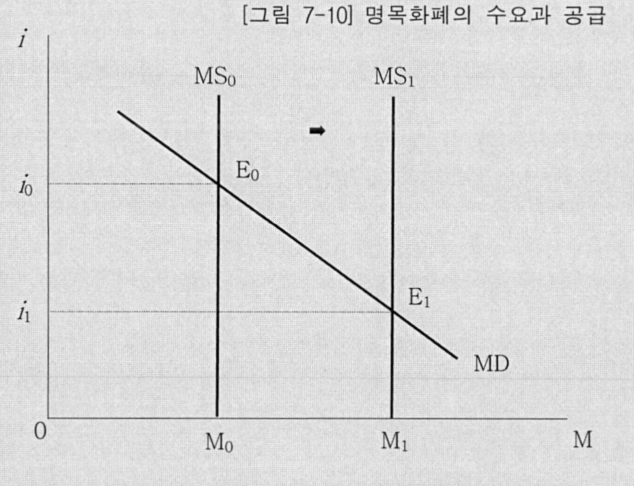

개방경제의 재정·금융정책

거시경제에서 설명되는 바와 같이 변동환율제도에서 확장적 금융정책으로 통화량이 증가하고 이자율이 하락하면 투자지출이 증가하고 순수출이 증가하기 때문에 물가수준이 일정한 단기에 국민소득이 증가한다. 따라서 변동환율제도의 IS곡선은 우하향하지만 탄력적이다. 극단적인 경우로서 자본이 완전히 자유롭게 이동하는 소국개방경제인 경우는 주어진 세계의 이자율 수준에서 완전탄력적이기 때문에 수평이다. 그러나 소국의 개방경제라 할지라도 자본이 완전히 자유롭게 이동하지는 않기 때문에 변동환율제도의 IS곡선은 일반적으로 우하향한다. 개방경제의 LM곡선은 봉쇄경제의 LM곡선과 같다고 보고 이론이 전개되는 것이 일반적이다.

변동환율제도의 재정·금융정책의 효과는 봉쇄경제의 재정·금융정책의 효과와 똑같은 방향으로 작용한다. 즉 확장적인 재정정책과 금융정책은 주어진 물가수준에서 국민소득을 증가시키며, 긴축적인 재정정책과 금융정책은 주어진 물가수준에서 국민소득을 감소시킨다. 그리고 변동환율제도에서는 혼합정책도 가능하다. 예를 들어 재정적자와 정부부채의 문제로 장기적으로 긴축적인 재정정책이 필요하다고 하자. 장기적인 긴축재정정책은 경기침체를 장기화할 수 있기 때문에 긴축적인 재정정책과 동시에 확장적인 금융정책을 사용하면 긴축적인 재정정책으로 인한 경기침체를 막을 수 있다.

이상의 설명에서 알 수 있는 바와 같이 변동환율제도에서는 금융정책을 사용할 수 있지만 고정환율제도에서는 경제안정화 정책으로서의 금융정책이 불가능하다. 따라서 경기 침체시에도 재정정책밖에 사용할 수 없으며 혼합정책도 불가능하다.

고정환율제도에서 금융정책을 사용할 수 없는 이유는 주어진 고정환율수준에서 외환시장이 균형을 유지할 수 있도록 통화량이 조정되어야 하기 때문이다. 따라서 고정환율제도에서의 금융정책의 유일한 목적은 주어진 고정환율을 유지하는데 있기 때문에 다른 목적으로 금융정책을 사용할 수 없다는 것이다.

이와 같은 이유 때문에 거시경제이론에서는 외환시장은 항상 균형이고 환율도 항상 균형환율수준이라는 가정하에서 이론이 전개되고 있다고 할 수 있다. 더욱더 중요한 것은 이미 설명한 바와 같이 국제수지와 외환시장이 불균형일 경우에는 거시경제도 불균형이기 때문이다.

요 약

1. 유동성 선호설은 화폐의 기회비용과 가치저장수단을 강조하는 이론이라고 할 수 있다.
2. 단기에 물가는 주어져 있다고 가정할 수 있기 때문에 화폐의 수요를 결정하는 중요한 요인은 이자율과 실질소득이다.
3. 이자율은 화폐의 기회비용이기 때문에 이자율이 높으면 화폐의 수요가 감소하고 이자율이 낮으면 화폐의 수요가 증가한다. 따라서 화폐에 대한 개인의 수요곡선과 시장의 수요곡선은 우하향한다. 이를 편익의 개념으로 해석한다면 화폐의 수요곡선이란 화폐의 한계편익을 나타내는 곡선이라 할 수 있다.
4. 명목 화폐의 공급은 중앙은행의 금융정책에 의해서 결정되는 정책변수이기 때문에 이자율과 관계가 없다. 따라서 실질화폐의 공급곡선은 주어진 수준에서 수직이며 이자율은 실질화폐의 수요와 공급이 일치하는 수준에서 결정된다.
5. 실질소득이 증가하면 거래적 동기의 화폐수요가 증가하기 때문에 화폐수요곡선이 오른쪽으로 이동하고 이자율이 상승한다. 따라서 실질소득과 이자율과의 관계는 정의관계에 있는데 이를 그림으로 나타낸 것이 LM곡선이다. LM곡선은 실질통화량이 증가하면 오른쪽으로 이동하고 실질통화량이 감소하면 왼쪽으로 이동한다.
6. 이자율이 하락하면 투자지출과 총지출이 증가하기 때문에 수요측면의 국민소득은 증가한다. 따라서 이자율과 국민소득과의 관계는 역의 관계에 있는데 이를 IS곡선이라한다. IS곡선은 총지출을 증가시키는 요인이 발생하면 오른쪽으로 이동하고 총지출을 감소시키는 요인이 발생하면 왼쪽으로 이동한다.
7. IS곡선은 재정정책에 의해서 이동하고, LM곡선은 금융정책에 의해서 이동하며, 혼합정책은 IS곡선과 LM곡선을 동시에 이동시킨다.
8. 명목화폐의 수요와 공급에 의해서도 유동성 선호설을 설명할 수 있다.

중요개념

1. 유동성선호설, P. 121
2. 유동성, P. 121
3. 금융자산, P. 121
4. 화폐의 기회비용, P. 121
5. 금융자산 선택이론, P. 122
6. 분산투자, P. 122
7. 가치저장수단, P. 122
8. 화폐의 수요를 결정하는 요인, P. 122
9. 투기적 동기에 의한 화폐수요, P. 122
10. 거래적 동기에 의한 화폐수요, P. 122
11. 명목화폐에 대한 수요, P. 122
12. 실질화폐에 대한 수요, P. 122
13. 화폐의 한계편익, P. 123
14. 화폐에 대한 개인의 수요곡선, P. 123
15. 채권수익률, P. 125
16. 화폐시장의 균형, P. 125
17. 화폐의 초과수요, P. 125
18. 화폐의 초과공급, P. 125
19. 채권가격, P. 125
20. 명목화폐의 공급, P. 125
21. 실질통화량, P. 125
22. 실질화폐의 공급곡선, P. 126
23. 시장의 화폐수요, P. 126
24. LM곡선, P. 128
25. LM곡선의 이동, P. 128
26. IS곡선, P. 131
27. 화폐시장, P. 131
28. 생산물시장, P. 131
29. 대부자금시장, P. 131
30. IS-LM분석, P. 132
31. 구축효과, P. 133
32. 혼합정책, P. 134
33. 화폐의 유통속도와 이자율,P. 134

제 8 장

화폐의 공급

1. 화폐공급의 변화와 은행의 기능
2. 예금은행의 대차대조표
3. 부분지불 준비율제도
4. 예금통화의 창조
5. 금융정책의 목표와 수단
6. 화폐공급함수
7. 대공황의 요인

1. 화폐공급의 변화와 은행의 기능

중앙은행(한국은행)이 확장적인 금융정책에 의해서 화폐의 공급량을 증가시키면 단기에는 고용과 산출량을 증가시킬 수 있으며 반대로 긴축적인 금융정책에 의해서 화폐의 공급을 감소시키면 그 반대의 효과가 발생할 것이다. 따라서 이론적으로 중요한 것은 화폐의 공급(통화량) 그 자체가 아니라 화폐공급의 변화이다. 물론 화폐공급의 변화를 측정하기 위해서는 화폐의 공급량(통화량)이 측정되어 있어야 함은 물론이다.

화폐의 공급(통화량)이란 일정시점에서 민간이 보유하는 현금통화와 예금통화를 말하는데 이는 유량이 아니라 저량이다. 예금통화란 요구불예금(demand deposits) 또는 당좌예금의 잔고(balances in checking account)로서 수표를 발행함에 의해서 교환수단으로 이용할 수 있는 예금을 말하며 현금통화는 중앙은행이 발행한 동전과 지폐를 말한다. 따라서 통화량 또는 화폐의 공급량이란 일반적인 지불수단으로 사용되는 현금통화와 예금통화이다.

예금통화가 존재하지 않는다면 민간이 보유하고 있는 현금통화가 화폐의 공급이 된다. 따라서 화폐의 공급의 변화를 측정하는 것도 매우 쉬울 것이다. 예를 들어 중앙은행이 증권시장에서 국채를 매입했을 경우에는 매입금액만큼 현금통화가 증가하므로 이것이 곧 화폐공급의 증가분이 되며, 국채를 판매했을 경우에는 그 금액만큼 통화량이 줄어들게 된다. 따라서 화폐공급의 측정의 문제를 어렵게 만드는 것은 전적으로 예금통화 때문이다.

중앙은행인 한국은행과 예금은행을 통화금융기관이라 하며, 한국은행은 현금통화를 공급하고 예금은행은 예금통화를 공급(창조)한다.

예금은행은 일반은행과 특수은행으로 분류된다. 일반은행은 은행법에 의해서 설립되고 상업금융을 주로 하는 금융기관을 말하며, 특수은행은 특별법에 의해서 설립되고 자금공급이 소외되기 쉬운 특수한 부분의 금융을 주요 목적으로 하는 은행으로서 중소기업은행, 국민은행, 농협, 수협 등이 이에 해당된다.

예금은행의 가장 기본적인 업무는 저축자로부터 예금을 받아 차입자에게 대출을 하는 것이다. 이를 흔히 간접금융이라 하며 은행을 금융중개기관(financial intermediary)이라 한다.

예금은행이 다른 금융기관과 구별되는 것은 예금은행만이 요구불예금을 받아 대출하는 과정에서 예금화폐인 요구불예금을 창출할 수 있다는 것이다. 비통화금융기관이나 증권회사는 이와 같은 기능이 없다. 즉 예금은행은 교환수단으로서 이용할 수 있는 특수한 자산인 수표를 발행하거나 발행할 수 있게 하기 때문에 예금통화를 창출할 수 있다는 것이다.

주식이나 채권도 과거의 저축으로 부를 축적하는 수단이 되지만 요구불예금같이 쉽게 교환수단으로 이용할 수 있는 자산이 되지는 않는다.

2. 예금은행의 대차대조표

이미 설명한 바와 같이 예금은행이 주된 업무는 저축을 하고자 하는 사람으로부터 예금을 받아 이 예금을 차입하고자 하는 사람에게 대출을 해주는 것이다. 이 과정에서 예금주에게는 예금에 대한 이자를 지급하고 차입자에게는 그보다 높은 이자를 부과함으로서 그 차액으로 은행의 비용을 커버하고 이윤을 얻는 것을 목적으로 한다는 점에서는 다른 기업과 차이가 없다.

대차대조표(balance sheet)란 일정시점에서 기업의 자산과 부채를 나타낸 표인데 그 차액을 순자산 또는 자본이라 하며 다음과 같이 나타낼 수 있다.

$$\text{자산} = \text{부채} + \text{자본}, \text{ 또는}$$
$$\text{자본} = \text{자산} - \text{부채}$$

대차대조표의 각 항목은 시장가치 또는 역사적원가(historical cost)로 나타낸다. 역사적원가란 구입할 당시에 가격으로 나타낸 것을 말한다. 자산은 대차대조표상의 왼편인 차변에 기록되며 부채와 자본은 오른편의 대변에 기입되는데 양변의 합계는 위의 항등식에서 보이는 것처럼 언제나 일치하게 된다. 지금까지 설명은 기업의 대차대조표와 다를 바가 없다.

예금은행의 대차대조표가 다른 기업의 그것과 특별하게 다른 점은 지불준비금(reserves)이 자산항목에 있다는 점이다. 지불준비금이란 예금은행이 현금으로 보유하고 있는 시제금과 법정지불준비금으로 중앙은행에 예치된 것을 말한다. 대부분의 준비금은 법정지불준비금이며 법정지불준비금을 초과하는 초과지불준비금은 일부에 지나지 않는다.

중앙은행이 확장적인 금융정책으로 채권시장에서 국채를 10억원어치 매입했다고 하자. 이 대금을 받은 사람이 이를 모두 현금으로 보유한다면 화폐공급의 변화는 10억원이 될 것이다. 이 대금을 받은 사람이 거래은행인 A은행에 요구불예금으로 예금했는데 거래은행인 A은행이 이를 모두 지불준비금으로 보유했을 경우에도 화폐공급의 변화는 10억원으로 똑같이 된다.

이와 같은 경우를 100% 지불준비금 은행이라 하며 다음과 같이 나타낼 수 있다.

〔표 8-1〕 A은행 대차대조표

자 산	부 채
지불준비금 10억원	요구불예금 10억원

이 때 10억원의 현금은 은행의 금고 속에 지불준비금으로 보관되고 있으므로 화폐공급의 증가분은 10억원의 요구불예금이 된다. 따라서 100%의 지불준비금 하에서 예금은행은 화폐를 창조할 수 없다.

3. 부분지불준비제도

부분지불준비제도란 법정지불준비율이 100% 이하인 제도로서 예금의 일부분만을 지불준비금으로 은행이 보유하고 나머지는 대출할 수 있는 제도를 말한다. 예를 들어 법정지불준비율이 10%일 경우에는 예금 중 10%만 준비금으로 보유하고 나머지 90%는 대출할 수 있다. 위의 예에서 A은행은 요구불예금 중 10%인 1억원만을 지불준비금으로 보유하고 나머지 9억원은 대출할 수 있는데 갑에게 대출하였다고 하자. 이 때 A은행의 대차대조표는 다음과 같이 변화된다.

〔표 8-2〕 A은행의 대차대조표

자 산	부 채
준비금 1억원	요구불예금 10억원
대 출 9억원	
합 계 : 10억원	합 계 : 10억원

자산 중 일부가 대출되었다고 해서 부채를 변화시키는 것이 아니므로 부채는 종전과 똑같이 10억원이다. 다만 자산만이 변화되었는데 준비금으로 1억원을 보유하고 있고 대출금 9억원을 채권으로 보유하고 있다. 대출금은 차입자의 입장에서 보면 부채이지만 은행의 입장에서 보면 자산이다. 대출을 하고 난 다음에 화폐의 공급은 어떻게 변화되었는가?

대출을 하고 난 다음에 화폐공급은 증가한다. 왜냐하면 예금주는 여전히 요구불예금 10억원을 보유하고 있을 뿐만 아니라 차입자가 현금 9억원을 보유하게 되었기 때문이다.

따라서 예금 중 일부만을 지불준비금으로 보유할 경우에는 예금은행은 항상 화폐를 창조할 수 있다. 예금은행은 이처럼 화폐를 창조하긴 하지마는 부(wealth)를 창조하는 것은 아니다.

즉 차입자는 현금을 가지게 되었지만 그만큼 부채를 지고 있기 때문에 대출에 의해서 종전보다 부자가 된 사람은 아무도 없다. 바꾸어 말한다면 예금은행이 화폐라는 자산을 창조할 때는 언제나 동액만큼이 부채를 창조한다는 점이다. 따라서 화폐창조로 인하여 종전보다 경제가 나아진 점은 없지만 교환수단이 많아졌다는 점에서 경제가 유동적인 구조로 바뀌었다고 할 수 있다.

4. 예금통화의 창조

예금은행이 예금을 기초로 한 대출과정을 통해서 얼마만큼의 화폐(예금통화)를 창출할 수 있을까? 이를 설명하기 위해서는 다음과 같은 3가지 가정이 필요하다.

첫째, 예금은행은 법정지불준비금만을 보유하고 나머지는 모두 대출의 형태로만 자금을 운용한다. 따라서 초과지불준비금도 없고 유가증권에 대한 투자도 하지 않는다. 실제로는 법정지불준비금 뿐만 아니라 시제금(초과지불준비금)도 가지고 있으며, 유가증권에 대한 투자도 하는 것이 일반적인 현상이다.

둘째, 요구불예금만 있고 저축성예금은 없다고 가정한다. 실제에 있어서는 저축성예금의 비중이 크다.

셋째, 예금은행조직 밖으로 현금누출이 없다고 가정한다. 이는 어떤 한 예금은행으로부터 대출을 받은 사람은 전액을 그가 거래하는 다른 예금은행에 요구불예금형태로 예금한다는 것을 뜻한다. 현실적으로는 현금누출이 있을 수밖에 없다. 다만 이상의 3가정은 이론을 단순화하기 위해서이며 가정을 보다 완화하여 현실적인 예금통화의 창조과정을 설명할 수 있음은 물론이다.

위의 예에서 A은행으로부터 9억원의 대출을 받은 갑은 자신의 거래은행인 B은행에 위의 가정상 모두 요구불예금형태로 예금했다고 하면 B은행은 이를 기초로 해서 8억 1천만원을 대출할 수 있고 또 다른 C은행은 위의 가정상 7억 2천 9백만원을 대출할 수 있으므로 B은행과 C은행이 대차대조표는 다음과 같이 나타낼 수 있다.

〔표 8-3〕 B은행의 대차대조표

자 산	부 채
지불준비금 0.9억원	요구불예금 9억원
대 출 금 8.1억원	
합 계 : 9억원	합 계 : 9억원

〔표 8-4〕 C은행의 대차대조표

자 산	부 채
지불준비금 0.81억원	요구불예금 8.1억원
대 출 금 7.29억원	
합 계 : 8.1 억원	합 계 : 8.1억원

위의 승수과정은 국채를 매도한 자가 예금은행조직 밖에서 받은 10억원을 A은행에 예금하면서 시작되었는데 이와 같은 원래의 예금을 본원적예금이라 한다. 승수과정은 이 본원적예금이 모두 법정지불준비금으로 변할 때까지 계속된다. 본원적예금을 △B라고 한다면 예금통화의 창조액은 다음과 같이 나타낼 수 있다.

$$\text{예금통화의 창조액} = \triangle B + \triangle B(1-r) + \triangle B(1-r)^2 + \cdots$$
$$= \frac{\triangle B}{1-(1-r)} = \frac{1}{r}\triangle B$$

이를 일반화하면

$$\text{예금통화의 창조액} = \frac{1}{\text{법정지불준비율}} \times \text{본원적예금}$$

따라서 본원적 예금의 법정지불준비율의 역수배만큼 화폐(요구불예금)를 창조하는데 법정지불준비율의 역수($\frac{1}{r}$)를 신용승수 또는 단순통화승수(money multiplier)라 한다. 위의 예에서는 법정지불준비율이 10%였으므로 단순통화승수는 10이며 예금통화의 창조액은 100억이다. 예금통화의 창조액 100억 중 10억은 본원적예금이며 나머지 90억은 파생적예금이 되는데 이 파생적예금은 대출금과 동일하다. 왜냐하면 파생적예금이 대출에 의해서 이루어지기 때문이다.

단순통화승수는 다음과 같이 해석될 수도 있다. 은행조직 전체로 지불준비금 10억원(본원적예금)을 가지고 있고 법정지불준비율이 10%라면 100억원의 예금통화를 창출할 수 있다. 바꾸어 말한다면 r은 예금에 대한 준비금의 비율이므로 은행조직 전체로서 준비금에 대한 예금의 비율은 $\frac{1}{r}$ 일 수밖에 없다.

법정지불준비율이 크면 클수록 승수는 작아진다. 예를 들면 법정지불준비율이 10%($\frac{1}{10}$)일 때는 승수는 10이며, 법정지불준비율이 20%($\frac{1}{5}$)일 때는 승수는 5이고, 법정지불준비율이 50%($\frac{1}{2}$)일 때는 승수는 2이다. 극단적인 경우로서 법정지불준비율이 100%일 때는 승수는 1인데 이는 예금은행이 요구불예금을 기초로 대출을 할 수 없다는 뜻이므로 화폐도 창출할 수 없는 경우이다.

끝으로 본원적예금(지불준비금)에 의해서 추가로 창출된 파생적예금을 Ds 라고 하면 이는 다음과 같이 나타낼 수 있다.

$$Ds = \frac{1}{r} \triangle B - \triangle B = \left(\frac{1}{r} - 1\right) \triangle B = \frac{1-r}{r} \triangle B$$

여기서 $\frac{1-r}{r}$은 앞에서 정의한 신용승수와 구분하여 순신용승수라 하는 경우가 있다. 순신용승수는 본원적예금이 파생적예금을 얼마나 증가시켰는지 하는 배수로서 신용승수보다 작다.

5. 금융정책의 목표와 수단

금융정책의 목표는 재정정책과 마찬가지로 잠재적 GDP 수준에서 경제를 안정시키는데 있다. 따라서 경기가 침체되었을 때는 통화량을 증가시켜 이자율을 하락시킴으로서 투자와 순수출을 증가시킬 필요성이 있으며 반대로 경기가 과열되었을 때는 통화량을 감소시킬 필요성이 있다. 중앙은행이 통화량을 증감시킬 수 있는 수단은 공개시장조작과 지불준비율정책 및 재할인율정책으로 나눌 수 있는데 이를 순서대로 알아보기로 하자.

1) 공개시장 조작

이미 설명한 바와 같이 중앙은행이 확장적인 금융정책으로 통화량을 증가시키고자 한다면 채권시장에서 국채를 매입하는데 이 때 중앙은행이 발행한 현금을 민간이 보유하게 되며 이는 그만큼 현금통화를 증가시킨다. 그리고 신용승수(통화승수) 이론의 가정이 성립하는 조건에서는 통화승수배만큼 예금통화를 창출할 수 있다. 이와는 반대로 긴축정책으로 채권시장에서 국채를 매각하는 경우에는 매입하는 경우와 정반대의 효과가 있다. 즉 신용승수에 대한 가정이 성립하는 조건에서는 통화승수배만큼 화폐의 공급을 감소시킨다.

현실적으로는 중앙은행에 의해서 공급된 현금통화의 일부는 현금으로 보유하고 나머지 일부만이 예금은행에 요구불예금으로 예금된다. 이 경우 현금으로 보유되는 부분은 꼭 그만큼 통화량을 증가시키며, 은행에 예금되는 예금은 예금통화를 승수배만큼 증가시키게 될 것이다. 다만 은행이 초과지불준비금을 시제금으로 보유할 때는 그렇지 않을 때보다 화폐의 공급은 상대적으로 작게 된다.

공개시장조작은 중앙은행이 필요하다고 생각할 때면 언제든지 일정한 비율로 서서히 통화량을 증가시킬 수 있는 정책수단이기 때문에 가장 널리 이용되는 정책수단이라고 할 수 있다. 통화안정증권을 매매함으로서 통화량을 조절하는 정책도 공개시장조작에 속한다.

2) 지불준비율정책

중앙은행이 화폐의 공급량을 증가시키고자 할 때는 지불준비율을 인하시키고 화폐의 공급량을 감소시키고자 할 때는 지불준비율을 인상시키는데 편의상 지불준비율을 인상시키는 경우를 보기로 하자.

이 경우에도 예금은행이 초과지불준비금을 보유하고 있지 않으며, 예금은행조직 밖으로 현금누출이 없다고 가정한다.

예를 들어 법정지불준비율이 20%일 때 예금은행 조직 전체가 1,000억원의 지불준비금을 기초로 5,000억원이 요구불예금을 창조하였다고 한다면 예금은행 조직 전체의 대차대조표는 다음과 같다.

〔표 8-5〕 예금은행 조직 전체의 대차대조표

자 산	부 채
지불준비금 1,000억원 대 출 금 4,000억원	요구불예금 5,000억원

법정지불준비율을 이제 20%에서 25%로 인상하였다면 통화승수가 5에서 4로 감소하여 1,000억원의 지불준비금을 기초로 4,000억원의 요구불예금을 예금은행 조직 전체가 가지게 되므로 대차대조표는 다음과 같이 변화된다.

〔표 8-6〕 예금은행 전체의 대차대조표

자 산		부 채	
지불준비금	1,000억원	요구불예금	4,000억원
대 출 금	3,000억원		
합 계 :	4,000억원	합 계 :	4,000억원

이는 곧 지불준비율 인상이 대출과 요구불예금을 승수적으로 감소시켰다는 것을 나타내는 것이기 때문에 화폐의 공급량도 급속하게 하락하게 된다. 법정지불준비율의 인하는 이와는 반대효과를 갖는다. 이처럼 지불준비율정책은 통화량을 일시에 급속하게 변화시키기 때문에 수시로 서서히 동일한 목적을 달성할 수 있는 공개시장조작이 더 선호되는 정책이라고 할 수 있다. 지불준비율정책의 경우에도 은행이 초과지불준비금을 보유하거나 은행조직 밖으로 현금누출이 있을 경우에는 화폐공급의 변화가 그만큼 작아진다.

3) 재할인율정책

재할인율이란 예금은행이 중앙은행으로부터 차입할 때 붙는 이자율을 말하는데 법정지불준비금을 메꾸기 위해서 차입하는 경우가 이에 해당된다. 중앙은행이 예금은행에 대출을 많이 해주었을 때는 그렇지 않았을 때보다 예금은행 조직 전체의 지불준비금이 많아지기 때문에 더 많은 화폐를 창조할 수 있게 된다. 따라서 중앙은행인 한국은행은 재할인율을 변화시키므로서 화폐의 공급을 증감시킬 수 있게 한다.

재할인율을 인상시키면 은행조직 전체의 차입금과 준비금이 감소하고 따라서 화폐의 공급이 감소하며 재할인율을 인하시키면 그 반대의 효과가 발생하게 된다. 재할인율정책은 금융시장이 불안정할 경우 및 특정은행을 지원할 필요성이 있을 경우에 흔히 사용되는 정책이다. 대표적인 예로 증권시장이 붕괴될 우려가 있을 경우에 한국은행이 개입하는 경우도 이에 해당한다고 할 수 있다.

6. 화폐공급함수

부분지불준비금제도 하에서는 현금누출과 초과지불준비금의 문제 때문에 중앙은행이 정책적으로 의도한 것만큼 정확하게 화폐공급을 변화시킬 수 없을 뿐만 아니라, 통화량(화폐의 공급량)을 정확하게 측정할 수도 없다는 문제가 있다. 예금은행이 법정지불준비율을 초과하여 초과지불준비금을 많이 가지고 있다는 것은 대출을 그만큼 줄인다는 뜻이다. 요구불예금(예금통화)은 예금은행의 대출에 의해서 공급(창조)되는 것이기 때문에 예금은행이 초과지불준비금을 늘리면 늘릴수록 화폐의 공급은 그만큼 줄어들게 된다.

예금은행 조직 밖으로 현금이 누출된다는 것은 가계가 현금의 비중을 늘리고 요구불예금의 비중을 줄인다는 뜻이다. 가계가 현금의 비중을 늘리면 예금은행 조직 전체의 지불준비금이 줄어들게 됨으로 예금통화가 줄어들게 된다. 가계가 얼마만큼 현금을 보유하고 예금은행이 얼마만큼 초과지불준비금을 보유할 것인가 하는 문제는 중앙은행이 통제할 수 있는 문제가 아닐 뿐만 아니라 경제적인 여건에 따라서 결정되는 문제이기 때문에 정확하게 측정될 수 있는 문제도 아니다. 그러나 통계자료에 의해서 근사치는 알 수 있을 것이다. 이하에서는 이를 알 수 있다고 가정을 하고 이론을 전개해 보기로 하자.

중앙은행이 발행해서 시중에 나온 현금을 본원통화라 한다.

본원통화(B)는 민간이 보유하는 현금통화(C)와 예금은행의 지급준비금(R)을 합계해 준 것이므로 다음과 같이 나타낼 수 있다.

$$B = C + R$$

그런데 화폐의 공급(M)은 그 정의상 민간이 보유하는 현금통화와 요구불예금(D)의 합계와 같기 때문에 다음과 같은 등식이 성립한다.

$$\frac{M}{B} = \frac{C+D}{C+R}$$

또는

$$\frac{M}{B} = \frac{C/D+1}{C/D+R/D}$$

여기에서 C/D는 요구불예금에 대한 현금통화의 비율(c)이며 R/D은 요구불예금에 대한 지불준비금의 비율(r)이다. 따라서 화폐공급함수는 다음과 같이 나타낼 수 있다.

$$M = \frac{c+1}{c+r} \times B$$

또는

$$M = m \times B$$

따라서 통화승수(m)는 $\frac{c+1}{c+r}$과 같으며 단순통화 승수보다 작다. 왜냐하면 요구불 예금에 대한 현금통화의 비율은 예금은행 조직 밖으로의 현금누출의 비율로서 민간이 보유하는 현금통화에 의해서 결정되기 때문이다. 그리고 여기에서 말하는 요구불예금에대한 지불준비금의 비율은 일반적으로 실제적인 지불준비율을 말하기 때문에 은행이 초과지불준비금을 많이 보유하고 있을 경우에는 통화승수가 크게 작아질 수 밖에 없는데 대표적인 경우가 1930년대의 미국의 대공황의 경우이다. 1929년부터 1933년까지 미국의 화폐공급(통화량)은 28%나 감소했는데 그 중요한 요인이 요구불예금에 대한 현금통화의 비율과 요구불예금에 대한 준비금의 비율이 모두 증가해서 통화승수(화폐승수)가 감소했기 때문이라는 것이다.

7. 대공황의 요인

거시경제에서 설명한 바와 같이 대공황의 주요 요인은 소비지출, 투자지출, 정부지출이 감소로 총지출이 감소했기 때문인데 이것이 일반론이며, 케인즈학파이론 또는 지출가설(spending hypothesis)이라고도 한다. 이에 대해서는 이 책 「시리즈」의 제2권 거시경제에서 설명이 되었기 때문에 더 이상의 설명이 필요없을 것이다.

이에 반해서 통화량이 감소로 인한 디플레이션(deflation)이 대공황의 주요요인이라고 주장하는 경제학자들을 가리켜 통화론자라고 하며 대표적인 경제학자가 프리드만(Friedman)이다. 이를 흔히 화폐가설(money hypothesis)이라고도 한다. 바꾸어 말한다면 대공황이 화폐(통화량의 감소) 때문이라는 것이다.

위에서 설명한 바와 같이 당시에는 본원적 통화 또는 고성능 화폐가 감소한 것은 아니지만, 요구불예금에 대한 준비금의 비율인 지불준비율이 증가하였고, 요구불예금에 대한 현금통화의 비율도 증가하였기 때문에 통화승수(money multiplier)가 감소하여 화폐의 공급(통화량)이 감소했다는 것이다. 화폐의 공급이 감소하면 장기적으로 물가가 하락하여 디플레이션으로 인한 경기침체가 더욱 악화되게 된다. 따라서 이 문제는 인플레이션 이론에서 설명되어야 할 사항이지만 일반적으로 대공황은 케인즈 이론으로 설명되고 있기 때문에 IS-LM모델에서 설명되는 경우가 많은 것이다.

당시에 통화승수의 감소로 화폐공급이 단기간에 급속하게 감소했던 이유는 많은 은행이 파산으로 인한 은행의 위기(banking crisis)였기 때문이다. 이 때의 은행위기를 금융공황이라고도 한다. 따라서 2008년도의 미국의 금융위기나 1990년대 이후의 일본의 디플레이션과는 그 요인이 다르다고 볼 수 있을 것이다. 그리고 대공황이후 현재까지 당시와 같이 단기간에 화폐공급이 급격하게 감소하고 물가수준이 급속하게 하락한 예도 없었다.

대공황 당시의 디플레이션 요인이 1990년대 이후의 일본의 디플레이션의 요인과 서로 다르기는 하지만 두 경우 모두 확장적인 재정·금융정책이 필요했다는 점에서는 공통적이라고 할 수 있을 것이다. 이와 같은 경험을 바탕으로 2008년도 이후 미국의 금융위기로 인한 세계적인 경기침체를 성공적으로 극복하기 위해서 국제적인 정책공조(확장적인 재정·금융정책)가 이루어졌다고 할 수 있다. 이 문제는 이 책「시리즈」의 연구방법과 범위에서 벗어나는 문제이기 때문에 더 이상 설명이 되지 않고 있다.

요 약

1. 화폐의 공급이란 일정시점에서 민간이 보유하고 있는 현금통화와 예금통화를 말하며, 예금통화는 예금은행이 대출과정에서 창조(공급)하기 때문에 100% 지불준비금은행에서는 예금통화를 창조할 수 없다.
2. 예금은행이 예금은행조직 밖에서 받은 원래의 예금을 본원적 예금이라 하는데 예금통화(요구불예금)의 창조과정(대출과정)은 본원적 예금이 모두 법정지불준비금으로 변할 때까지 계속된다.
3. 법정지불준비율을 r이라고 한다면 본원적 예금의 $\frac{1}{r}$ 배 만큼 예금은행이 예금통화를 창조하며, 법정지불준비율의 역수($\frac{1}{r}$)를 신용승수 또는 단순통화승수라 한다.
4. 중앙은행이 통화량을 증감시킬 수 있는 수단은 공개시장조작, 지불준비율정책, 재할인율정책등으로 구분되며, 공개시장조작은 중앙은행이 필요하다고 생각할 때면 언제든지 행할 수 있는 정책수단일 뿐만 아니라 동일한 목적을 수시로 서서히 달성할 수 있기 때문에 가장 널리 이용되는 정책수단이다. 이에 반해서 지불준비율정책은 일시에 통화량을 급속하게 변화시킬 필요성이 있을 때, 재할인율정책은 특수목적의 금융지원이 필요한 경우에 시행된다.
5. 예금은행은 법정지불준비금을 초과하여 초과지불준비금을 가지고 있는 것이 일반적인 현상이며, 현금 역시 예금은행조직 밖으로 누출되는 것이 일반적이기 때문에 중앙은행이 정확하게 의도한 것만큼 화폐공급량을 변화시킬 수 있는 것은 아니다. 다만 실제지불준비율과 현금통화비율의 근사치를 측정하여 화폐공급을 변화시키고 있다고 할 수 있다.
6. 실제지불준비율을 기초로 하고 현금이 누출된다는 현실적인 가정하에서는 은행이 그만큼 대출을 줄이고, 은행조직전체의 지불준비금이 또한 감소한다는 뜻이기 때문에 통화승수는 단순통화승수보다 작을 수 밖에 없다.
7. 미국의 대공황 당시에 화폐의 공급이 감소하였던 요인은 요구불예금에 대한 지불준비금의 비율과 요구불예금에 대한 현금통화의 비율이 모두 증가했기 때문이다.

중요개념

1. 화폐의 공급, P. 141
2. 현금통화, P. 141
3. 예금통화, P. 141
4. 요구불예금, P. 141
5. 당좌예금의 잔고, P. 141
6. 증권시장, P. 141
7. 국채, P. 141
8. 통화금융기관, P. 141
9. 예금은행, P. 141
10. 일반은행, P. 141
11. 특수은행, P. 141
12. 간접금융, P. 142
13. 금융중개기관, P. 142
14. 채권시장, P. 142
15. 주식시장, P. 142
16. 직접금융, P. 142
17. 대차대조표, P. 143
18. 자산, P. 143
19. 부채, P. 143
20. 순자산, P. 143
21. 자본, P. 143
22. 역사적 원가, P. 143
23. 차변, P. 143
24. 대변, P. 143
25. 지불준비금, P. 143
26. 시제금, P. 143
27. 법정지불준비금, P. 143
28. 초과지불준비금, P. 143
29. 100% 지불준비금은행, P. 143
30. 부분지불 준비율제도, P. 143
31. 법정지불준비율, P. 143
32. 화폐창조, P. 145
33. 예금통화의 창조, P. 145
34. 현금누출, P. 146
35. 승수과정, P. 146
36. 본원적 예금, P. 146
37. 신용승수, P. 147
38. 통화승수, P. 147
39. 파생적 예금, P. 147
40. 은행조직, P. 147
41. 순신용승수, P. 148
42. 공개시장조작, P. 148
43. 통화안정증권, P. 149
44. 지불준비율 정책, P. 149
45. 재할인율정책, P. 150
46. 본원통화, P. 151
47. 통화공급함수, P. 151
48. 현금통화비율, P. 152
49. 실제지불준비율, P. 152

제 4 편

국제금융론과 먼델·플레밍 모델

제9장
개방경제의 총수요

제10장
먼델·플레밍 모델(Mundell-Fleming Model)

제11장
Epilogue(국제수지와 외환시장 및 환율제도)

제 9 장

개방경제의 총수요

1. 순수출과 총수요
2. 환율과 순수출
3. 전통적인 환율결정이론
4. 외환시장 안정조건
5. 국제수지 조정기구
6. 압솝션 접근법(Absorption approach)

1. 순수출과 총수요

거시경제이론에서 설명되는 바와같이 총수요(총지출)는 가계의 소비지출(C), 기업의 의도된 투자 지출(I), 정부지출(G), 순수출(X-M)로 구성된다. 여기에서 순수출은 재화와 용역의 수출(X)에서 수입(M)을 공제한 것으로서 경상수지에 해당된다. 따라서 총수요(AD)는 다음과 같이 나타낼수 있다.

$$AD = C + I + G + (X - M)$$

이론을 단순화하기 위해서 투자지출과 정부지출이 주어진 수준에서 일정하다고 가정하면 총수요를 결정하는 요인은 소비지출과 순수출이다. 이렇게 이론을 단순화하는 이유는 개방경제의 총수요를 접근하는 방법으로서 매우 편리한 방법이 될 수 있기 때문이다.

소비지출을 결정하는 가장 중요한 요인은 개인소득에서 조세를 공제한 가처분 소득이다. 조세는 정책변수이기 때문에 일정하다고 할 때 국민소득이 증가하면 가처분소득도 국민소득의 증가분만큼 증가한다. 가처분 소득이 증가하면 국내상품에 대한 소비지출뿐만 아니라 수입 상품에 대한 소비지출도 증가하기 때문에 소득이 증가하면 수입도 증가한다. 바꾸어 말한다면 수입(M)은 소득에 따라 결정된다는 뜻이다. 이에 반해서 수출은 무역상대국의 소득수준에 따라서 결정되기 때문에 국민소득수준과는 관계가 없는 외생변수에 해당한다.

정부지출과 투자지출이 일정하다는 가정하에서 산출량과 소득이 증가하면 증가된 소득이 소비와 저축 및 수입에 배분되므로 소비가 증가(△C)하고, 저축이 증가(△S)하며, 수입이 증가(△M)한다. 소득의 증가분에 대한 저축이 증가분을 한계저축성향이라고 하는 바와같이 소득이 증가분(△Y)에 대한 수입이 증가분을 한계수입성향(MPM)이라하며 다음과 같이 나타낼수 있다.

$$\text{MPM} = \frac{\triangle M}{\triangle Y}$$

수입상품에 대한 소득의 지출이 수입이므로 수입은 소득의 순환적 흐름에서 누출에 해당한다. 예를들어 소득이 100원 증가할 때 소비가 70원, 저축이 30원, 수입이 10원 증가한다면 한계소비성향은 0.7, 한계저축성향은 0.3, 한계수입성향은 0.1이 되는데 이는 소득이 100원 증가할 때 소득이 순환적 흐름에서 저축으로 30원이 누출되고 수입으로 10원이 누출된다는 뜻이다. 따라서 수입을 고려할 때 승수(K)는 다음과 같이 나타낼 수 있으며 이를 해외무역승수(foreign trade multiplier) 또는 개방경제승수(open economy multiplier)라 한다.

$$\text{K} = \frac{1}{MPS + MPM}$$

봉쇄경제일때의 승수효과와 마찬가지로 해외무역승수 효과 역시 총지출이 변화되었을 경우에 원래의 지출의 변화분에 승수를 곱해준 것 만큼 산출량과 소득이 변화한다. 예를 들어 한계저축성향과 한계수입성향이 각각 0.1이라면 해외무역승수는 5가되며, 이 때 수출이 100원 증가하면 국민소득은 승수배에 해당하는 500원 증가한다. 투자지출이 증가하거나 정부지출이 증가했을 때도 똑같은 효과가 있음은 물론이다. 다만 소득이 증가하면 수입이 증가하기 때문에 경상수지가 악화된다는 데 차이가 있다.

소비는 국내상품에 대한 소비(C_d)와 수입상품에 대한 소비(C_f)로 구분되며, 수입상품에 대한 소비지출이 수입(M)이므로 총수요는 다음과 같이 나타낼 수도 있다.

$$\text{AD} = (\text{C} - \text{C}_f) + \text{I} + \text{G} + \text{X}$$

또는

$$AD = C_d + I + G + X$$

따라서 총수요는 $C_d + I + G + X$로 나타낼수도 있고 $C + I + G + (X - M)$으로 나타낼수도 있다는 것에 유의할 필요가 있다. 결국 개방경제의 승수가 봉쇄경제의 승수 ($\frac{1}{1-MPC}$) 보다 작은 이유는 소비지출(C)에 외국 상품에 대한 소비지출(C_f)이 포함되었기 때문이다. 외국상품에 대한 소비지출 즉 수입은 누출에 해당하므로 승수과정의 각 단계에서 지출은 그 만큼 작아질 수 밖에 없게 된다. 이는 소득이 1단위 증가할 때마다 한계저축성향과 한계수입성향을 더해준 것만큼 누출된다는 뜻이기도 하다.

지금까지 설명한 것을 수요측면의 균형국민소득 결정이론을 통해서 알아보기로 하자. 물가수준이 일정하고, 기업이 주어진 물가수준에서 얼마든지 생산공급할 수 있는 생산시설을 갖추고 있을때 총공급곡선은 직각좌표상의 45°선의 보조선으로 나타낼수있다;. 이는 케인즈 이론의 기본적인 가정이다. 이와같은 가정하에서는 [그림 9-1]과 같이 45°선의 보조선(총공급곡선)과 개방경제의 총수요곡선이 일치하는 점에서 균형산출량이 결정되기 때문에 Y_0가 균형산출량 수준(균형국민소득수준)이다. 이에 대한 설명은 거시경제론에서 설명된 바와같기 때문에 더 이상의 설명이 필요없을 것이다.

개방경제의 총수요 이론에서 중요한 것은 순수출(X - M)이다.
수출은 국민소득과 관계가 없기 때문에 주어진 수준에서 수평이고 수입은 국민소득이 증가하면 증가하므로 우상향하고 있다.

그림에서는 이론의 단순화를 위하여 균형국민소득수준에서 경상수지도 균형을 이루어 순수출이 0가 되고 있지만 반듯이 그런 것은 아니다. 즉 균형산출량 수준에서 경상수지는 적자일 수도 있고 흑자일수도 있다. 그러나 출발점으로서 균형국민소득수준에서 순수출이 0라고 가정하고 이론을 전개하는 것은 매우 편리한 방법이 된다는 것에 유의할 필요가 있다. 그리고

[그림 9-1] 개방경제의 균형국민소득과 순수출

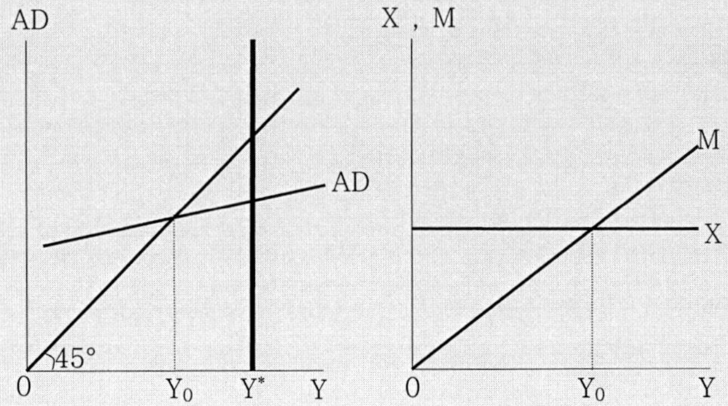

(a) 개방 경제의 균형국민소득 (b) 소득수준과 순수출

Y_0 의 균형산출량(균형GDP)은 완전고용GDP 또는 잠재적GDP 수준 Y^* 보다 낮은 수준에서 결정될수 있다는 점에서 중요하다. 따라서 다른 요인이 일정한 상태에서 순수출이 증가하면 총지출곡선이 위쪽으로 이동하기 때문에 국민소득을 증가시키고 실업을 줄일수 있다.

예를 들어 외국의 소득수준이 증가해서 수출과 순수출이 증가했다고 하자. 수출이 증가하면 소득이 증가하고 수입도 증가한다. 그러나 이때의 수입의 증가분은 수출의 증가분을 초과할 수 없으므로 경상수지 흑자분의 일부만이 수입으로 메꾸어 지게 된다.

이상의 설명은 일반적인 승수원리와 똑같지만 개방경제의 총수요이론의 기초가 되기 때문에 매우 중요하다고 할 수 있으므로 주입·누출접근법을 통해서 보다 자세히 알아보기로 하자.

주입·누출접근법(I=S접근법)에서는, 국민저축이 순해외투자와 국내투자를 합계 해준것과 일치하는 수준에서 균형국민 소득이 결정된다. 여기서 순해외투자는 순수출과 일치하기 때문에 균형조건은 다음과 같이 나타낼 수 있다. 이는 국민저축이 국내투자와 순해외투자에 이용될 수 있다는 뜻이기도 하다.

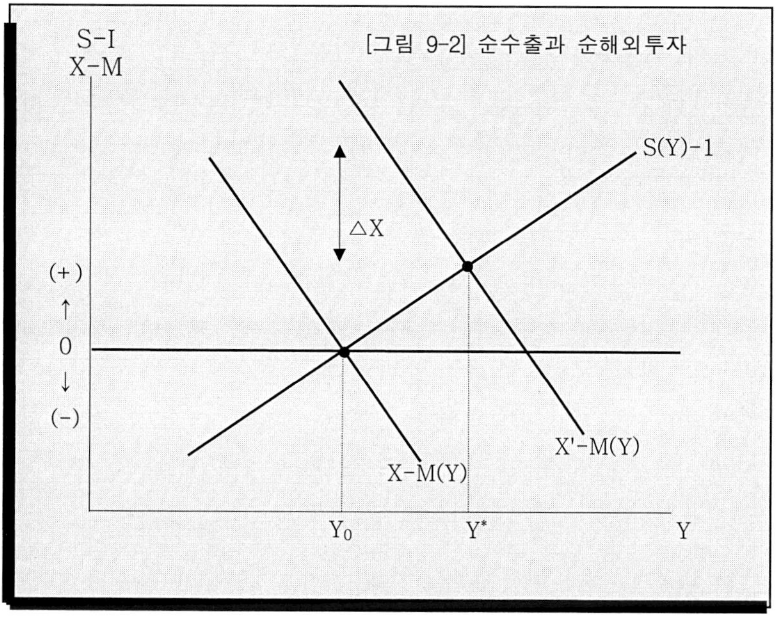

[그림 9-2] 순수출과 순해외투자

$$S = I + (X - M)$$

또는

$$S - I = X - M$$

수출과 투자는 주입이며 저축과 수입은 누출에 해당한다. 의도된 투자지출(I)과 수출(X)은 국민소득과는 관계가 없는 외생변수이지만 저축과 수입은 소득의 함수로서 내생변수이며 소득이 증가하면 저축과 수입이 증가한다. 따라서 균형조건은 다음과 같이 고쳐쓸수 있다.

$$S(Y) - I = X - M(Y)$$

소득이 증가하면 수입이 증가하고 저축도 증가하므로 순수출곡선(X-M)

은 우하향하고 순해외투자곡선(S-I)는 우상향한다. 출발점으로서 균형국민 소득수준에서 순수출이 0라고 한다면 그림[9-2]에서 보는 바와 같이 원래의 균형국민 소득수준은 Y_0가 된다. 수출이 △X만큼 증가해서 순수출 곡선이 위쪽으로 이동하면 승수원리에 의해서 국민소득이 증가하므로 균형국민소득은 Y_0에서 Y^*로 증가한다. 이상에서 설명한 균형국민소득 결정이론은 개방경제의 거시이론에서 매우 중요한 의미가 있다고 할 수 있다. 여기에서 순해외투자(S-I)란 자본수지적자에 해당하고 순수출은 경상수지 흑자에 해당한다. 따라서 거시경제의 균형상태에서는 장기뿐만 아니라 단기에도 국제수지가 항상 균형을 이루고 있다는 뜻이다. 이와같은 이유 때문에 거시경제이론에서는 외환시장이 항상 균형을 이루고 있다는 가정하에서 이론이 전개되는 경우가 일반적이다. 외환시장이 균형일 때는 국제수지도 균형이다. 그런데 완전한 자유변동환율제도가 아닌 이상 국제수지와 외환시장은 불균형일 수도 있기 때문에 국제금융론에서는 이 문제를 매우 중요시하고 있는 것이다.

2. 환율과 순수출

단기에 순수출을 결정하는 가장 중요한 요인은 실질환율이다. 거시경제이론에서 설명한 바와 같이 원·달러의 실질환율이란 외국상품의 상대가격이기 때문에 실질환율이 상승하면 외국상품의 가격이 비싸지고 국내상품 가격이 상대적으로 저렴하게 된다. 따라서 수출이 증가하고 수입이 감소하므로 순수출이 증가한다. 한 경제의 총지출(총수요)은 소비지출, 투자지출, 정부지출, 순수출로 구성되기 때문에 순수출이 증가하면 총지출도 증가한다. 그러므로 순수출(경상수지) 이외에 총지출을 결정하는 다른 요인이 일정하다고 하면 환율이 총수요를 결정하는 중요한 요인으로 작용하게 된다.

실질환율(e)은 명목환율(E)에 양국의 상대적인 물가 수준(P^*/P)을 곱해준 것과 같기 때문에 국내물가수준(P)과 외국의 물가수준(P^*)이 일정하다고 하면 명목환율의 변화가 실질환율의 변화를 반영하는 것이다. 바꾸어 말한다면 실질환율의 변화로 설명하든 명목환율의 변화로 설명하든 관계가 없다. 이상의 설명은 다음과 같이 나타낼수 있으며 이 책에서는 이론 전개의 편의상 명목환율(E)로 설명되고 있다.

$$e = E \cdot \frac{P^*}{P}$$

이것이 중요한 이유는 단기에는 물가수준이 일정하다고 가정할 수 있기 때문이다. 물가수준이 일정한 단기에는 양국의 상대적인 물가수준(P^*/P)도 일정하다고 가정할수 있기 때문에 E가 변한다는 것은 e가 변한다는 것과 똑같은 개념이다.

물가수준이 주어진 상태에서 일정하다고 할 때 총수요가 증가하면 산출량 수준과 국민소득수준이 증가한다. 따라서 단기에 명목환율과 국민소득과의 관계는 정의 관계가 있다. 즉 환율이 상승하면 국민소득이 증가한다. 이것이 생산물시장이다. 바꾸어 말한다면 투자지출이 증가해서 산출량 수준과 국민소득 수준이 증가하는 것과 똑같이 순수출이 증가해도 산출량 수준과 국민소득 수준이 증가한다는 것이다.

그런데 순수출이 증가하고 국민소득수준이 증가하면 거래적 동기의 화폐수요가 증가하기 때문에 이자율이 상승하고 환율이 하락한다. 따라서 생산물시장에서 결정된 국민소득은 화폐시장과 외환시장을 통해서 2차적인 조정과정을 거치게 되는데 이와 같은 분석방법을 DD-AA모델이라 한다. 따라서 DD-AA모델은 변동환율제도에서의 순수출을 강조하는 이론이라고 할 수 있다. 이 이론이 중요한 이유는 외환시장을 분석하는 것이 국제금융론의 또 다른 하나의 주요목적이기 때문이다.

이자율이 하락하면 순수출이 증가할뿐만 아니라 투자지출도 증가하는 것이 일반적이다. 거시경제이론에서 변동환율제도의 IS곡선이 고정환율제도의 IS곡선보다 더 탄력적이라고 하는 이유가 이 때문이다. 개방경제의 IS

곡선과 LM곡선을 이용하여 총수요를 분석하는 방법을 개방경제의 IS-LM 모델 또는 먼델·플레밍모델(Mundell-Fleming Model)이라 한다.

개방경제의 IS-LM 모델은 봉쇄경제의 IS-LM 모델을 기초로 하고 있다. 따라서 물가수준이 일정한 단기에 화폐는 실질이자율에 영향을 미칠 뿐만 아니라 실질환율에도 영향을 미친다. 통화량의 증가로 이자율이 하락하면 순해외투자의 증가로 외환의 수요가 증가하기 때문이다. 외환의 수요가 증가하면 환율이 상승하는데 균형환율은 순해외투자와 순수출이 일치하는 수준에서 결정된다. 이처럼 순해외투자와 순수출로 외환시장을 접근하는 방법은 물가수준이 일정한 단기에 균형국민소득의 결정원리를 설명하는 데 매우 적합하다고 할 수 있다.

봉쇄경제의 IS-LM모델이 봉쇄경제의 총수요이론의 일반론인 것처럼 개방경제의 IS-LM 모델 역시 개방경제의 총수요이론의 일반론이라고 할 수 있다. 다만 이 모델로 설명하기 어려운 국제수지와 환율제도등의 문제는 다른 이론으로 보완할 필요가 있는데 이 문제는 제11장에서 자세히 설명되고 있다.

이상의 설명에서 알 수 있는 바와같이 먼델·플레밍 모델과 DD-AA모델은 상호 보완적이다. 다만 아직까지는 먼델·플레밍 모델이 개방경제의 총수요 분석의 일반론이라는데 유의할 필요가 있다. 이 책에서는 이론을 단순화하고 집중적으로 분석하기 위해서 먼델·플레밍 모델만이 소개되고 있다.

3. 전통적인 환율결정이론

전통적인 환율결정이론(traditional exchange rate model)이란 외환의 공급은 재화와 용역의 수출공급에 의해서 결정되고 외환의 수요는 재화와 용역의 수입수요에 의해서 결정된다는 이론이다. 따라서 이 이론은 경상수지(순수출)에 의해서만 환율이 결정된다는 이론으로 오늘날의 환율결정이론은 아니지만 다음과 같은 두가지 이유 때문에 많이 원용되는 이론이다.

(1) 장기적으로는 순수출이 환율에 큰 영향을 미치고, (2) 이 이론으로부터 도입된 마샬·러너의 외환시장 안정조건(Marshall-Lerner condition)은 아직까지도 외환시장 안정조건의 일반론으로 매우 중요한 개념이기 때문이다.

장기적으로 순수출이 환율에 큰 영향을 미치는 이유는 주어진 환율 수준에서 외환의 공급이 증가하면 환율이 하락할 수밖에 없기 때문이다. 거시경제이론에서 충분하게 설명되었기 때문에 더 이상의 설명이 필요 없을 것이다. 외환위기 이후 2007년 10월까지, 2008년 금융위기(환율위기) 이후 2011년 8월까지 우리경제의 환율이 지속적으로 하락한 중요한 이유도 이와 같은 이유 때문이다. 마샬·러너의 외환시장 안정조건은 매우 중요하기 때문에 다음 절에서 보기로 하고 여기에서는 전통적인 환율결정이론이 어떻게 구성되어 있는가를 자세히 알아보기로 하자.

[그림 9-3]에서 보는 바와 같이 외환의 공급곡선이 우상향하는 이유는 일반적으로 수출상품의 수요의 가격탄력성이 1보다 크고, 외환의 수요곡선이 우하향하는 이유는 환율이 상승할 때 수입상품의 수요가 감소하기 때문이다. 예를들어 원·달러환율이 상승하면 우리 상품의 수출공급이 증가하게 되는데 외국인들의 우리 상품에 대한 수요의 가격탄력성이 1보다 커서 탄력적이므로 외환의 공급(P·Q)은 증가하게 된다. 이와는 반대로 원·달러 환율이 상승하면 외국상품에 대한 수요가 감소하기 때문에 외환의 수요(P·Q)는 감소한다.

외환의 수요와 공급의 상호작용으로 균형환율이 결정되므로 균형환율은 E_0이다. 변동환율제도에서 환율이 균형환율보다 낮으면 초과수요로 환율이 상승하고 그 반대일 경우에는 환율이 하락한다. 만약 고정환율 제도에서 주어진 고정환율이 균형환율보다 낮으면 평가절하해야되고 균형환율보다 높으면 평가절상해야 한다.

전통적인 환율결정이론은 전적으로 환율이 재화와 용역의 수출과 수입에 의해서 결정되기 때문에 자본의 국제적 이동은 환율에 전혀 영향을 미칠수 없다. 자본이 국제적으로 이동한다고 할지라도 경상수지가 불균형일 경우

[그림 9-3] 전통적인 환율결정이론

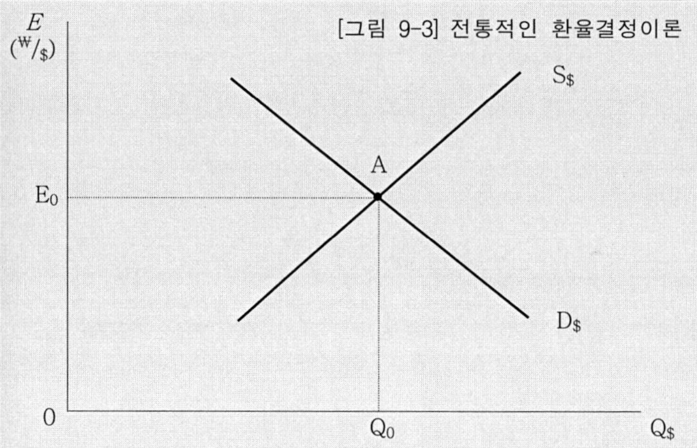

일시적으로 경상수지 불균형을 메꾸어 주기 위해서 수동적으로만 이동할 뿐이다. 바꾸어 말한다면 자본이 유입되는 경우에도 환율은 하락할 수 없기 때문에 자본의 국제적 이동은 능동적으로 환율을 결정할 수 없다는 이론이다.

전통적인 환율결정이론에서 환율이 상승하는 경우 외환의 공급은 증가하고 외환의 수요는 감소하는 이유를 [그림9-4]를 통해서 알아보기로 하자. 예를들어 원·달러환율이 1,000원에서 1,100원으로 10% 상승했다고 하자. 물가 수준이 일정한 상태에서 원·달러 환율이 10% 상승하면 달러로 표시된 수출공급곡선이 아래쪽으로 10%만큼 이동한다. 따라서 외국인들이 우리 상품에 대한 수요의 가격탄력성(AB구간의 호탄력성)이 1보다 커서 탄력적이면 외환의 공급(P·Q)은 증가하기 때문에 외환의 공급곡선은 우상향한다. 환율이 10% 상승했을 경우 수입상품의 수요곡선도 아래쪽으로 10%만큼 이동하기 때문에 외환의 수요(P·Q)는 감소해서 외환의 수요곡선은 우하향한다.

이상의 설명으로부터 알수있는 것은 외환의 공급과 수요는 전적으로 수출상품과 수입상품의 수요의 가격탄력성에 따라서 결정된다는 것이 전통적

[그림 9-4] 외환의 공급과 수요를 결정하는 요인

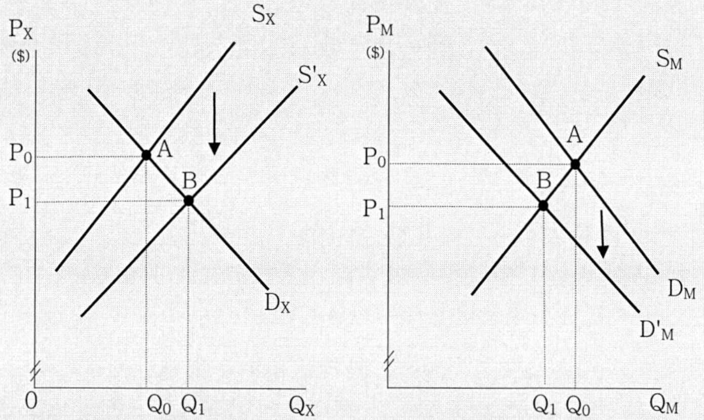

(a) 한국의 수출상품시장 (외환의 공급)

(b) 한국의 수입시장 (외환의 수요)

인 환율결정이론이다. 바꾸어 말한다면 순수출이 수출상품과 수입상품의 수요의 가격탄력성에 따라서 결정된다는 것이다. 이를 흔히 탄력성 접근법이라고도 한다.

끝으로 원·달러환율이 상승할 때 달러로 표시된 수출공급곡선이 환율의 상승률만큼 아래쪽으로 이동한다는 것은 수출보조금을 지급하는 효과와 같은 효과가 있음을 뜻한다. 외환위기 이후 2012년 전반기까지 수출기업의 기업실적(영업이익과 순이익)이 지속적으로 향상되고 주가가 상승한 중요한 요인중에 하나가 이와 같은 이유 때문이다. 이문제는 이 책의 연구방법과 범위에서 벗어나는 문제이기 때문에 이 책에서는 더 이상 설명이 되지 않고 있다.

4. 외환시장 안정조건

전통적인 환율결정이론에 의한다면 외환의 공급곡선은 [그림 9-5]에서 보는 바와같이 우상향할 수도 있고 우하향할 수도 있다. 왜냐하면 수출상품의 수요의 가격탄력성이 1보다 작을 수도 있기 때문이다. 수출상품의 수요의 가격탄력성이 1보다 작아 외환의 공급곡선이 우하향하는 경우에도 그림에서 보는 것처럼 외환의 수요곡선보다 비탄력적이라면 외환시장은 안정적이다. 그렇지 않고 외환의 공급곡선이 우하향하고 외환의 수요곡선보다 더 탄력적이라면 외환시장은 불안정하다. 이유는 균형환율보다 환율이 낮을 경우는 초과공급으로 환율이 하락하고 균형환율보다 환율이 높을 경우에는 환율이 상승할 것이기 때문이다.

이상의 설명을 수출상품과 수입상품의 수요의 가격탄력성으로 설명한다면 수출상품과 수입상품의 수요의 가격탄력성의 합계가 1보다 크면 외환시장은 안정적이고 1보다 작으면 외환시장은 불안정적이라는 결론을 얻을 수 있는데, 이를 마샬·러너의 외환시장 안정조건(Marshall-Lerner condition)이라 한다. 마샬·러너의 외환시장 안정조건이 많이 이용되는 이유는 실제적으로 검증해 볼 필요가 있기 때문이다.

[그림 9-5] 외환시장 안정조건

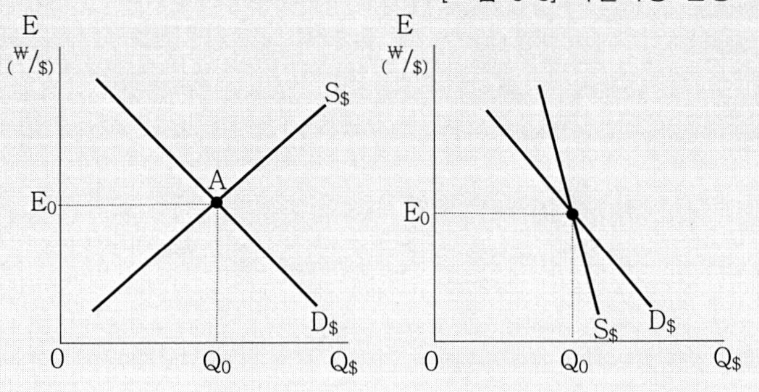

(a) 외환의 공급곡선의 우상향하는 경우

(b) 외환의 공급곡선이 우하향하는 경우

마샬·러너의 외환시장 안정조건은 수식으로 도출할 수도 있지만 매우 복잡하기 때문에 그림을 통해서 이를 설명하는 것이 매우 편리한 방법이 될 수 있다.

[그림 9-6]에서 보는 바와같이 수출상품과 수입상품의 공급곡선은 모두 수평이고 수입상품의 수요곡선은 완전 비탄력적이어서 수직이라고 하자. 이미 설명한 바와같이 환율이 상승하면 수입상품의 수요곡선이 환율의 상승률만큼 아래로 이동하지만 수직이기 때문에 수입수요가 불변이고 따라서 외환의 수요량도 불변이다. 즉 외환의 수요곡선은 주어진 수준에서 수직이다.

외환의 수요가 주어진 수준에서 수직이라면 환율이 상승할 때 외환의 공급량이 증가하기만하면 외환시장은 안정적이다. 환율이 상승할 때 외환의 공급량이 증가하기 위해서는 수출상품의 수요의 가격탄력성이 1보다 큰 경우이며, 따라서 마샬·러너의 외환시장 안정조건이 성립한다.

결국 마샬·러너의 외환시장 안정조건은 수출 상품의 수요의 가격탄력성이 비탄력적이어서 환율상승의 결과 외환의 공급량이 감소하는 경우에도 외환의 수요량이 더 크게 감소한다면 먀샬·러너의 외환시장 안정조건이 성립한다는 것이다. 1940년대에는 한때 외환시장 안정조건에 대해서 비관적인 시기도 있었으나, 일반적으로 외한시장은 안정적인 것으로 보고 있다.

[그림 9-6] 환율상승결과로서의 외환시장 안정조건

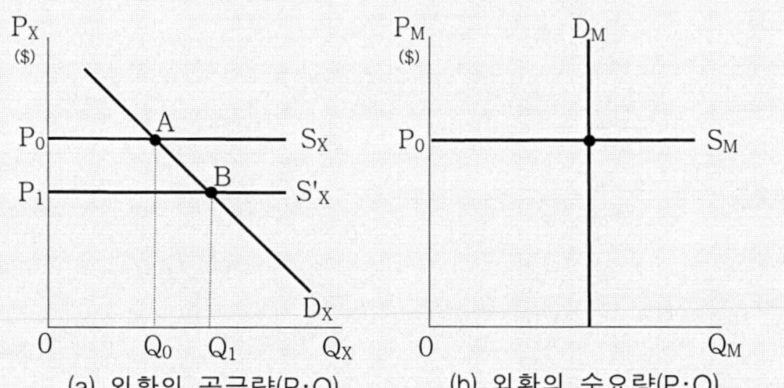

(a) 외환의 공급량(P·Q) 증가

(b) 외환의 수요량(P·Q) 불변

그 결과 환율이 상승할 때 수출은 증가하고 수입은 감소하는 것으로 모든 경제 이론이 전개되고 있다.

일반적으로 거시경제정책의 효과가 발생하기 까지는 시차가 있는 것과 마찬가지로 환율상승의 효과에도 시차가 있어 몇 개월후(일반적으로 6개월)부터 발생하기 시작하여 1년정도 되어야만 그 효과가 완전하게 나타나게 되는데 이와 같은 시차효과를 J커브효과(J-curve effect)라 한다.

[그림 9-7]에서 보는 바와같이, T_0 시점에서 환율이 상승하였는데 처음에는 순수출이 감소하였다가 점차 개선되어 T_1 시점 이후에야 종전보다 순수출이 증가하는데 T_0 시점과 T_1시점 사이의 커브행태가 J자형이라는 것이다. 수출공급이 증가하고 수입수요가 감소하는데 시간이 걸리기 때문이다. 중요한 것은 환율상승의 결과로 수출상품의 생산을 늘리는데에도 시간이 필요하다는 것이다.

이상의 설명으로부터 알 수 있는 바와같이 수출상품과 수입상품의 수요의 가격탄력성은 장기에 보다 더 탄력적이 된다. 따라서 환율변화의 효과

[그림 9-7] J 커브효과

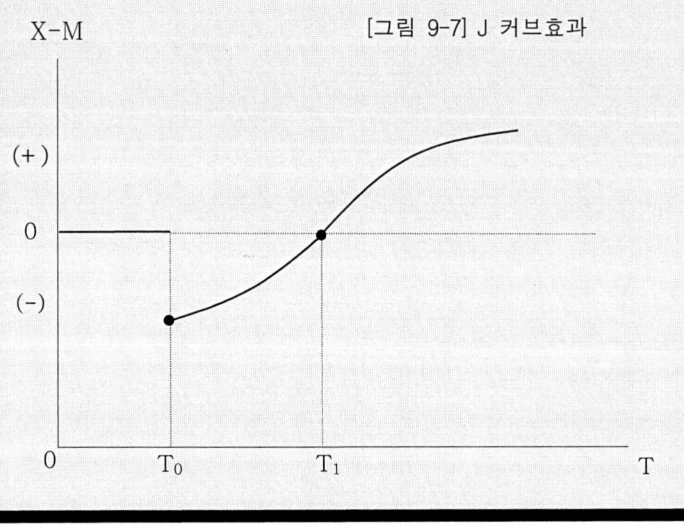

는 적어도 1년후에야 완전하게 나타난다는 것이다. 이는 외환위기 이후 우리의 경험으로 부터도 충분히 알 수 있는 사항이다.

지금까지 설명을 토대로 우리경제의 외환시장 안정조건을 살펴보기로 하자. 우리나라는 세계적인 측면에서 볼때 소국이긴 하지만 수출상품은 세계 각국으로 수출되고 있을 뿐만 아니라, 제품의 차별화도 상당한 수준이어서 수출상품의 수요의 가격 탄력성은 매우 탄력적이라고 할 수 있다.

이에 반해서 수입상품은 자본재와 부품 및 농수산물과 같은 비탄력적인 상품으로 구성되어 있다고 할 수 있다. 그러므로 외환의 공급곡선은 우상향하고 외환이 수요곡선은 수직에 가깝다고 할 수 있다. 따라서 우리 경제의 외환시장은 매우 안정적이라고 생각 할 수 있을 것이다.

끝으로 외환시장의 안정조건이 성립한다면 환율과 순수출(X-M)과의 관계는 장기뿐만아니라 단기에도 [그림9-8]과 같이 정의 관계가 성립한다. 이것이 중요한 이유는 장·단기 환율결정이론에서 외환시장의 안정조건이 일반적으로 성립되어 주어진 것으로 보고 있기 때문이다. 결과적으로 환율

[그림 9-8] 환율과 순수출과의 관계

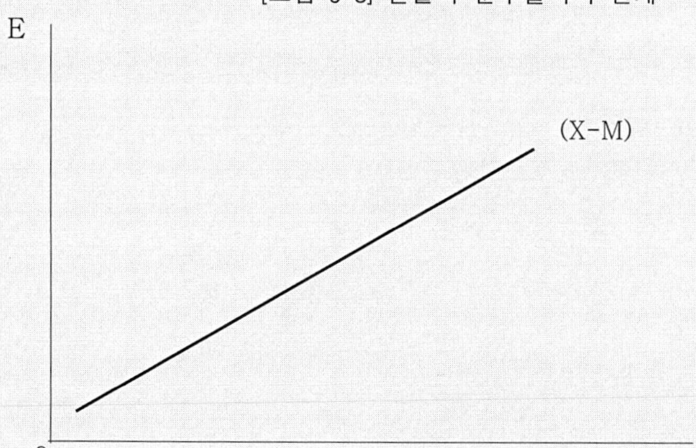

은 자본의 국제적 이동으로 결정된다는 것이 오늘날의 일반론이다. 지금까지 설명은 이론을 단순화하기 위해서 물가수준이 일정한 단기에 명목환율과 순수출과의 관계를 설명한 것이다. 따라서 물가수준이 변화하는 장기에는 실질환율이 이용되어야만 한다. 이에 대한 구체적인 내용은 거시경제에서 자세히 설명되고 있다.

5. 국제수지 조정기구

이론을 단순화하기 위해 불완전고용상태에서 국제수지가 적자일 경우, 변동환율제도와 고정환율제도에서 어떻게 국제수지가 자동적으로 조정될 수 있는지 알아보기로 하자.

이 국가의 환율제도가 변동환율제도라면 국제수지 적자가 완전히 소멸할 때까지 환율은 상승할 것이기 때문에 수출이 증가하고 수입이 감소한다. 이는 수출상품과 수입상품의 수요의 가격탄력성에 따라서 결정되기 때문에 이와 같은 국제수지 조정기구를 자동적인 국제수지 가격조정기구(price adjustment mechanism)라 한다. 그런데 순수출이 증가하면 소득이 증가하고 수입도 증가해서 원래의 순수출의 증가분의 일부가 수입으로 메꾸어지게 되는 데 이처럼 소득에 의해서 국제수지가 조정되는 현상을 자동적인 소득 조정기구라 한다. 따라서 변동환율제도에서는 국제수지적자가 가격조정 기구뿐만 아니라 소득조정기구에 의해서도 조정된다고 할 수 있기 때문에 소득의 변화가 없을 경우보다 환율이 더 많이 상승해야 국제수지가 균형을 이룰 수 있게 된다. 국제수지가 흑자일 경우에는 이상의 설명과는 반대로 생각하면 된다. 요약한다면 변동환율제도에서는 국제수지가 환율(가격)에 의해서 조정된다고 할 수 있다.

고정환율제도에서는 환율이 주어진 수준에서 고정되어 있기 때문에 통화량에 의해서 국제수지가 자동적으로 조정되게 되는데 이와 같은 현상을 자동적인 화폐조정기구(automatic monetary adjustment mechanism)라 한다. 그러므로 화폐는 국제수지에 따라서 수동적으로만 공급되기 때문에 과도하게 경제가 침체해서 확장적인 금융정책이 필요할 경우에도 금융정책을 이용할 수 없다는데 문제가 있다. 바꾸어 말한다면 거시경제 이론에서 말하는 경제안정정책이나 반인플레이션 정책을 금융정책으로 실시할 수 없다는 것이다.

예를 들어 국제수지가 적자일 경우에는 외환의 초과 수요가 발생하기 때문에 중앙은행(한국은행)이 보유하고 있는 외환을 매각하므로 통화량이 줄어들고, 국제수지가 흑자일 경우에는 외환의 초과공급을 중앙은행이 매입하면 통화량이 증가하게 된다. 따라서 고정환율제도에서는 통화량이 전적으로 국제수지에 따라서 수동적으로만 결정될 수 있을 따름이다.

고정환율제도에서 국제수지가 적자일 때는 화폐공급이 감소하므로 이자율이 상승하고 투자지출과 국민소득이 감소한다. 국민소득이 감소하면 수입이 감소하기 때문에 원래의 국제수지적자의 일부가 조정되며, 이자율이 상승으로 자본이 유입되어 외환의 초과 수요를 메꾸어 줄 수 있다. 국제수지가 흑자일때는 이상의 설명과 반대로 생각하면 된다.

고정환율제도에서 국제수지가 적자일 때 화폐공급이 감소하면 장기적으로 물가가 하락한다. 물가가 하락하면 수출이 증가하고 수입이 감소하므로 국제수지적자가 자동적으로 조정될 수 있다. 그러나 이는 장기적인 효과이다. 고정환율제도에서 경상수지가 적자일 때 단기적으로 순수출을 통해서 경상수지 적자를 줄이는 효과적인 방법은 평가절하뿐이다. 그런데 평가절하는 대외적인 경제적 취약성을 나타내는 것이기 때문에 이 또한 고정환율제도의 문제라고 할 수 있다. 뿐만 아니라 평가절하는 국제적인 자본이동을 저해하는 요인이 될 수도 있다.

국제수지 균형을 대외균형(external balance)이라하고 완전고용과 물가안정을 대내균형이라 한다. 대외균형의 측면에서만 본다면 국제수지는 자동적으로 조정되는 경향이 있기 때문에 개방경제의 거시경제 정책이 필요없다고 생각할 수도 있을 것이다. 그러나 국제수지가 자동적으로 조정되어 균형을 이루는 경우에도 경제가 침체하여 실업이 증가할 수도 있고, 총수요가 과도해서 인플레이션이 문제가 될 수도 있다. 따라서 개방경제의 거시적인 측면에서 볼때 재정정책과 금융정책 즉 경제안정정책의 목적은 대내균형과 대외균형을 동시에 이루는데 있다고 할 수 있다.

지금까지 설명은 환율제도를 고정환율제도와 변동환율제도로 양분해서 설명한 것이였다. 그 외에도 관리변동환율제도 및 밴드환율제도와 같은 여러형태의 환율제도가 있지만 이는 모두 고정환율제도와 같이 정부가 목표로 하는 환율수준에서 환율의 변동을 제한하는 것이기 때문에 이론적으로는 고정환율제도와 같다고 할 수 있다. 이와같은 이유 때문에 이론적으로 환율제도를 설명하고자 할 경우에는 이 책 「시리즈」의 제2권 "거시경제"에서 설명한 바와 같이 변동환율제도와 고정환율제도만이 설명되는 경우가 일반적이다.

6. 압솝션 접근법(Absorption approach)

압솝션(absorption)이란 국내총지출(C+I+G)을 말한다. 이것이 중요한 이유는 국내총지출에 순수출(X-M)을 더해주면 총수요(총지출)가 되기 때문에 국내 총지출과 순수출과의 관계를 설명할 수 있다는데 있다. 쉬운예로 완전고용상태에서 순수출을 증가시키기 위해서는 압솝션을 감소시켜야 한다. 만약 그렇지 않고 순수출만을 증가시키면 인플레이션이 문제가 되어 장기적으로 물가만 상승시키는 결과가 된다. 뿐만 아니라 압솝션 접근법은 자동적인 소득조정기구와 가격조정기구를 종합적으로 분석하는 수단으로서도 매우 유용한 방법이다.

환율이 상승할 때 수출이 증가하고 수입이 감소한다는 것은 수출산업과 수입대체산업의 생산과 소득이 증가한다는 뜻이다. 그 결과 소득조정기구에 의해서 수입이 증가하게 되므로 원래의 순수출의 증가분의 일부가 수입으로 매꾸어지게 된다. 이는 가격기구에 의해서 조정되는 순수출이 승수원리에 의해서 2차적 으로 또 다시 조정된다는 것과 같다. 따라서 미시경제적인 가격조정기구가 거시경제적인 소득조정기구로 통합되는 것이다.

소득조정기구의 기본적인 가정은 주어진 물가수준에서 생산공급할 수 있는 능력이 충분해야 한다. 바꾸어 말한다면 주어진 임금수준에서 얼마든지 고용을 늘릴수 있을 뿐만 아니라 산출량을 증대시키기 위한 생산설비를 갖추고 있어야 한다. 이는 전적으로 거시경제가 불완전고용상태에서 균형을 이루고 있다는 뜻이므로 단기적으로 총수요를 증가시키기만하면 생산물 시장에서 산출량과 국민소득이 증가하고 고용이 증가한다. 방법으로는 압숍션(C+I+G)을 증가시키는 방법과 순수출(X-M)을 증가시키는 방법이 있을 수 있다. 물론 동시에 증가시킬수도 있을 것이다. 따라서 다음과 같은 등식이 성립한다.

$$Y = C + I + G + (X-M)$$

압숍션(C+I+G)를 A로 하고 정리하면

$$Y = A + (X-M)$$

또는

$$Y - A = (X-M)$$

따라서 순수출이 증가되기 위해서는 Y가 증가되든가 A가 감소해야 한다. 불완전고용상태에서 거시경제가 균형을 이루고 있을 때는 Y가 증가될 수 있다. 바꾸어 말한다면 불완전고용상태에서는 생산과 소득이 증가될 수 있기 때문에 환율이 상승하면 순수출이 증가한다. 그러나 거시경제가 완전고용상태에서 균형을 이루고 있는 장기에는 순수출이 증가하면 장기적으로 물가수준만이 상승한다. 즉 인플레이션 현상만이 발생한다는 것이다. 물가상승률만이 상승한다면 실질환율은 장기적으로 불변이기 때문에 순수출도 원래의 상태가 되어 불변이다. 이와 같은 경우에 순수출을 증가시키는 방법은 긴축적인 재정·금융정책으로 압숍션을 줄이는 방법밖에 없다. 외환위기 극복과정에서 긴축적인 재정·금융정책이 필요한 이유가 이 때문이다. 이상의 설명으로부터 완전고용상태에서 대내균형을 나타내는 곡선을 YY라고 하면 YY곡선은 우하향한다는 것을 알 수 있다. 즉 압숍션을 줄이면 순수출을 증가시킬 수 있다. [그림 9-9]에서 보는 바와같이 거시경제가 C점에서 균형을 이루고 있을 때는 압숀션을 줄이면 줄일수록 순수출을 더욱 증가시킬 수 있다. 그렇지 않고 C점에서 환율이 상승하면 인플레이션이 문제가 된다. 과도하게 압숍션을 줄이면 소비수요와 내수경제가 과도하게 위축되어 정치·사회적인 압력을 받을 수도 있다.

국제수지(경상수지)균형을 나타내는 대외균형곡선(EE곡선)은 우상향한다. 압숍션이 증가하면 수입도 증가하기 때문에 국제수지가 균형을 이루기 위해서는 환율이 상승해야 하기 때문이다. 이는 환율이 상승하면 순수출이 증가하기 때문에 경상수지가 균형을 이루기 위해서는 압숍션과 수입이 증가해야한다는 것과 같은 뜻이다. 대내균형과 경상수지균형은 동시에 자동적으로 달성되는 것이 아니다. 즉 경제는 A점에서 균형을 이룰수도 있고

[그림 9-9] 대내균형과 대외균형

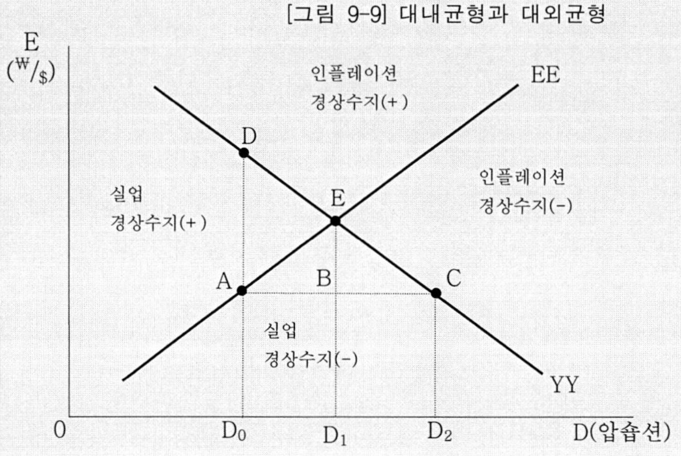

B점이나 C점에서도 균형을 이룰수 있다. 바꾸어 말한다면 거시경제는 단기적으로 불완전 고용상태에서 얼마든지 균형을 이룰수 있다. 이론을 단순화하기 위해서 거시경제 이론에서는 일반적으로 A점과 같이 경상수지는 균형상태이지만 대내적으로는 불완전고용상태인 점에서 이론적인 분석이 출발되지만, 국제금융론에서는 어떠한 점에서부터 출발해도 관계가 없다.

지금까지 설명은 압숍션과 순수출과의 관계를 설명하기 위해서 자본은 국제적으로 이동하지 않는다는 가정하에서 설명한 것이다. 자본이 국제적으로 이동하지 않을 경우에는 경상수지와 국재수지는 일치한다.

1973년도까지 고정환율시대에는 모든 국가가 대내균형만을 목적으로 해서 경제를 안정시켜왔으며, 대외균형은 특수한 경우에만 평가절하해서 환율을 상승시키는 형태로 유지되어 왔다. 예를들면 경상수지가 장기적으로 적자상태여서 외채가 문제가 되었을 경우가 이에 해당한다. 채권국인 경우에는 그 자체가 대외적인 강국임을 나타내기 때문에, 채무국인 경우에는 경상수지가 적자일 경우 평가절하가 대외적으로 경제적인 취약성을 나타내기 때문에 대내균형만을 목적으로 경제안정정책이 실시되어 왔다고 할 수 있다. 이상에서 설명한 바와 같이 압숍션 접근법은 고정환율제도에서의 외환위기와 환율위기를 설명하는데 매우 유용한 방법이라고 할 수 있다. 외환위기극복과정에서 긴축적인 재정·금융정책이 필요한 이유가 압숍션을 줄여야 하기 때문이며, 자국화폐가치가 과대평가되는 중요한 이유도 인플레이션이 문제가 되기 때문이다.

요 약

1. 개방경제의 총수요를 결정하는 중요한 요인은 순수출이며 수출이 증가하거나 수입이 감소해서 순수출이 증가하면, 국민소득은 해외무역승수배만큼 증가한다.
2. 단기에는 물가수준이 주어진 상태에서 일정하다고 할 수 있으므로 명목환율이 상승하면 총수요가 증가하고, 따라서 산출량수준과 국민소득수준이 증가한다. 왜냐하면 국내물가 수준에 대한 외국의 상대적인 물가수준(P^*/P)이 일정하기 때문이다.
3. 개방경제의 IS-LM분석을 먼델·플레밍 모델이라하는데 먼델·플레밍 모델이 개방경제의 총수요이론의 일반론이다.
4. 전통적인 환율결정이론이란 외환의 공급은 재화와 용역의 수출공급에 의해서 결정되고, 외환의 수요는 재화와 용역의 수입수요에 의해서 결정된다는 이론이다. 이 이론은 오늘날의 환율결정이론은 아니지만 이 이론으로부터 도입된 외환시장안정조건은 오늘날까지도 외환시장 안정조건의 일반론으로 중요한 개념이다.
5. 마샬·러너의 외환시장 안정조건(Marshall-Lerner condition)이란 수출상품과 수입상품의 수요의 가격탄력성의 합계가 1보다 크면 외환시장이 안정적이라는 것을 말한다. 이 조건이 성립하는 한 장·단기 환율은 자본의 국제적 이동으로 결정된다.
6. J커브효과(J-curve effect)란 환율상승의 효과가 있기 까지에는 시차가 있다는 것으로서 환율이 하락할 경우에도 적용될 수 있다.
7. 국민소득이 증가하면 수입이 증가해서 국제수지가 자동적으로 조정되게 되는데 이와 같은 현상을 자동적인 소득조정기구라 하며, 환율에 의해서 국제수지가 자동적으로 조정되는 현상을 자동적인 가격조정기구라 한다.
8. 완전고용상태에서 순수출이 증가하면 장기적으로 물가수준만이 상승하기 때문에 장기적으로 순수출을 증가시키기 위해서는 긴축정책에 의해서 얍솝션(C+I+G)을 줄이는 방법밖에 없다.
9. 불완전고용상태에서 환율이 상승하면 수출이 증가하고 수입이 감소하기 때문에 국민소득이 증가하고 수입이 증가한다. 따라서 미시경제적인 가격조정기구가 거시경제적인 소득조정기구로 통합될 수 있는 것이다.

중요개념

1. 총수요, P. 161
2. 경상수지, P. 161
3. 순수출, P. 161
4. 소비지출, P. 161
5. 가처분소득, P. 161
6. 외생변수, P. 161
7. 한계저축성향, P. 161
8. 한계수입성향, P. 161
9. 누출, P. 162
10. 해외무역승수, P. 162
11. 개방경제승수, P. 162
12. 봉쇄경제, P. 162
13. 국내상품에 대한 소비, P. 162
14. 수입상품에 대한 소비, P. 162
15. 수요측면의 국민소득결정이론, P. 163
16. 총공급곡선P. 163
17. 45°선의 보조선, P. 163
18. 케인즈이론의 기본적인 가정, P. 163
19. 균형국민소득, P. 163
20. 개방경제의 총수요, P. 164
21. 경상수지 흑자, P. 164
22. 경상수지 적자, P. 164
23. 경상수지 균형, P. 164
24. 완정고용 GDP, P. 164
25. 잠재적 GDP, P. 164
26. 수출산업, P. 164
27. 수입대체산업, P. 164
28. 승수원리, P. 164
29. 주입•누출접근법, P. 164
30. 국민저축, P. 164
31. 순해외 자산, P. 164
32. 순해외 투자, P. 164
33. 국내투자, P. 164
34. 외생변수와 내생변수, P. 165
35. 주입과 누출, P. 165
36. 순수출과 순해외 투자, P. 165
37. 순수출곡선, P. 166
38. 순해외 투자 곡선, P. 166
39. 실질환율, P. 166
40. 외국상품의 상대가격, P. 166
41. 명목환율, P. 166
42. 양국의 상대적인 물가수준, P. 166
43. 생산물시장, P. 167
44. 거래적 동기의 화폐수요, P. 167
45. 화폐시장, P. 167
46. 외환시장, P. 167
47. DD-AA모델, P. 167
48. 변동환율제도의 IS곡선, P. 167
49 개방경제의 IS곡선과 LM곡선, P. 167
50. 먼델•플레밍 모델(Mundell-Fleming Model) P. 168
51. 개방경제의 IS-LM모델, P.168
52. 개방경제의 총수요이론의 일반론, P. 168

53. 소국개방경제, P. 168
54. 자산접근법, P. 168
55. 자본의 국제적이동, P. 168
56. BP곡선, P.168
57. 환율효과, P. 168
58. 고정환율제도에서의 IS곡선 P. 168
59. 전통적인 환율결정이론, P. 168
60. 외환의 공급, P. 168
61. 외환의 수요, P. 168
62. 재화와 용역의 수출공급, P. 168
63. 재화와 용역의 수입수요, P. 168
64. 외환시장안정조건, P. 168
65. 수출상품의 수입수요의 가격탄력성, P. 169
66. 수입상품의 수입수요, P. 169
67. 균형환율, P. 170
68. 평가절하, P. 170
69. 평가절상, P. 170
70. 달러표시 수출공급곡선, P. 171
71. 외환시장안정조건, P. 171
72. 마샬 • 러너의 외환시장안정조건, P. 172
73. J커브효과, P.173
74. 수입상품의 국내가격, P. 173
75. 환율과 순수출과의 관계, P. 175
76. 장 • 단기 환율결정이론, P. 176
77. 자동적인 소득조정기구, P. 176
78. 자동적인 가격조정기구, P. 176
79. 국제수지적자, P. 176
80. 국제수지흑자, P. 176
81. 자동적인 화폐조정기구, P. 177
82. 통화량, P. 177
83. 금융정책, P. 177
84. 반인플레이션정책, P. 177
85. 대외균형, P. 177
86. 대내균형, P. 177
87. 재정정책, P. 177
88. 경제안정정책, P. 177
89. 압솝션접근법, P. 178
90. 국내총지출, P. 178
91. 압솝션, P. 178
92. 완전고용, P. 178
93. 불완전고용, P. 178
94. 긴축적인 재정 • 금융정책, P. 179
95. 채권국, P. 181
96. 채무국, P. 181
97. 대내균형정책, P. 181
98. 대외균형정책, P. 181

제 10장

먼델·플레밍모델(Mundell-Fleming Model)

1. 먼델 · 플레밍 모델과 환율제도
2. 개방경제의 IS-LM분석
3. 국제수지와 BP곡선
4. 고정환율제도에서의 대내균형과 대외균형
5. 변동환율제도에서의 대내균형과 대외균형
6. 먼델·플레밍모델의 거시경제적 의미

1. 먼델·플레밍모델과 환율제도

자본의 국제적 이동은 이자율에 따라서 결정된다. 자국의 이자율이 외국의 이자율보다 상대적으로 높으면 자본이 유입되고, 낮으면 자본이 유출된다. 변동환율제도에서는 자본이 유입되면 환율(원·달러환율)이 하락하고 자본이 유출되면 환율이 상승한다. 그러나 고정환율제도에서는 자본이 유입되거나 유출되는 경우에도 환율을 주어진 수준에서 고정시켜야하기 때문에 환율이 상승하거나 하락할 수 없다.

고정환율제도에서 자본이 유입되는 경우에는 중앙은행(한국은행)이 외환을 매입하고 자본이 유출되는 경우에는 중앙은행이 외환을 매각한다. 따라서 고정환율제도에서는 이자율에 따라서 이동하는 자본의 유·출입에 따라서 통화량이 결정되기 때문에 완전고용을 목적으로 하는 경제안정화 정책으로서의 금융정책이 사실상 불가능하다. 이는 또한 통화량의 조정으로 환율을 고정시켜야한다는 뜻이기도 하다.

이에 반해서 변동환율제도에서는 경제안정화정책으로서의 금융정책이 가능하다. 예를들어 불완전고용상태에서 확장적인 금융정책으로 이자율이 하락하였다고 하자. 이자율이 하락하면 자본이 유출되기 때문에 환율이 상승한다. 환율이 상승하면 자본이 유출되는 것만큼 순수출이 증가하기 때문에 국제수지도 균형을 이루어 대내균형과 대외균형이라는 목적을 동시에 달성할 수 있게 된다. 이상의 설명에서 알 수 있는 바와 같이 재정·금융정책의 목적은 거시경제를 잠재적 GDP수준(완전고용 GDP수준)으로 안정시키는데 있을 뿐만 아니라 국제수지를 균형으로 유지하는 또 다른 하나의 목적이 있다고 할 수 있다. 따라서 국제금융론의 측면에 본 재정·금융정책의 목적은 대내균형(완전고용 GDP)과 대외균형(국제수지 균형)을 동시에 달성하는데 있다고 할 수 있다.

국제수지가 균형을 나타내는 곡선을 BP곡선이라 한다. 따라서 국제금융론에서는 거시경제에서와는 다르게 BP곡선을 도입해서 먼델·플레밍 모델을 설명하고 있다. 거시경제에서 일반적으로 이를 설명하지 않고 있는 이유는 고정환율제도에서도 통화량이 조정으로 국제수지와 외환시장이 항상 균형을 이루고 있는 것으로 가정하고 있기 때문이다.

변동환율제도에서는 재정·금융정책이 모두 가능하나 고정환율제도에서는 금융정책이 불가능하고 재정정책만이 가능하기 때문에 이 책 「시리즈」의 제2권 "거시경제"에서도 설명한 바와 같이 정부부채로 인한 재정위기를 설명하는데 먼델·플레밍 모델은 매우 적합하다고 할 수 있다. 그러나 1997년의 우리 경제의 외환위기와 2008년도의 금융위기(환율위기)를 설명하는 데에는 이 모델만으로는 부족하다. 이에 대해서는 제11장과 12장 및 이 책 「시리즈」의 완결편(제4권) "경제이론과 현실 연구방법론"에서 자세하게 설명하고 있다. 이 책이 「시리즈」로 구성되어 있을 뿐만 아니라 연구·출판 프로젝트(project)로 진행할 수 밖에 없었던 이유가 바로 이와 같은 이유 때문이었다.

2. 개방경제의 IS-LM분석

봉쇄경제에서는 순수출(X-M)이 그 정의상 항상 0일 수밖에 없으며, 따라서 주어진 IS곡선을 따라 경제가 이동하더라도 수출과 수입이 전혀 고려의 대상이 될 수 없다. 그러나 개방경제에서는 소득이 증가하면 수입이 증가하기 때문에 IS곡선이 [그림 10-1]에서 보는 바와같이 봉쇄경제에서 보다 비탄력적이다. 이는 전적으로 고정환율제도에서의 승수이론을 기초로 한 것이다. 먼델·플레밍 모델이 이처럼 고정환율제도를 전제로 하는 이유는 이 이론이 발표된 1960년대에는 세계의 모든 국가가 고정환율제도였기 때문이다.

개방경제의 승수이론은 이상의 설명에서 알 수 있는 바와같이 주어진 고정환율에서의 승수를 설명하는 것을 목적으로 하고 있기 때문에 개방경제의 승수($\frac{1}{MPS+MPM}$)는 봉쇄경제의 승수보다 작을 수밖에 없고 따라서

[그림 10-1] 봉쇄경제의 IS곡선(IS)과 개방경제의 IS곡선(IS^*)

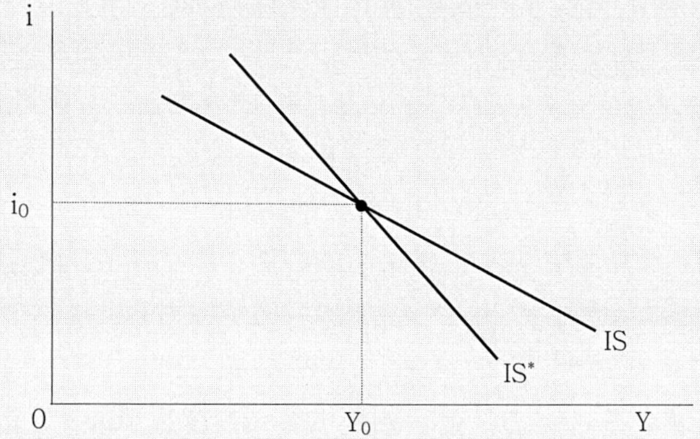

개방경제의 IS곡선도 봉쇄경제의 IS곡선보다 비탄력적이라는 것이다. 바꾸어 말한다면, 소득이 증가하면 수입도 증가하는데 이때의 수입은 저축과 마찬가지로 소득의 순환적 흐름에서 누출에 해당된다는 것이다. 이에 대해서는 이미 설명한 바와 같기 때문에 더 이상의 설명이 필요없을 것이다.

그러나 변동환율제도에서는 이자율이 하락하면 투자지출뿐만 아니라 순수출도 증가한다. 따라서 이자율이 하락할 때 국민소득이 증가하는 이유는, (1) 투자지출이 증가하기 때문이며 (2) 순수출도 증가하기 때문이다. 일반적으로 거시경제이론에서 변동환율제도의 IS곡선이 고정환율제도의 IS곡선보다 더 탄력적이라는 이유가 이와같은 이유에서이다.

먼델·플레밍 모델에서는 주어진 고정환율에서의 IS곡선을 전제로 이론이 전개되기 때문에 변동환율제도에서의 IS곡선이 따로 있을수 없다. 따라서 환율효과는 IS곡선의 이동으로 설명되고 있다. 즉 이자율이 하락하면 환율이 상승하기 때문에 생산물시장에서 생산과 소득이 증가하고 IS곡선이 이동한다는 것이다. 바꾸어 말한다면 이자율이 하락할 때 환율상승의 효과는 [그림 10-2]에서 보는 바와 같이 IS곡선이 우측으로 이동한 것과 같다는 뜻이다.

이상에서 설명한 것이 개방경제의 IS-LM분석의 요점이다. 개방경제의 LM곡선은 봉쇄경제의 LM곡선과 같다고 보고 이론이 전개되는 것이 일반적이기 때문이다. 이에 더해서 먼델·플레밍 모델에서는 자본이 완전히 자유롭게 이동하는 소국개방경제의 IS-LM 분석이 강조되고 있다. 이것이 중요한 이유는 변동환율제도에서의 재정·금융정책의 효과와 고정환율제도에서의 재정·금융정책의 효과의 차이점을 명확하게 설명할 수 있기 때문이다.

[그림 10-3]에서 보는 바와같이 자본이 완전히 자유롭게 이동하는 소국개방경제에서는 세계의 이자율(i^*)을 주어진 것으로 받아들여야하기 때문에 주어진 세계의 이자율 수준에서 생산물시장과 화폐시장이 동시에 균형을 이루어야한다. 소국의 이자율(i)이 세계의 이자율보다 높은 수준에 있을때는 자본(외환)이 유입되고 소국의 이자율이 세계의 이자율보다 낮을때는 자본이 유출되기 때문이다.

[그림 10-2] 변동환율제도에서의 IS곡선(IS^*)

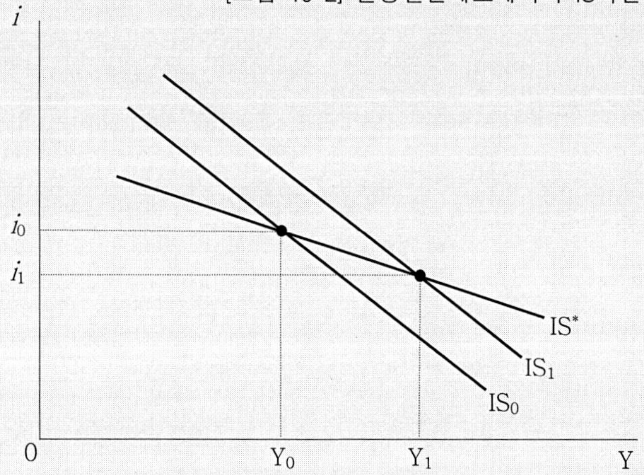

[그림 10-3] 소국개방경제의 생산물 시장과 화폐시장

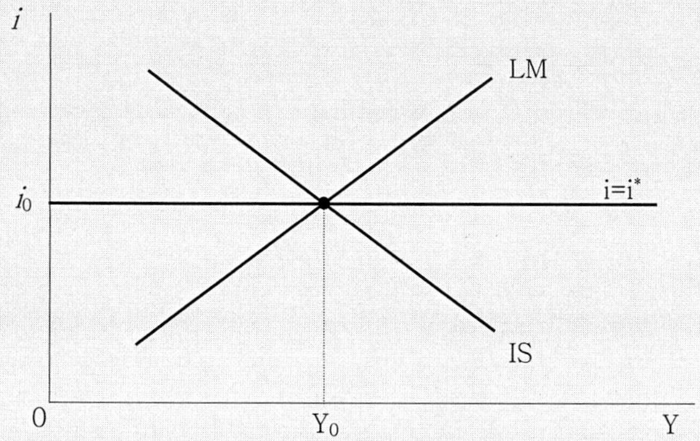

변동환율제도에서는 자본이 유출되거나 유입되면 환율이 변동한다. 예를 들어 확장적인 금융정책으로 통화량이 증가하였다고 하자. 소국개방경제에서는 통화량이 증가하여도 이자율이 하락할 수 없기 때문에 자본의 유출로 환율만이 상승한다. 따라서 투자지출은 증가될 수 없고 순수출만이 증가한다. 통화량이 증가로 LM곡선이 우측으로 이동하고 순수출이 증가로 IS곡선도 우측으로 이동해서 세계의 이자율 수준에서 새로운 균형을 이루기 때문에 금융정책은 매우 효과적이다. 이에 반해서 확장적인 재정 정책은 IS곡선을 우측으로 이동시키지만 이자율의 상승으로 환율이 하락하고 순수출이 감소하기 때문에 IS곡선이 원래의 IS곡선으로 되돌아 오게되며 따라서 경상수지 적자만 확대시키는 결과가 된다.

고정환율제도에서는 주어진 고정환율을 유지시켜야하기 때문에 자본이 자유롭게 이동하드래도 환율이 변동할 수 없다. 자본이 유입되는 경우에는 통화량을 늘려야하고 자본이 유출되는 경우에는 통화량을 줄여야한다. 예를들어 확장적인 재정정책으로 IS곡선이 우측으로 이동하면 자본이 유입되고 통화량이 증가한다. 자본이 유입되고 통화량이 증가하면 이자율이 하락하는데 소국개방경제에서는 원래의 세계의 이자율이 될 때가지 자본이 유

입된다는 것이다. 확장적인 재정정책은 대내균형과 대외균형을 이룰수 있어 효과적이지만 경상수지 적자가 확대된다는데 문제가 있다. 만약 확장적인 금융정책으로 자본이 유출되면 통화량을 줄여야 하기 때문에 LM곡선이 원래의 LM곡선으로 되돌아오므로, 고정환율제도에서는 확장적인 금융정책을 실시하는 것이 불가능하다.

3. 국제수지와 BP곡선

BP곡선이란 주어진 환율수준에서 국제수지가 균형을 이룰때 이자율과 국민소득과의 관계를 나타내는 곡선으로 [그림 10-4]에서 보는 바와같이 우상향한다. 이자율이 상승하면 자본이 유입되므로 국제수지가 균형을 이루기 위해서는 국민소득이 증가하고 수입이 증가해야하기 때문이다. 이는 반대로 해석해도 좋다. 즉 국민소득이 증가하면 수입이 증가하기 때문에 국제수지가 균형을 이루기 위해서는 자본이 유입되도록 이자율이 높아야 한다.

BP곡선은 국제수지 균형을 나타내는 곡선이기 때문에 BP곡선 왼쪽은 국제수지가 흑자이고 오른쪽은 국제수지가 적자이다. 따라서 자본이 국제적으로 이자율에 대해서 탄력적으로 이동한다면 BP곡선은 탄력적인 곡선이되며 비탄력적으로 이동한다면 비탄력적인 곡선이 될 것이다.

국제수지 균형이란 경상수지가 흑자일때는 동액만큼의 자본이 유출(자본수지 적자)되어 균형을 이루고, 경상수지가 적자일때는 동액만큼의 자본이 유입(자본수지 흑자)되어 균형을 이루는 상태를 말한다. 환율이 상승하면 순수출이 증가하기 때문에, 이자율이 낮아져야 국제수지가 균형을 이루므로 BP곡선은 아래로 이동하고, 그 반대일 경우는 위쪽으로 이동한다.

이상의 설명은 매우 중요하기 때문에 그림을 통해서 BP곡선을 도출하고 환율이 상승할 때 왜 BP곡선은 아래로 이동하는지에 대해서 알아보기로

[그림 10-4] BP곡선의 이동

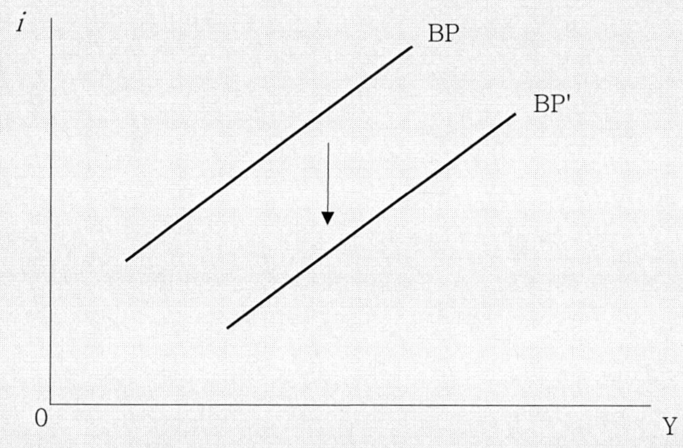

하자. BP곡선을 도출하기 위해서는 [그림 10-5]에서 보는 바와같이 4상안도표(4분면도표)를 이용하면 편리하다.

제 Ⅱ 사분면에서는 자본유입이 이자율의 증가함수임을 뜻하는 자본유입곡선을 나타내고 있으며, 제 Ⅳ 사분면에서는 순수출이 국민소득의 감소함수임을 뜻하는 순수출곡선을 나타내고 있다. 경상수지(순수출)가 적자일때는 동액만큼의 자본수지흑자(자본유입)가 되어야만 국제수지가 균형을 이루기 때문에 제 Ⅲ 사분면의 45°선은 대외균형조건 또는 국제수지균형조건을 나타내는 선이다.

이론의 단순화를 위하여 순수출이 0가 되는 점에서 출발하기로 하자. 순수출이 0일때는 자본유입도 0가 되어야 하기 때문에 이로부터 국제수지가 균형을 이루는 BP곡선상의 한 점 E를 얻을 수 있다. 똑같은 방법으로 순수출이 증가했을때 다른 한점 F점을 얻을 수 있으므로 이 두점을 연결해준 것이 BP곡선이다. 이 그림에서 순수출은 0점에서 위쪽으로는 플러스이고, 아래쪽으로는 마이너스라는 점에 유의할 필요가 있다.

[그림 10-5] BP곡선의 도출

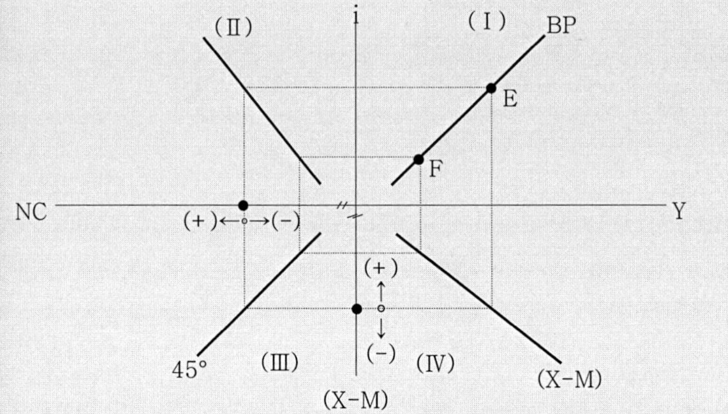

다른요인(외생변수)의 변화로 순수출이 증가하면 순수출곡선이 위쪽으로 이동하기 때문에 BP곡선은 아래로 이동한다. 순수출이 증가해서 경상수지 흑자가되면 자본수지는 동액만큼 적자(자본유출)이어야만 국제수지가 균형을 이루기 때문에 각각의 국민 소득수준에서 국제수지가 균형을 이루는 이자율 수준은 낮아질 수밖에 없기 때문이다. BP곡선은 주어진 환율수준에서의 국제수지 균형을 나타내는 곡선이기 때문에 고정환율제도에서는 BP곡선이 이동하지 않고 변동환율제도에서는 BP곡선의 이동으로 대외균형을 설명해야 한다는 점에 유의할 필요가 있다.

이상의 설명에서 알 수 있는 바와같이 국제금융론에서는 국제적인 자본이동을 자본유입과 자본의 유출로 설명하고 있다. 그런데 거시경제학에서는 국제적인 자본이동을 순해외투자로 설명하고 있기 때문에 그 개념을 명확하게 할 필요가 있다.

자본의 유출은 순해외투자가 플러스라는 뜻이고 자본의 유입은 순해외투자가 마이너스라는 뜻이다. 저축과 투자의 측면에서 본다면 국민저축에서 국내투자를 공제해준 것이 순해외투자(S-I)이므로 순해외투자로서 자본의 국제적 이동을 설명하는 것이 이론상 옳다. 이에 반해서 자본의 유출과 유입은 국제금융론상의 전문용어로서, 자산거래로부터 외환이 유입되는 경우를 자본의 유입이라하여 플러스로 기록하며, 자산거래로부터 외환이 지급되는 경우를 자본의 유출이라하여 마이너스로 기록된다. 그러므로 순해외투자와 부호가 서로 반대일뿐 금액은 똑같다. 따라서 자본의 국제적 이동을 순해외투자로 설명하든 자본의 유출과 유입으로 설명하든 관계가 없다.

4. 고정환율제도에서의 대내균형과 대외균형

고정환율제도에서는 이자율에 따라 이동하는 자본 이동의 정도에 따라서 통화량이 결정된다. 따라서 고정 환율제도에서는 완전고용(대내균형)을 목표로하는 금융정책이 불가능하다. 다만 평가절하를 통해서는 가능하다.

이론을 단순화하기 위해서 [그림 10-6]에서 보는 바와같이, 생산물시장과 화폐시장 및 국제수지가 불완전 고용상태에서 균형을 이루고 있었는데, 확장적인 재정정책으로 어떻게 대내균형(완전고용)과 대외 균형을 이룰 수

[그림 10-6] 고정환율제도에서의 확장적인 재정정책의 효과

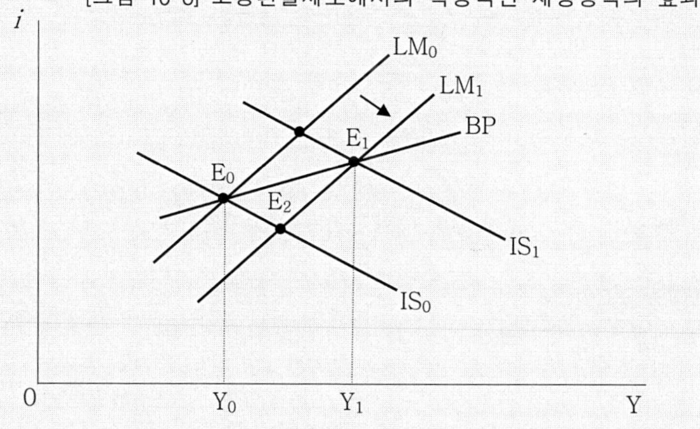

있는지를 보기로 하자. 이때 BP곡선의 형태는 전적으로 이자율에 따라 결정되는 자본유입의 정도에 따라서 결정된다. 이자율이 상승할 때 자본유입의 정도가 크면 클수록 BP곡선은 탄력적이어서 수평에 가깝고 그 반대일 경우는 수직에 가깝다. 이자율이 상승할 때 자본이 유입되는 이유는 국가간 이자율 격차(interest dlifferentials)로 이자율이 국가간에 서로 다르기 때문이다. 따라서 그림과 같은 경우에는 이자율에 대한 국제적 자본 이동이 탄력적인 경우이다. 선진국뿐만 아니라 우리나라도 1990년대에 자본자유화가 이루어져 우리 경제의 BP곡선도 탄력적이라고 할 수 있다.

확장적인 재정정책의 결과 IS곡선은 IS_0에서 IS_1으로 이동하였고, 국민소득이 증가하고 이자율이 상승하였다. 이자율이 상승하였다는 것은 외국에 비해서 상대적으로 이자율이 높아졌고 자본이 유입된다는 뜻이다. 따라서 LM곡선이 우측으로 이동해서 주어진 BP곡선상에서 생산물시장과 화폐시장 및 국제수지가 동시에 균형을 이루게 된다. Y_1의 국민소득 수준이 완전고용국민소득수준이라면 대내균형과 대외균형이라는 정책목표를 동시에 달성하게 된 셈이 된다. 다만 국민소득이 증가한 결과로 경상수지는 악화된다는데 문제가 있다.

일반적으로 대국의 BP곡선은 LM곡선보다는 탄력적이고, 자본이 완전히 자유롭게 이동하는 소국의 BP곡선은 완전탄력적이다. 자본이 완전히 자유롭게 이동하는 소국개방경제의 BP곡선은 주어진 세계의 이자율 수준에서 수평일 수 밖에 없기 때문이다. 이는 이자율이 조금만 상승하여도 자본유입의 정도가 크기 때문에 주어진 수준에서 수평이라고 할 수 있다는 뜻이다. 바꾸어 말한다면 주어진 세계의 이자율 수준에서 얼마든지 차입도 가능하고 대부도 가능한 경우에 해당한다. 예를 들면 자본이 자유롭게 이동하는 서유럽(선진국)의 여러소국이 여기에 해당한다고 할 수 있다.

[그림 10-7]에서 보는 바와같이 불완전고용상태에서 생산물 시장과 화폐시장 및 국제수지가 동시에 균형을 이루는 원래의 균형상태 E_0에서부터 출발하기로 하자. 확장적인 재정정책으로 IS곡선이 우측으로 이동해서 수평인 BP곡선과 만나는 점에서의 국민소득수준이 완전고용 국민소득수준

[그림 10-7] 고정환율제도에서 소국개방경제의 재정정책

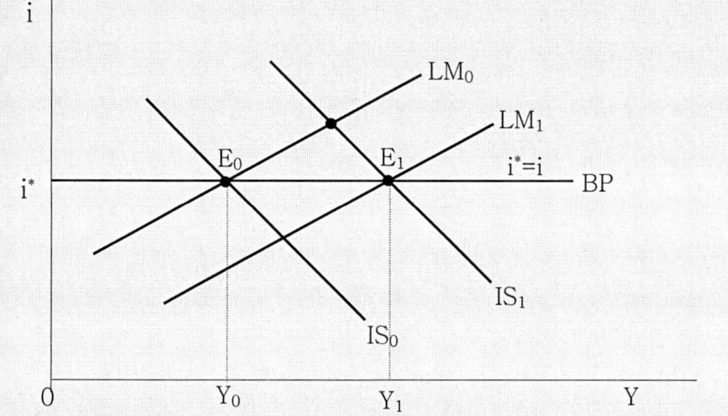

(Y_1)이라면, 확장적 재정정책의 결과로 경상수지적자는 확대되고 자본이 유입(자본수지 흑자)되므로 중앙은행은 화폐의 공급을 늘려야 한다. 화폐의 공급이 증가하면 LM곡선이 우측으로 이동하여 생산물시장과 화폐시장 및 국제수지가 균형을 이루게 된다. 이렇게 되는 이유는 소국개방경제의 이자율이 세계의 이자율보다 높은 한 자본이 유입되기 때문이다. 따라서 E_1점에서 대내균형(완전고용)과 대외균형을 동시에 달성 할 수 있게 된다.

만약 이 소국개방경제가 금융정책으로 완전고용을 이루려고 확장적인 금융정책을 실시한다면, 낮은 이자율로 자본이 유출되어 화폐공급이 감소하기 때문에 확장적인 금융정책이 불가능하다. 이는 LM곡선이 LM_1으로 이동한다고 할지라도 원래의 LM곡선의 위치로 되돌아 온다는 뜻이다. 다만 이 경우에도 평가절하를 통해서는 가능하다. 바꾸어 말한다면 완전고용을 목표로 한 금융정책은 평가절하라는 방법밖에 없다는 뜻이다.

거시경제 측면에서 본다면 고정환율제도에서는 금융정책의 유일한 목적이 환율을 주어진 고정환율로 유지시키는 데 있다고 할 수 있다. 바꾸어 말한다면 주어진 고정환율수준에서 외환시장이 균형을 이룰 수 있도록 통화량이 조정되어야한다는 것이다. 개방경제의 IS-LM 모델(먼델·플레밍모

델)은 거시경제를 설명하기 위한 모델이다. 이상에서 설명한 LM곡선의 이동 또한 이를 반영하는 것이다. 끝으로 거시경제에서는 외환시장과 국제수지가 통화량이 조정으로 항상 균형이라는 가정하에서 이론이 전개되고 있지만 국제금융론에서는 불균형의 문제를 중요시하고 있다고 할 수 있다. 이 문제는 제11장과 12장에서 자세히 설명되고 있다.

5. 변동환율제도에서의 대내균형과 대외균형

변동환율제도에서는 환율이 외환시장에서 결정된다. 즉 이자율이 낮아 자본이 유출되면 환율은 상승하고 그 반대일 경우는 환율이 하락한다. 따라서 중앙은행은 완전고용을 목적으로 하는 확장적 금융정책으로 통화량을 증가시킬수 있다. 물론 긴축적인 금융정책으로 물가를 안정시킬수도 있을 것이다.

이론을 단순화하기 위해 불완전 고용상태에서 완전고용(대내균형)을 목적으로 하는 확장적 금융정책으로 통화량을 증가시키는 경우를 보기로 하자. 통화량이 증가하면 이자율이 하락하기 때문에 자본이 유출되고 환율이 상승한다. 물가수준이 일정한 상태에서 환율이 상승하면 수출이 증가하고 수입이 감소하기 때문에 순수출이 증가한다. 자본의 유출과 순수출의 증가로 BP곡선은 아래로 이동하고 IS곡선은 우측으로 이동해서 생산물 시장과 화폐시장 및 외환시장이 동시에 균형을 이루게 되기 때문에 대내균형(완전고용)과 대외균형을 동시에 달성 할 수 있게 된다.

이상의 설명을 그림을 통해서 알아보기로 하자.

[그림 10-8]에서 보는 바와같이 원래의 균형점 E_0에서 통화량을 증가시키면 LM곡선이 우측으로 이동하고, 자본유출과 순수출의 증가로 BP곡선이 아래로 이동하며, 순수출의 증가로 IS곡선이 우측으로 이동해서 생산물 시장과 화폐시장 및 외환시장이 동시에 E_1점에서 균형을 이루게 된다. Y_1의 국민소득수준을 완전고용 국민소득수준이라고 하면 확장적인 금융정책의 결과 대내균형과 대외균형(국제수지균형 또는 외환시장의 균형)을 동시에 이루게 되었다.

[그림 10-8] 변동환율제도에서의 확장적인 금융정책의 효과

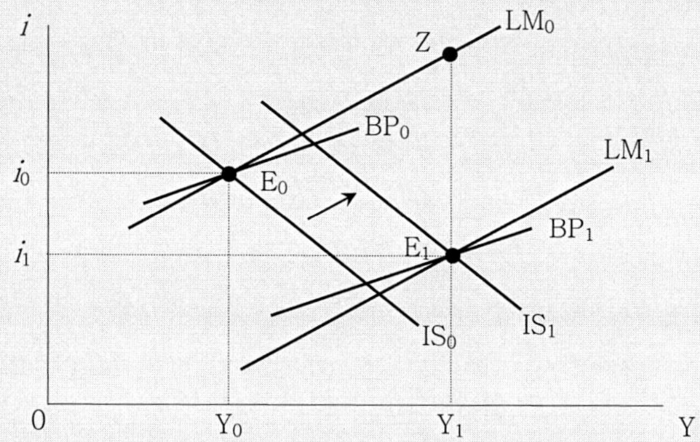

이때 국민소득이 증가한 이유는 투자지출이 증가했고 순수출이 증가했기 때문이다. 투자지출의 증가는 주어진 IS곡선을 따라 아래로 이동하는 경우이고 순수출의 증가는 IS곡선이 우측으로 이동한 것을 말한다. 이처럼 생산과 국민소득이 증가하는 현상을 구분해서 설명할 수도 있지만 생산물시장에서 똑같이 생산과 소득이 증가하는 현상이기 때문에 이를 하나로 묶어 IS곡선으로 나타내면 E_0점과 E_1점을 연결해준 새로운 IS곡선을 얻을 수 있게 되는데 이를 흔히 변동환율제도에서의 IS곡선이라 한다. 따라서 변동환율제도에서의 IS곡선이 고정환율제도의 IS곡선보다 더 탄력적이다. 거시경제이론에서는 이와같은 방법론에 의해서 이론이 전개되고 있는데 그 이유는 외환시장을 분석의 대상에서 제외시켜 이론을 단순화하기 위해서이다.

이상에서 설명한 바와같이 대국인 경우에는 자본이 자유롭게 이동하는 경우에도 세계의 이자율에 영향을 미칠수 있기 때문에 투자지출도 증가하고 순수출도 증가한다. 그러나 자본이 자유롭게 이동하는 소국인 경우에는 세계의 이자율을 주어진 것으로 받아들여야 하기 때문에 BP곡선이 주어진 수준에서 수평이다. 이는 소국의 중앙은행이 통화량을 증가시켜도 세계의 이자율이 하락하지 않는다는 뜻이다. 바꾸어 말한다면 소국의 이자율이 조

금만 하락하여도 자본유출의 정도가 크기 때문에 BP곡선이 주어진 세계의 이자율 수준에서 수평이라는 것이다. 따라서 통화량을 증가시키면 순수출만이 증가해서 생산물 시장과 화폐시장 및 외환시장이 동시에 균형을 이루기 때문에 대내균형과 대외균형을 동시에 달성할 수 있게 된다. 그러므로 대국과 소국의 차이점은 총수요를 구성하는 투자지출과 순수출의 구성비율의 차이라고 할 수 있다. 대국인 경우에는 투자지출이 소국인 경우에는 순수출이 상대적으로 보다 더 중요하다고 할 수 있다는 점이다.

소국개방경제의 확장적인 금융정책의 효과를 그림을 통해서 보기로 하자. [그림 10-9]에서 보는 바와같이 원래의 균형점 E_0에서 통화량을 증가시키면 LM곡선이 우측으로 이동하고 IS곡선이 우측으로 이동하여 E_1점에서 생산물 시장과 화폐시장 및 외환시장이 동시에 균형을 이루게 된다. Y_1의 국민소득을 완전고용국민소득(잠재적 GDP)이라 한다면 E_1점에서 대내균형(완전고용)과 대외균형(국제수지균형)을 이룰 수 있게 된다.

만약 소국개방경제가 확장적인 재정정책으로 정부지출을 증가시키거나 조세를 감소시켰다면 IS곡선이 우측으로 이동하기 때문에 이자율이 상승한다. 이자율이 상승하면 자본이 유입되고 환율이 하락하기 때문에 순수출이 감소하여 IS곡선이 원래의 IS곡선으로 되돌아 오므로 재정정책은 소국인 경우에 전혀 효과가 없고 경상수지만 악화시키는 결과가 된다. 이에 비해서 대국인 경우에는 세계의 이자율에 영향을 미칠수 있기 때문에 [그림 10-8]에서 재정정책에 의해 Z점으로 이동할 수 있다. 그러나 대국인 경우에도 경상수지적자가 확대된다는 점에 대해서는 소국인 경우와 다를 것이 없다. 이에 대해서는 거시경제에서 충분히 설명이 되었기 때문에 더 이상의 설명이 필요없을 것이다.

지금까지 설명에서 알 수 있는 바와 같이 고정환율제도에서는 재정정책이 효과가 있지만 경상수지적자를 확대시키고 금융정책은 현실적으로 불가능하기 때문에, 거시경제이론에서는 고정환율제도를 부정적으로 평가하는 것이 일반적인 경향이다. 이에 반해서 변동환율제도에서는 금융정책이 매우 효과적이고 경상수지적자를 개선시킬수 있기 때문에 1980년대 이후 대

[그림 10-9] 변동환율제도에서의 소국개방경제 금융정책

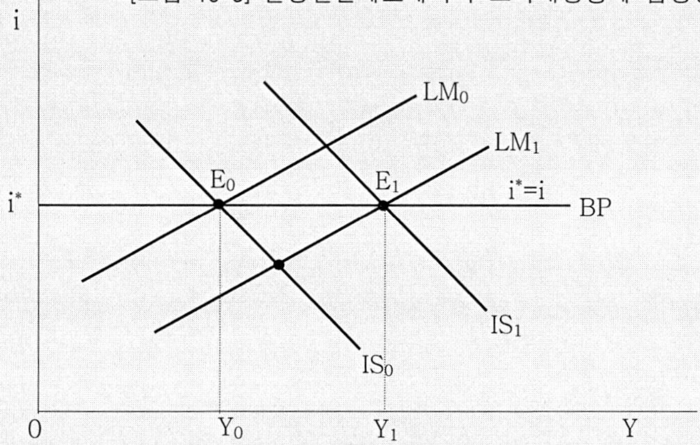

부분 국가들이 변동환율제도로 전환되었다. 따라서 오늘날 개방경제의 거시이론의 총수요에 관한 먼델·플레밍 모델은 일반론이다.

6. 먼델·플레밍모델의 거시경제적 의미

변동환율제도에서는 자본이 유출되면 동액만큼의 순수출이 증가하기 때문에 국제수지와 외환시장이 균형을 이룬다. 이를 거시경제적인 측면에서 알아보기로 하자. 자본의 유출이란 순해외투자의 증가를 뜻한다. 이미 설명한 바와같이 자본의 유출은 국제금융론상의 전문용어이고 순해외투자는 거시경제적 전문용어이다. 따라서 순해외투자가 증가하면 순수출도 동액만큼 증가해서 국제수지와 외환시장이 균형을 이룬다는 것이 먼델·플레밍 모델의 거시경제적 의미이다. 이는 우리경제의 입장에서 볼 때 매우 중요한 의미가 있다고 할 수 있다. 왜냐하면 이를 기초로 먼델·플레밍 모델을 검증할 수 있기 때문이다. 이에 대한 구체적인 내용은 다음장에서 설명되고 있으며 그 입증은 이 책「시리즈」의 제4권(완결편) "연구방법론"의 입증자료에서 자세히 설명되고 있다.

먼델·플레밍 모델은 외환시장의 안정조건이 성립할때만 타당하다. 따라서 거시경제이론과 먼델·플레밍 모델은 외환시장 안정조건이 성립한다는 것을 전제로 하고 있다. 이미 설명한 바와같이 외환시장 안정조건이란 물가수준이 일정할 때 환율이 상승하면 순수출도 증가한다는 것이다. [그림 10-10]에서 보는 바와같이 외환시장의 안정조건이 성립한다면 순수출 곡선은 우상향한다.

이에 반해서 순해외투자(S-I)는 환율과 관계가 없다. 왜냐하면 순해외투자는 이자율에 따라서 결정되기 때문이다. 국내이자율이 상대적으로 낮다면 외국의 높은 이자수익률을 얻기 위해서 순해외투자가 증가(자본의 유출)하고 그 반대일 경우는 순해외투자가 감소(자본의 유입)한다.

요약한다면 순수출은 환율에 따라서 결정되고 순해외투자는 이자율에 따라서 결정된다. 그림에서 보는 바와같이 이자율이 하락해서 순해외투자가 $(S-I)_0$에서 $(S-I)_1$으로 증가했다고 하자. 순해외투자가 증가(자본의 유출)하면 환율이 상승하기 때문에 외환시장의 안정조건이 성립하는 한 순수출이 동액만큼 증가해서 국제수지와 외환시장이 균형을 이룬다.

이상의 설명은 외환의 수요와 공급으로도 설명이 가능하다. 자본의 유출(순해외 투자의 증가)은 외국과의 자산거래의 결과 발생하는 외환의 순지

[그림 10-10] 순수출과 순해외투자

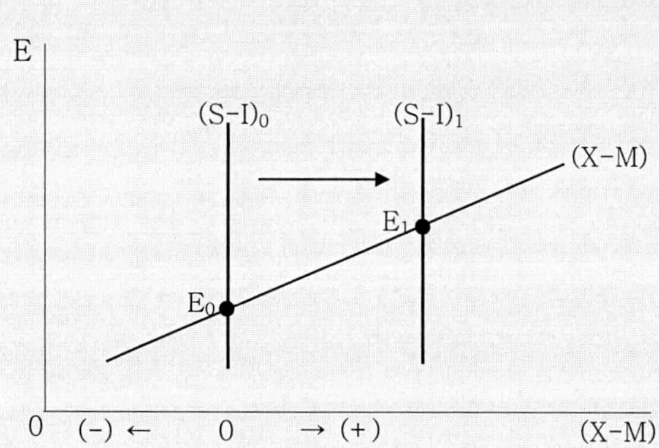

급으로 자본수지 적자에 해당하고 순수출은 경상수지 흑자에 해당하기 때문이다. 따라서 순수출과 순해외투자가 일치하는 수준에서 국제수지와 외환시장은 균형을 이루게 된다는 것이다.

확장적인 금융정책으로 국내투자가 증가하고 순수출(순해외 투자)이 증가했다고 하자. 불완전고용상태에서 단기적으로 투자와 순수출이 증가하면 생산과 고용이 증가하고 국민소득이 증가한다. 그러나 완전고용상태에서 총수요가 증가하면 장기적으로 물가만 상승하기 때문에 실질환율은 불변이고 순수출도 장기적으로는 상승할 수 없다. 즉 명목환율만이 상승할 뿐이다. 따라서 장기적인 명목환율은 실질환율에 외국의 물가수준에 대한 국내물가수준의 상대적인 비율을 곱해준것과 같다. 이에 대해서는 거시경제이론에서 충분히 설명된 바 있기 때문에 더 이상의 설명이 필요없을 것이다. 다만 국제금융론에서는 장기환율결정이론이 매우 복잡하게 전개되고 있다. 그러나 본질적으로는 거시경제이론에서 설명한 것과 같기 때문에 이 책에서는 지면상 장기환율결정이론에 대한 설명은 생략하였다.

지금까지 설명한 것을 요약한다면 단기적으로 화폐(통화량)는 환율을 결정하는 중요한 요인이 되지만 장기적으로는 중립적이기 때문에 물가에만 영향을 미친다는 것이다. 예를들어 확장적 금융정책으로 통화량이 증가하면 자본이 유출(순해외투자의 증가)되기 때문에 환율이 상승하고 순수출이 증가하는데 균행환율은 순수출과 순해외투자가 일치하는 수준에서 결정된다. 이 때의 환율은 물가수준이 일정한 상태에서의 환율이기 때문에 명목환율일 뿐만 아니라 실질환율이기도 하다. 그런데 완전고용상태에서 통화량이 증가하면 장기적으로는 물가만이 상승하기 때문에 실질환율에는 영향을 미칠 수 없고 명목환율만이 상승한다는 것이다. 예를들어 외국의 물가수준이 불변이라면 통화량이 증가율만큼 명목환율만이 상승한다고 할 수 있다.

요 약

1. 이자율에 따라 자본이 국제적으로 이동할 때, 환율이 변동하는 제도가 변동환율제도이며 중앙은행에 의해서 환율이 고정되어 있는 제도가 고정환율제도이다. 고정환율제도에서는 통화량이 내생변수이기 때문에 금융정책이 사실상 불가능하다.
2. 변동환율제도에서는 이자율이 하락하면 투자지출뿐만 아니라 순수출도 증가하기 때문에 변동환율제도의 IS곡선은 고정환율제도에서의 IS곡선보다 더 탄력적이다.
3. 소국개방경제는 세계의 이자율을 주어진 것으로 받아들여야하기 때문에 주어진 세계의 이자율 수준에서 생산물시장과 화폐시장이 동시에 균형을 이루어야 한다.
4. BP곡선이란 주어진 환율수준에서 국제수지가 균형을 이룰때 이자율과 국민소득과의 관계를 나타내는 곡선이다. 변동환율제도에서 환율이 변동하면 BP곡선이 이동한다.
5. 고정환율제도에서는 불완전고용상태에서 확장적 재정정책으로 대내균형과 대외균형을 동시에 이룰수 있다. 소국인 경우에는 BP곡선이 수평이기 때문에 LM곡선이 주어진 세계의 이자율 수준에서 IS곡선과 교차할때까지 이동한다.
6. 변동환율제도에서는 불완전 고용상태에서 확장적 금융정책으로 대내균형과 대외균형을 동시에 이룰수 있다. 소국인 경우에는 확장적 재정정책이 불가능하다.
7. 환율제도와 관계없이 확장적 재정정책은 경상수지 적자를 악화시킨다.
8. 변동환율제도에서는 자본이 유출되면 동액만큼의 순수출이 증가하기 때문에 국제수지와 외환시장이 균형을 이룬다. 따라서 외환시장 안정조건이 성립한다면 장·단기환율은 순해외투자(자본의 유출과 유입)에 의해서 결정된다.

중요개념

1. 자본유입, P. 187
2. 자본유출, P. 187
3. 국제수지균형, P. 187
4. 내생변수, P. 187
5. 고정환율제도, P. 187
6. 변동환율제도, P. 187
7. 순해외투자, P. 187
8. 외환시장의 균형, P. 187
9. 봉쇄경제, P. 188
10. 개방경제, P. 188
11. 개방경제의 승수, P. 189
12. 변동환율제도의 IS곡선, P. 189
13. 고정환율제도의 IS곡선, P. 189
14. IS곡선의 이동, P. 190
15. 소국개방경제의 IS-LM분석, P. 190
16. 소국개방경제의 생산물시장과 화폐시장, P. 191
17. 세계의 이자율, P. 191
18. 소국의 이자율, P. 191
19. 경상수지적자, P. 191
20. BP곡선, P. 192
21. 자본의 탄력적 이동, P. 192
22. 자본의 비탄력적 이동, P. 192
23. BP곡선의 이동, P. 193
24. BP곡선의 도출, P. 193
25. 자본유입곡선, P. 193
26. 순수출곡선, P. 193
27. 대외균형조건, P. 194
28. 국제수지균형조건, P. 194
29. 순해외투자, P. 195
30. 국민저축, P. 195
31. 국내투자, P. 195
32. 자산거래, P. 195
33. 외환의 유입, P. 195
34. 외환의 지급, P. 195
35. 고정환율제도에서의 대내균형과 대외균형, P. 196
36. BP곡선의 형태, P. 196
37. 이자율격차, P. 196
38. 자본자유화, P. 196
39. 대국의 BP곡선, P. 197
40. 소국의 BP곡선, P. 197
41. 소국의 대내균형과 대외균형, P. 197, 200
42. 소국의 재정정책의 효과, P. 197, 200
43. 소국의 금융정책의 효과, P. 198, 200
44. 평가절하, P. 198
45. 변동환율제도에서의 대내균형과 대외균형, P. 198
46. 외환시장, P. 198
47. 대국의 확장적 금융정책의 효과 P. 199
48. 대국의 확장적 재정정책의 효과 P. 196, 201
49. 순해외투자의 증가, P. 202
50. 외환시장의 안정조건, P. 202
51. 순수출곡선, P. 202
52. 총투자, P. 203
53. 자본수지적자, P. 204
54. 경상수지흑자, P. 204
55. 국내물가상승율, P. 204
56. 장기적인 명목환율, P. 204
57. 장기환율결정이론, P. 204

제 11 장

Epilogue(국제수지와 외환시장 및 환율제도)

1. 이론적 접근방법
2. 국제수지 기초개념
3. 외환시장
4. 고정환율제도와 외환위기
5. 자유변동환율제도와 국제금융론

1. 이론적 접근방법

자유변동환율제도에서 정부가 시장에 개입하지 않는다면 외환의 수요(지급)와 외환의 공급(수입)이 일치하는 수준에서 환율이 결정되기 때문에 외환시장 불균형의 문제가 발생하지 않는다. 따라서 외환시장의 불균형의 문제가 발생하는 이유는 전적으로 정부(중앙은행)가 외환시장에 개입하거나 고정환율제도를 유지하기 위해서 공적준비자산인 외환을 구입하거나 판매하기 때문이다. 고정환율제도와 변동환율제도의 중요한 차이점이 여기에 있다고 할 수 있다.

이미 설명한 바와같이 자본이 유입되면 환율이 하락하기 때문에 고정환율제도에서는 주어진 고정환율을 유지하기 위해서 공적준비자금인 외환을 매입해야하고, 자본이 유출될 경우에는 외환을 매각해서 외환의 공급을 늘려야한다. 그 과정에서 화폐의 공급량(통화량)이 증감되기 때문에 고정환율제도에서는 경제안정화 정책으로서의 금융정책을 실시할 수 없다. 이는 또한 통화량의 조정으로 환율을 고정시켜야하기 때문에 금융정책을 사용할 수 없다는 뜻이기도 하다.

고정환율제도에서 공적준비자산인 외환보유고가 지속적으로 감소해서 외환보유고가 고갈되는 경우를 외환위기 또는 국제수지위기라고한다. 이는 물론 금융상의 위기이기 때문에 금융위기라고도 할 수 있다. 따라서 외환위기는 고정환율제도에서 발생하는 현상으로 보고 고정환율제도에서 설명되는 것이 전통적인 외환위기 분석방법론이다.

이상에서 설명한 바와같이 국제수지와 외환시장을 분석하고자하는 경우 이론적인 혼란을 야기시키는 중요한 요인이 환율제도가 양분되어 있기 때문이다. 따라서 이를 이론적으로 접근하는 중요한 방법론중에 하나가 중앙은행이 외환시장에 개입해서 공적준비금 자산인 해외자산을 매입하거나 매각하는 경우에 어떠한 효과가 있느냐 하는 것을 분석하는 방법이다.

변동환율제도에서 정부(중앙은행)가 외환시장에 개입하는 경우에도 그 효과에 대한 분석방법은 고정환율제도의 분석방법을 따를 수밖에 없다. 그리고 외환위기 극복과정에서 적정외환보유고까지 외환보유고를 늘리기 위해서 공적준비자산인 외환을 매입하는 경우에도 고정환율제도의 분석방법과 같을 수밖에 없을 것이다. 그렇다고 해서 고정환율제도라고 할 수 없음은 물론이다.

따라서 이장에서는 중앙은행이 외환시장에 개입해서 공적준비자산인 해외자산을 매입하거나 매각하는 경우 국제수지와 외환시장에 대한 분석의 차이점을 알아보고, 고정환율 제도에서의 국제수지 위기를 설명하는 순으로 이론을 전개하였다. 그리고 변동환율제도에서는 시장경제의 효율성과 비교우위를 비교적 잘 나타내기 때문에 이에 대해서도 설명하고 있다. 이 책의 제 2편을「시장경제의 효율성」으로 구성한 이유도 이와같은 이유 때문이다. 뿐만아니라 시장경제의 효율성은 미시경제이론의 핵심적인 부분이기도 하다.

요약한다면 고정환율제도에서는 정부가 외환시장에 지속적으로 개입할 수도 있기 때문에 중국과 같이 자국화폐의 저평가로 많은 외환을 보유하게 되어 국제적인 분쟁의 요인이 될 수도 있으며, 경우에 따라서는 외환보유고의 고갈로 외환위기에 직면할 수도 있다는 것이다. 1997년의 우리경제의 금융위기는 외환보유고의 고갈로 인한 외환위기였으며 그 이후 2008년 환율위기(금융위기)시를 제외하고는 외환보유고가 지속적으로 증가하였다. 이에 반해서 변동환율제도에서는 이상과 같은 국제수지와 외환시장의 불균형의 문제가 발생하지 않는다는 것이다.

2. 국제수지의 기초개념

국제수지란 일정한 기간동안 일국의 거주자와 비거주자(타국의 거주자) 간에 이루어지는 모든 경제적 거래를 모두 집개해서 체계적으로 기록한 것을 말하며, 복식부기의 원리에 의해서 표로 작성된 것을 국제수지표라 할 수 있으나 일반적으로 같은 뜻으로 쓰이고 있다.

국제수지란 일정한 기간동안 모든 경제적 거래(재화와 용역 및 자산의 거래)의 국제적인 흐름을 측정한 것이기 때문에 저량(stock)이 아니라 유량(flow)이다. 재화와 용역이외의 경제적 거래는 자산거래에 포함되기 때문에 국가간 경제적 거래는 "재화와 용역의 거래"와 "자산의 거래"라는 두 가지 형태로 구분될 수 있다.

국가간의 재화와 용역의 거래는 재화와 용역의 수출과 수입을 뜻하며, 이를 기록한 것이 경상계정(current account)이고 자산의 거래를 기록한 것이 자본계정(capital account)이다.

국제수지는 복식부기의 원칙에 따라 외환의 수입을 나타내는 거래는 왼편인 수입란(credit)에 플러스(+)로 기록되며, 외환의 지급을 발생시키는 거래는 오른편인 지급란(debit)에 마이너스(-)로 기록된다. 재화와 용역의 수출은 외환의 수입을 발생시키는 거래이기 때문에 그 금액이 왼편의 수입란에 플러스(+)로 기록되며, 재화와 용역의 수입은 외환의 지급을 발생시키는 거래이기 때문에 오른편의 지급란에 마이너스(-)로 기록된다. 그 결과 발생하는 재화와 용역의 수출과 수입의 차액이 플러스이면 경상수지 흑자, 마이너스이면 경상수지 적자라 하고, 0이면 경상수지 균형이라 한다.

국가간의 자산거래는 일반적으로 주식과 채권 및 은행예금등과 같은 금융자산의 거래로 이루어진다. 자산거래로부터 외환의 수입이 발생하는 경우를 자본의 유입이라하여 왼편인 수입란에 플러스로 기록되며, 외환의 지급을 발생시키는 경우를 자본의 유출이라고 하여 오른편인 지급란에 마이너스로 기록된다. 따라서 자본의 유입(capital inflow)과 자본의 유출(capital outflow)는 국제금융론의 전문용어이다. 자본의 유입이 유출을 초과하면 자본수지 흑자라하며 자본의 유출이 유입을 초과하면 자본수지 적자라 한다.

자본의 유입과 유출도 저량이 아니라 유량이기 때문에 한국의 해외자산과 외국인의 국내자산이 변화하는 형태로 나타난다. 따라서 자본의 유입은 외국인의 국내자산이 증가하거나 한국의 해외자산이 감소하는 두가지 형태로 구분될 수 있다. 예를 들면 외국인이 국내자산을 매입하는 경우에는 외국인의 국내자산 증가이고 한국인이 해외자산을 매각하는 경우에는 한국의 해외자산 감소에 해당하는데 둘다 외환의 유입을 발생시키는 거래이기 때문에 자본수지의 수입란에 플러스로 기록된다.

똑같은 이유 때문에 자본의 유출 또한 한국의 해외자산이 증가하거나 외국인의 국내자산이 감소하는 두가지 형태로 이루어 지며, 자본수지 지급란에 마이너스로 기록된다.

거시경제이론에서 설명한 바와같이, 경상수지 또는 순수출(X-M)은 국민저축에서 국내투자를 공제해 준 것과 일치하기 때문에 다음과 같이 나타낼 수 있다.

$$CA = S - I$$

여기에서 S-I를 순해외투자라 하는데 그 값이 플러스이면 자본수지가 적자로서 자본이 유출된다는 뜻이고, 마이너스이면 자본수지가 흑자로서 자본이 유입된다는 뜻이다. 즉 순해외투자가 플러스이면 자본이 유출(순유출) 된다는 뜻이고 순해외투자가 마이너스이면 자본이 유입(순유입) 된다는 뜻이다. 위식은 GDP항등식에서 변형된 것이므로 항상성립하는 항등식이다.

이상의 설명을 국제수지 개념으로 설명하면 경상수지 흑자는 항상 자본수지 적자와 일치하고 경상수지 적자는 항상 자본수지 흑자와 일치하는데 이를 국제수지항등식(balance of payments identity)이라 하며 다음과 같이 나타낼 수 있다.

$$\text{경상수지} + \text{자본수지} = 0$$

요약한다면 자본수지 적자가 순해외투자라는 것이다. 순해외투자 값이 플러스이면 국제적인 대부를하고 마이너스이면 국제적인 차입을 한다는 뜻이므로 국제수지항등식이 성립하는 한 국제수지항등식은 국제적인 대부자금시장 또는 개방경제의 대부자금시장으로 해석할 수 있다.

그런데 외환시장이론으로 자본수지라고 할 때의 자본수지에는 정부(중앙은행)의 공적준비자산인 해외자산은 포함되어 있지 않다. 이와같은 경우에 국제수지항등식은 민간부분의 거래항등식을 말한다.

국제수지표상에서 민간부분에 의해서 이루어지는 재화와 용역 및 자산의 거래를 자율적 거래(autonomous transaction)라 하여 선의 위쪽항목(the items above the line)이라하며, 중앙은행에 의한 공적준비금 자산거래를 보정적거래(조정적거래)라 하여 선의 아래쪽 항목이라한다. 중앙은행의 조정적 거래는 자유변동환율제도에서는 필요하지 않지만 고정환율제도에서는 매우 중요한 개념이다. 왜냐하면 보정적거래에 의해서 주어진 고정환율을 유지할수 있기 때문이다.

선의 위쪽항목에서의 외환의 총지급이 총수입을 초과할 때 이를 국제수지 적자라하며, 외환의 총수입이 총지급을 초과할 때 이를 국제수지흑자라 한다. 국제수지 흑자나 적자가 발생할때는 중앙은행의 공적준비자산의 거래를 통해서 매꾸어진다.

공적준비자산거래의 대표적인 것이 각국정부(중앙은행)가 미국의 국채를 매입하는 경우이다. 이는 미국의 입장에서 보면 공적준비금 자산의 거래로 인한 자본의 유입이고 이를 구입하는 국가의 입장에서 보면 자본의 유출이다. 이 또한 자본수지에 해당하기 때문에 이를 포함시키면 국제수지 항등식이 항상 성립하지만 이를 제외시키면 변동환율제도에서만이 국제수지 항등식이 성립하고 고정환율제도에서는 성립하지 않는다. 왜냐하면 고정환율제도에서는 정부(중앙은행)가 환율을 주어진 고정환율로 유지시키기 위해서 외환시장에 개입하여 외환(공적준비금)을 매입하거나 매각하기 때문이다. 이미 설명한 바와 같이 이를 흔히 외환보유고라 하는데 고정환율제도에서는 외환보유고에 의해서 환율을 고정환율(목표환율)로 유지하고 있다고 할 수 있다. 따라서 국제수지흑자나 적자의 문제는 고정환율제도에서만 발생하는 문제이다.

이자율에 따라서 국제적으로 이동하는 자본은 정부(중앙은행)에 의해서 이동하는 자본이 아니라 민간부분에 의해서 이동하는 민간자본이다. 따라서 변동환율제도에서 장・단기 환율은 민간부문에 의해서 국제적으로 이동하는 민간자본에 의해서 결정된다고 할 수 있다.

공적준비자산은 미국의 달러화와 미국의 국채, IMF포지션, SDR등인데 위에서의 설명과 같이 외환보유고라고 한다. 외환위기 이후 우리경제의 중앙은행인 한국은행의 외환보유고가 3,300억달러 이상이나 되었는데 이는 그동안 한국은행이 외환시장을 안정시키고 적정외환보유고를 유지하기 위해서 외환시장에 개입하여 외환을 매입하였다는 뜻이다. 이처럼 변동환율제도라고 할지라도 경제를 안정시키기 위해서 중앙은행이 시장에 개입할 수 있다는 점에 유의할 필요가 있다. 지금의 시점에서 본다면 중앙은행의 외환보유고도 적정수준에 있는 것 같고 환율도 안정적으로 변동하고 있어 중앙은행의 시장개입의 정도는 점차 낮아질 것으로 보인다.

위에서의 설명에 의해서도 알 수 있는 바와같이 경상수지적자는 유량이고 외채는 저량이다. 즉 경상수지 적자가 지속되면 외채가 지속적으로 증가한다. 외환위기 이전에는 우리경제가 이와같은 형태로 운용되어 왔다.

산업화과정에서 자본이 부족할 경우에는 차입에 의해서도 자본을 축적시킬수 있기 때문에 외채가 과도하지 않는한 경제성장에 중요한 역할을 할 수 있다. 이는 거시경제이론에서 충분하게 설명이 되었기 때문에 더 이상의 설명이 필요 없을 것이다.

외환위기 이후 우리 경제는 경상수지 흑자를 지속하고 있다. 경상수지 흑자가 지속되면 순해외 자산이 지속적으로 증가하기 때문에 채무국(외채국)에서 채권국(creditor nation)으로 전환하게 된다. 채권국인가 채무국(debtor nation)인가를 판단하는 기준은 해외자산에서 외국인의 국내 자산을 공제해준 것으로서 일정시점에서의 순해외자산이다. 즉 순해외자산이 플러스이면 채권국이고 마이너스이면 채무국이다. 바꾸어 말한다면 일정시점에서 자산·부채를 분석함에 의해서 순해외자산(순해외투자)이나 외채잔고를 알수 있다는 것이다.

일반적으로 선진국은 채권국이지만 미국은 세계에서 가장 큰 채무국이다. 그러나 GDP대비 외채비율은 낮은 수준이다. 미국이 1980년대 이후 세계에서 가장 높은 수준의 채무국으로 전환된 이유는 다른 선진국에 비해서 이자율이 높고 정치도 안정적인 국가이기 때문인 것으로 알려지고 있다.

지금까지 설명에 의해서도 알수 있는 바와 같이 국제수지와 외환시장 및 재정·금융정책의 효과등을 분석하는 방법과 이론이 환율제도에 따라서 매우 다르다는 것을 알 수 있다. 국제금융론이 혼란기라고 할 수 있는 중요한 이유가 이처럼 환율제도가 양분되어 있기 때문이라고 할 수 있다. 개방경제의 총수요에 관한한 먼델·플레밍 모델이 일반론이라고 할 수는 있지만 고정환율제도를 충분하게 설명할 수 없다는 약점이 있다. 따라서 이 장에서는 자산접근법(asset approach)에 의한 DD-AA모델을 이용하여 이를 보완하고자 하였다.

3. 외환시장

자유변동환율제도에서 정부(중앙은행)가 외환시장에 개입하지 않는다면 환율은 외환의 수요와 공급의 상호작용에 의해서 결정된다. 바꾸어 말한다면 외환의 초과수요가 발생해서 외환이 부족할 경우에는 환율(원·달러환율)이 상승하고, 초과공급이 발생해서 외환이 남아돌 경우에는 외환의 가격인 환율이 초과공급이 소멸할 때까지 하락한다. 이처럼 외환의 가격인 환율은 상품의 가격의 결정 원리인 수요와 공급의 이론에 의해서 결정된다.

이론을 단순화하기 위해서 한국과 미국만이 존재한다고 가정한다면 외환이란 미국의 화폐인 달러화를 말하며, 환율이란 미국화폐(외환)의 가격인 달러 1단위와 교환되는 원화의 금액이다. 예를들어 원·달러환율이 달러당 1,000원이라고 한다면 달러 1단위와 원화 1,000원이 교환된다는 뜻이다.

재화의 수요곡선과 마찬가지로 외환의 수요곡선은 우하향하며 재화의 공급곡선과 같이 외환의 공급곡선도 우상향한다. 외환의 수요곡선이 우하향하는 이유는 환율이 하락하면 외국상품가격이 국내상품가격보다 상대적으로 더 저렴해지고, 해외투자비용도 낮아져서 해외 투자가 유리해지기 때문이다. 이와는 반대로 외환의 공급곡선이 우상향하는 이유는 환율이 상승하면 우리상품가격이 외국상품에 비해서 상대적으로 더 더렴해지고, 외국인의 국내투자가 유리해지기 때문이다.

외환수요곡선과 공급곡선이 교차되는 수준에서 결정되는 균형환율은 외환의 수요가 증가하면 원래의 균형환율수준에서는 초과 수요가 발생하기 때문에 초과수요가 소멸할때까지 환율은 상승하고, 외환의 공급이 증가해서 초과공급이 발생하면 초과공급이 소멸할때까지 균형환율은 하락한다. 환율의 상승은 원화가치가 하락(depreciation)했다는 뜻이며, 환율의 하락은 원화가치가 상승(appreciation)했다는 뜻이다. 바꾸어 말한다면 원화가치로 환율을 말할때는 우리가 일반적으로 사용하는 원·달러환율(E)의 역수($\frac{1}{E}$)라는 점에 유의할 필요가 있다.

위에서의 설명에 의해서 알 수 있는 바와같이 변동환율제도에서 중앙은행이 외환시장에 개입하지 않는다면 일정한 기간동안 외환의 수요량(지급)과 공급량(수입)은 일치하기 때문에 국제수지는 균형을 이루게 된다. 바꾸어 말한다면 자율적 거래인 재화와 용역 및 자산의 거래로부터 발생하는 외환의 수입과 지급은 일치하기 때문에 국제수지불균형의 문제가 발생하지 않는다는 것이다. 이는 또한 경상수지 흑자는 자본수지 적자와 일치하고 경상수지 적자는 자본수지 흑자와 일치한다는 국제수지항등식을 뜻하는 것이기도 하다.

따라서 국제금융론에서 말하는 장·단기 환율결정이론은 사실상 변동환율제도를 전제로 한 것이다. 그런데 국가간에 재화와 용역의 거래를 결정하는 요인과 자산의 거래를 결정하는 요인이 서로 다르다는데 문제가 있다. 즉 재화와 용역의 수출과 수입은 환율에 의해서 결정되고 자산의 거래는 이자율에 따라서 결정되기 때문에 단순한 외환의 수요와 공급의 이론으로는 환율이 어떻게 결정되는 것인지를 설명할 수 없다는 것이다. 이 문제는 이미 설명한 바와같이 순수출(재화와 용역의 거래)은 외환시장 안정조건에 의해서 주어져있다고 할 수 있기 때문에 자본의 국제적 이동(자산의 거래)에 의해서 장·단기 환율이 결정된다고 보는 것이 오늘날의 환율 결정이론의 일반론이다.

단기에도 자본의 국제적 이동에 의해서 환율이 결정된다고 보는 것이 일반론이긴 하지만 이를 설명하는 이론에는 먼델·플레밍모델(Mundell-Fleming model)과 자산접근법에 의한 DD-AA모델이 널리 알려져있는 이론이다. 그러나 먼델·플레밍모델은 물가수준이 일정한 단기에 국민소득결정이론인 IS-LM모델을 기초로하고 있기 때문에 먼델·플레밍 모델이 일반론이라고 할 수 있다.

지금까지 설명이 변동환율제도에 관한 이론을 요약한 것이다. 그런데 고정환율제도에서는 외환의 수요와 공급이 변화하드래도 환율을 주어진 고정환율로 유지시켜야하기 때문에 환율이 상승하거나 하락할 수 없다. 따라서 중앙은행이 외환을 매입하거나 매각하여 초과수요나 초과공급을 소멸시켜야 한다. 외환의 초과공급이 발생했을때는 이를 매입해야 하고 외환의 초과수요가 발생했을 때는 외환을 공급(매각)해야 한다. 외환을 매입하면 통화량이 증가하고 외환을 매각하면 통화량이 감소한다. 이 문제는 매우 중요하기 때문에 다음절에서 설명되고 있다.

이상의 설명을 그림을 통해서 알아보기로 하자. [그림 11-1]에서 보는 바와같이 원래의 외환의 수요곡선과 공급곡선을 D_0와 S_0라고 하면 균형환율은 E_0가 된다. 그런데 외국인의 선호의 변화로 외환의 공급이 증가하여 공급곡선이 S_1으로 우측으로 이동했다면 원래의 균형환율 수준에서의 초과공급을 중앙은행이 매입해야 한다는 것이다. 그래야만 주어진 고정환율을 유지할 수 있기 때문이다.

변동환율제도에서 중앙은행이 시장에 개입하는 경우를 관리변동환율제도라고 하는데 똑같은 원리가 적용된다. 예를들어 외환이 과도하게 공급되면 환율이 급락할 수도 있기 때문에 환율의 변화를 완만하게 조정하여 경제를 안정시킬 필요성이 있게 된다. 그림에서 환율을 E^*로 일시적으로 유지할 필요가 있다면 이에 대한 초과 공급을 중앙은행이 매입해야 한다. 외환위기 이후 한국은행이 외환시장에 개입한 중요한 이유가 바로 이 때문이다.

그런데 외환위기 극복과정에서는 어느 정도의 긴축정책이 필요하기 때문에 증가된 통화량을 감소시킬 필요성이 있다. 이와같은 경우에는 중앙은행이 보유하고 있는 다른 금융자산(국채)을 매각하면 외환의 매입으로 늘어난 통화량을 줄일수 있을 것이다. 외환위기 이후 한국은행의 외환보유고가

[그림 11-1] 외환공급증가의 효과

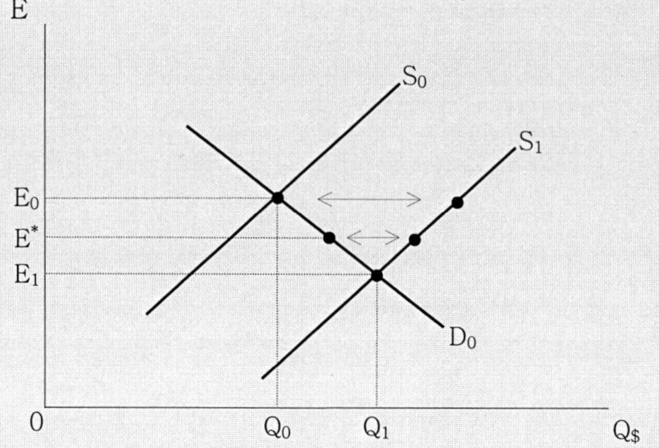

3,300억달러 이상이 될 때 까지도 인플레이션 문제가 발생하지 않는 이유가 바로 이와같은 이유 때문이다.

위에서의 설명에 의해서도 알 수 있는 바와같이 외환시장의 불균형의 문제는 고정환율제도에서의 문제이다. 물론 변동환율제도에서도 중앙은행이 외환시장 개입의 정도가 크다면 불균형의 문제가 발생하겠지만 시장개입정도를 줄이는 것이 세계적인 추세이기 때문에 변동환율제도에서는 이 문제를 중요하게 다루지 않는 것이 일반적인 경향이다. 바꾸어 말한다면 변동환율제도에서의 중앙은행의 시장개입은 필요한 경우에 한하며, 그것도 일시적이라는 것이다. 다만 외환위기와 같은 특수한 경우에는 그 극복과정에서 중앙은행의 시장개입이 필연적인 것일 수밖에 없다.

1997년의 외환위기와 2008년도의 금융위기(환율위기)를 극복하는 과정에서 중앙은행(한국은행)이 외환시장에 지속적으로 개입했던 중요한 이유는 이자율이 하락하는 상태에서도 주가와 원화의 저평가로 외국인의 자본이 유입되었기 때문이다. 이자율이 하락하면 한국인의 해외투자(자본의 유출)는 증가하고 외국인의 국내투자(자본의 유입)는 감소하여 환율이 상승해야하는데 그 반대로 지속적으로 환율이 하락하였기 때문에 한국은행이 외환시장에 개입할 수 밖에 없었다는 것이다. 원·달러환율이 지속적으로 하락하여 원화의 가치가 과대평가되면 환율위기에 빠질 수 있는데 2008년도의 금융위기는 이와같은 현상은 반영한 것이라고 할 수 있다. 이에 대한 구체적인 내용은 이 책「시리즈」의 제2권 "거시경제"와 제4권 "연구방법론"에서 자세히 설명되고 있다.

4. 고정환율제도와 외환위기

외환위기를 중앙은행의 외환보유고가 고갈되는 현상으로 본다면 외환위기는 고정환율제도에서 발생하게 되는데 이를 일반적으로 국제수지위기(balance of payments crises)라고 한다. 이미 설명한 바와같이 국제수지 적자는 고정환율제도에서 발생하며, 이것이 과도하면 중앙은행의 외환보유고가 고갈될 수 있기 때문이다.

고정환율제도에서는 환율이 고정되어 있기 때문에 평가절상이나 평가절하되지 않는한 미래의 예상환율도 현재의 환율과 같을 수 밖에 없다. 그런데 국제수지 적자가 과도해서 중앙은행이 곧 평가절하 할 것이라고 예상된다면 예상환율이 상승하게 된다. 이처럼 환율이 곧 오를 것이라고 예상되어 외환보유고가 급속하게 감소하는 현상이 국제수지위기이다.

주어진 고정환율과 이자율 수준에서 예상환율이 상승하게 되면 외환의 초과수요가 발생한다. 따라서 중앙은행은 공적지불준비자산인 외환을 매각(공급)해야 하므로 통화량이 감소한다. 통화량이 감소하면 이자율이 상승하는데 이자율이 충분하게 상승해서 외환시장이 균형을 이루게되면 중앙은행의 외환시장 개입이 더 이상 필요없게 될 것이다. 그 과정에서 중앙은행의 대외지불준비자산인 외환보유고가 급속하게 감소하였고 이자율은 상승하였다. 결국 중앙은행이 주어진 고정환율을 유지할 수 없을 정도로 외환보유고가 고갈되면 이자율과 환율이 급속하게 상승하게 되고, 그 결과 외환시장이 붕괴되는 현상이 외환위기 또는 국제수지 위기이다.

위에서의 설명은 자산접근법에 의한 DD-AA모델로 알기쉽게 요약해서 외환위기를 설명한 것이다. 이 이론의 요점은 고정환율 제도에서는 평가절하나 평가절상이 예상되지 않는 이상 미래의 예상환율이 현재의 환율과 같을 수 밖에 없다는 것이다. 바꾸어 말한다면 예상환율이 변화되는 경우란 평가절하나 평가절상이 예상되는 경우에 한한다. 따라서 고정환율제도에서 자산접근법에 의한 외환시장의 균형은 국내이자율과 세계의 이자율(외국의 이자율)이 일치하는 수준에서 이루어지는데 이를 흔히 이자율 평형설 또는 이자율 평가설이라고도 한다. 외국의 이자율을 i^*라고하고, 국내이자율을 i라고 하면 외환시장의 균형조건은 다음과 같이 나타낼 수 있다.

$$i = i^*$$

지금까지 설명에서 알 수 있는 것처럼 외환위기는 먼델·플레밍모델(Mundell-Fleming model)에 의해서도 설명될 수 있고, 자산접근법에 의한 DD-AA모델로도 설명될 수 있다. 차이점이 있다면 먼델·플레밍 모델로 설명하는 경우에는 국가위험성(country risk)으로 외환위기를 설명할 수 있다는 것이고, DD-AA모델은 예상환율의 변화를 강조하고 있다는데 있다.

그 어느쪽으로 설명하든 두 이론은 모두 개방경제의 거시이론의 수요측면만을 분석의 대상으로 하고 있기 때문에, 현실을 설명하기 위해서는 이에 대한 공급측면이 분석되어야만 한다. 공급측면에서 이를 분석하기 위해서는 경제성장이나 발전론적인 측면에서 분석 할 수 밖에 없다.

예를 들어 산업화과정에서 투자지출과 순수출이 증가하여 수요측면에서는 총수요가 증가하고 공급측면에서는 경제가 성장한다고 하자. 그런데 총수요가 과도하게 되면 물가가 상승하고 실질환율이 하락하여 순수출이 감소할 수 있다. 장기적으로 순수출이 감소하여 경상수지 적자가 계속되면 외채가 지속적으로 증가하여 외채·GDP비율이 매우 높아지게 된다. 따라서 단기적으로 외환위기에 직면하여 환율이 상승할 것이라고 예상되면 이자율이 상승하고 환율이 상승할 수 밖에 없는데, 이처럼 외환위기를 유량이 아닌 저량 즉 외채의 측면에서도 설명할 수 있다. 이를 흔히 외채위기(debt crisis)라고 한다.

1970년대 말 이후 우리경제에서 지속적으로 제기되어 왔던 문제가 외채문제였다. 1986년부터 3년동안은 투자지출과 순수출이 증가하여 수요측면에서는 총수요가 증가하고 공급측면에서는 경제성장이 순조로워 단기적으로는 이 문제가 해결된 것처럼 보였으나, 그 이후 외환위기 직전까지 실질환율이 하락하고 경상수지적자가 지속되어 외채가 지속적으로 증가하였다. 따라서 1997년의 외환위기는 외채와 환율이 복합적인 위기였다고 할 수 있으며 2008년도의 금융위기는 환율위기로 보는 것이 타당할 것으로 생각된다. 그리고 외환위기 이후 이를 극복하는 과정에서도 우리 경제의 현실을 설명하기 위해서는 수요측면만이 아니라 공급측면도 분석이 되어야만 한다. 예를 들면 외환위기 이후 기업은 부채를 줄이고, 중앙은행(한국은행)은 외환보유고를 늘리는 상황에서 수요측면만을 강조한다면 소득의 분배가 왜곡되어 양극화 될 수도 있을 것이기 때문이다.

후진국의 외채문제와 인플레이션문제는 그 근원이 1970년대의 석유파동과 이로 인한 인플레이션문제에 있었다고 할 수 있다. 인플레이션문제는 1990년대 초까지 미국을 선두로 해서 해결이 된 것 같이 보였으나, 후진국의 외채문제는 1990년대말 동아시아 여러국가들이 외환위기를 겪으면서 아직까지도 중요한 문제로 남아있다고 할 수 있다. 그리고 개방경제의 거시경제이론은 경제학자들마다 연구방법이 다르고 내용도 차이가 있을 뿐만 아니라 유럽의 재정위기까지도 설명되어야하기 때문에 외환위기와 환율위기 극복과정에서의 현실을 설명하기가 매우 어렵다는 점이다. 이와같은 점을 감안하여 이 책의 제 1권「미시경제」와 제 2권「거시경제」편에서는 이에 대한 여러 이론들을 종합적으로 분석해서 현실을 설명하고 있기 때문에 앞으로도 우리 경제의 현실을 설명하는데 유용한 자료로 활용할 수 있을것으로 믿는다.

5. 자유변동환율제도와 국제금융론

시장경제의 효율성의 측면에서 볼때 변동환율제도는, (1) 이미 설명한 바와같이 국제수지불균형(외환시장의 불균형)의 문제가 발생하지 않고, (2) 비교우위를 잘 반영하기 때문에 경제를 개방하면 자원을 효율적으로 배분할 수 있다는 장점이 있다.

이상과 같은 미시경제적인 장점보다도 변동환율제도는 완전고용이나 반인플레이션을 목적으로 하는 대내균형정책으로서의 금융정책을 실시할 수 있다는 것이 무엇보다도 큰 장점이라고 할 수 있을 것이다. 이는 이론적으로도 매우 중요한 의미를 갖고 있다. 1980년대부터 고전적 이분법과 반인플레이션 정책으로 체계화되기 시작한 거시경제이론은 지금의 시점에서 볼 때 거의 완결된 것처럼 보인다.

먼델·플레밍 모델(Mundell-Fleming model)은 이와 같은 거시경제이론과 다음과 같은 측면에서 논리적으로 잘 부합되고 있다고 생각할 수 있다.

(1) 외환시장의 안정조건이 성립한다면 단기환율은 자본의 국제적 이동으로 설명될 수 있다.

(2) 먼델·플레밍모델로부터 얻을 수 있는 단기환율은 고전적 이분법과 화폐수량설로부터 결정되는 장기환율과 모순이 없다.

따라서 거시경제이론과 국제금융론은 먼델·플레밍 모델로 통합이 가능하다.

이상과 같은 변동환율제도의 거시경제적인 장점 때문에 1973년 이후 세계각국이 변동환율제도로 전환하면서, 이제는 IMF회원국중 다수의 국가가 변동환율제도를 채택하고 있다. 이와같은 추세는 앞으로도 지속될 것으로 보인다. 이처럼 세계경제가 변화되는 과정에서 볼때도 국제금융론은 매우 중요한 의미를 갖고 있다고 할 수 있다.

그러나 아직까지도 많은 국가의 환율제도가 고정환율 제도이며, 고정환율제도로부터 얻을 수 있는 여러 가지 이론들은 변동환율제도에도 적용할 수 있기 때문에, 먼델·플레밍 모델을 보완하는데 자산접근법에 의한 DD-AA모델은 유용하게 이용될 수 있을 것으로 생각한다. 1997년 12월 우리경제의 시장평균환율제도가 변동환율제도로 전환 될 수밖에 없었던 중요한 이유도 당시의 환율변동폭을 유지할 수 없었기 때문이었다.

시장평균환율제도란 전날의 거래실적을 근거로 가중평균환율을 계산해서 이를 기준환율로 하고, 기준환율을 중심으로 일일 환율의 변동폭을 제한하는 제도이다. 외환의 초과수요로 말미암아 중앙은행이 외환보유고가 고갈되는 경우에는 주어진 환율변동폭을 유지할 수 없기 때문에 환율변동폭이 폐지될 수 밖에 없다는 것이다. 외환위기시에 변동환율제도로 전환된 중요한 요인중에 하나가 이와같은 이유때문이었다고 생각할 수 있을 것이다.

1997년의 외환위기 이후에도 중앙은행인 한국은행이 외환시장을 안정시키기 위해서 시장에 개입하여 왔다. 이처럼 외환위기 극복과정에서 중앙은행이 시장에 개입할 필요성이 있는 경우에도 고정환율제도에 관한 이론은 유용하게 적용할 수 있게 된다.

지금까지 설명한 것을 요약한다면, 자유변동환율제도와 먼델·플레밍 모델을 이용해서 거시경제와 국제금융론은 통합·검증이 가능하고, 따라서 거시경제의 수요측면에서도 무리없이 국제금융론을 설명할 수 있지만 고정환율제도에 대한 이론으로 이를 보완할 필요성이 있다고 할 수 있다. 끝으로 「경제이론과 현실」 연구·출판 프로젝트는 이 책으로 끝을 맺었다. 거시경제와 국제금융론의 통합의 과정을 단순화하는 것이 보다 더 좋은 방법이라고 생각했기 때문이다. 그리고 국제수지와 외환시장 및 환율제도에 대해서는 이 책 「시리즈」의 제4권 연구방법론의 입증자료에서도 자세히 설명되고 있다. 따라서 여기에서 부족한 점은 이 책「시리즈」의 연구방법론을 참고하는 것도 이 책을 평가하는데 도움이 될 수 있을 것으로 생각한다.

요 약

1. 외환시장과 국제수지 불균형의 문제가 발생하는 이유는 정부(중앙은행)가 외환시장에 개입하거나 고정환율제도를 유지하기 위해서 공적준비자산인 외환을 구입하거나 판매하기 때문이다.
2. 국제수지란 일정한 기간동안 국가간의 모든 경제적 거래(재화와 용역 및 자산의 거래)를 모두 집계해서 기록한 것을 말하며, 재화와 용역의 거래(경상계정)와 자산의 거래(자본계정)라는 두가지 형태로 구분될 수 있다.
3. 국제수지 항등식이란 경상수지와 자본수지를 합하면 항상 0가 된다는 것이다. 이를 거시경제적인 개념으로 설명하면 순수출과 순해외투자는 항상 일치한다는 것으로서 GDP항등식으로부터 도출될 수 있다.
4. 자유변동환율제도에서는 외환의 수요와 공급의 상호작용에 의해서 환율이 결정되기 때문에, 외환의 수요와 공급이 변화하면 초과 수요나 초과 공급이 소멸할때까지 환율이 상승하거나 하락한다. 따라서 중앙은행이 외환시장에 개입하지 않는다면 국제수지 불균형의 문제가 발생하지 않는다.
5. 고정환율제도에서 외환의 초과수요나 초과공급이 발생하면 중앙은행이 외환을 매입하거나 매각하여 이를 소멸시켜야하며 그 과정에서 통화량이 변화된다. 변동환율제도에서 중앙은행이 시장에 개입할 필요성이 있을 경우에도 똑같은 원리가 적용된다.
6. 국제수지 적자가 과도해서 중앙은행이 곧 평가절하할 것이라고 예상된다면 예상환율이 상승하고, 외환의 초과수요로 환율과 이자율이 급속하게 상승하여 중앙은행의 외환보유고가 고갈되는 현상을 외환위기(금융위기) 또는 국제수지위기라 한다.
7. 고정환율제도에서는 미래의 예상환율이 현재의 환율과 같을 수 밖에 없기 때문에, 외환시장은 국내의 이자율과 세계의 이자율이 일치하는 수준에서 균형이 이루어 진다는 이론이 DD-AA모델이다. 이 이론은 먼델·플레밍 모델로 설명 될 수 없는 여러 가지 문제를 설명할 수 있기 때문에 매우 유용하게 이용할 수 있는 이론이다.
8. 외환위기는 먼델·플레밍 모델(Mundell Fleming Model)로도 설명 될 수 있고, DD-AA모델로도 설명이 가능하다. 두 이론 모두 개방경제의 수요측면만

을 분석의 대상으로 하고 있기 때문에 이에 대한 공급측면이 분석되어야만 현실을 설명 할 수 있다.

9. 자유변동환율제도와 먼델·플레밍모델을 이용하면 거시경제와 국제금융론의 통합 · 검증이 가능하고 따라서 거시경제의 수요측면에서도 무리없이 국제금융론을 설명할 수 있다는 장점이 있다고 할 수 있다.

중요개념

1. 자유변동환율제도, P. 209
2. 외환의 수요, P. 209
3. 외환의 공급, P. 209
4. 국제수지불균형, P. 209
5. 중앙은행의 시장개입, P. 209, 213
6. 공적준비자산, P.209, 213
7. 고정환율제도, P. 209
8. 자본의 유입, P. 209, 211
9. 자본의 유출, P. 209, 211
10. 외환보유고, P. 209, 213
11. 국제수지위기, P. 209, 218
12. 금융위기, P. 209
13. 국제수지, P. 210
14. 복식부기, P. 210
15. 국제수지표, P. 210
16. 저량, P. 210
17. 유량, P. 210
18. 재화와 용역의 거래, P. 210
19. 자산거래, P. 210
20. 경상계정, P. 210
21. 자본계정, P. 210
22. 수입란(credit), P. 210
23. 지급란(debit), P. 211
24. 경상수지 적자, P. 211
25. 경상수지 흑자, P. 211
26. 경상수지 균형, P. 211
27. 금융자산의 거래, P. 211
28. 자본수지흑자, P. 211
29. 자본수지적자, P. 211
30. 한국의 해외자산, P. 211
31. 외국인의 국내자산, P. 211
32. 국민저축, P. 211
33. 국내투자, P. 211
34. 순해외투자, P. 212
35. GDP항등식, P. 212
36. 국제수지항등식, P. 212
37. 국제적인 대부, P. 212
38. 국제적인 차입, P. 212
39. 국제적인 대부자금시장, P. 212
40. 개방경제의 대부자금시장, P. 212

41. 민간부분의 거래항등식, P. 212
42. 비준비금 금융자산, P. 212
43. 자율적 거래, P. 212
44. 선의 위쪽항목, P. 212
45. 공적준비금 자산거래, P. 212
46. 보정적거래, P. 213
47. 선의 아래쪽항목, P. 213
48. 조정적거래, P. 213
49. 국제수지적자, P. 213
50. 국제수지흑자, P. 213
51. 외채, P. 213
52. 순해외자산, P. 213
53. 채무국, P. 213
54. 채권국, P. 213
55. 자산·부채의분석, P. 214
56. 외채잔고, P. 214
57. 외환시장, P. 214
58. 외환의 수요와 공급, P. 214
59. 외환의 초과수요, P. 214
60. 외환의 초과공급, P. 214
61. 외환, P. 215
62. 환율, P. 211
63. 외환의 수요곡선, P. 215
64. 외환의 공급곡선, P. 215
65. 균형환율, P. 215
66. 원화가치, P. 215
67. DD-AA모델, P. 216
68. 환율결정이론, P. 216
69. 예상환율, P. 219
70. 이자율평형설, P. 219
71. 이자율평가설, P. 219
72. 국가위험성, P. 219
73. 예상환율의 변화, P. 219
74. 개방경제의 거시이론의 수요측면, P. 220
75. 개방경제의 거시이론의 공급측면, P. 220
76. 경제성장, P. 220
77. 실질환율, P. 220
78. 외채위기, P. 220
79. 후진국의 외채문제, P. 220
80. 석유파동, P. 220
81. 시장경제의 효율성, P. 221
82. 국제수지불균형의 문제, P. 221
83. 비교우위, P. 221
84. 대내균형금융정책, P. 221
85. 시장평균환율제도, P. 222

부 록

제12장 외환시장 접근방법

1. 변동환율제도
2. 고정환율제도
3. 원화의 수요와 공급
4. 재정환율과 유효환율

1. 변동환율제도

변동환율제도란 외환시장에서 환율이 결정되고 변동하는 제도를 말한다. 이론을 단순화하기 위해서 한국과 미국만이 존재한다고 하면 한국의 재화와 용역과 자산을 구입하고자하는 미국인들은 외환시장(은행)에 가서 달러화를 원화로 교환해야한다. 이는 달러화로 생각할 때는 달러화의 공급이고 원화로 생각할 때는 원화의 수요이다. 따라서 달러화의 공급과 원화의 수요는 같은 뜻이다.

이와는 반대로 미국의 재화와 용역과 자산을 구입하고자 하는 한국인들은 외환시장(은행)에 가서 원화를 달러화로 교환해야 한다. 이는 달러화로 생각할 때는 달러화의 수요이고 원화로 생각할 때는 원화의 공급이다. 따라서 외환시장은 달러화의 수요와 공급으로 설명될 수도 있고 원화의 수요와 공급으로 설명될 수도 있다.

일반적으로 외환시장은 달러화(외환)의 수요와 공급으로 설명되고 있기 때문에 이 책「시리즈」도 외환시장과 환율을 이와 같은 방법으로 설명하고 있다. 다만 최근들어 미국의 경제학자들이 자국화폐의 가격으로 환율을 설명하는 경우가 많기 때문에 필요한 경우에는 원화의 수요와 공급으로도 외환시장을 설명하고 있다. 이 문제는 제3절에서 자세히 설명하고 있다.

[그림 12-1] 외환시장의 균형

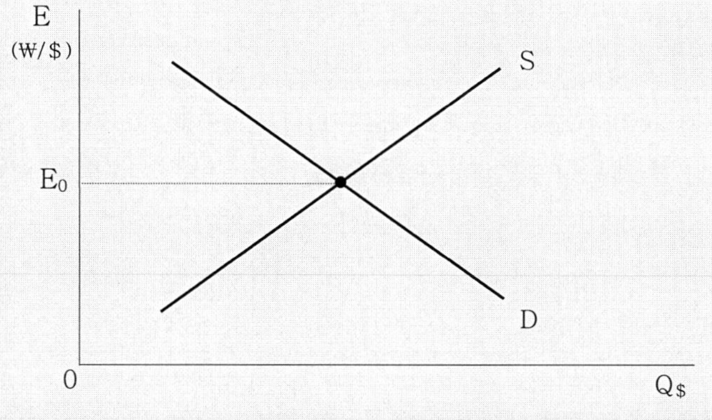

달러화의 가격인 원·달러환율이 하락할 경우 달러화의 수요량이 증가하는 이유는 원·달러환율이 하락하면 미국의 재화와 용역과 자산의 가격이 저렴해지기 때문이다. 따라서 외환의 수요곡선은 우하향한다. 이와는 반대로 원·달러환율이 상승하면 한국의 재화와 용역과 자산이 가격이 저렴해지기 때문에 달러화의 공급량이 증가한다. 따라서 외환의 공급곡선은 [그림 12-1]에서 보는 바와 같이 우상향한다.

달러화의 가격인 원·달러 환율은 달러화의 수요와 달러화의 공급이 상호작용으로 결정되므로 그림에서 보는 바와 같이 균형환율은 E_0이다. 균형환율보다 환율이 높을 경우에는 달러화의 초과공급으로 환율이 하락할 것이고 균형환율보다 환율이 낮을 경우에는 초과수요로 환율이 상승한다. 따라서 균형환율 수준에서는 미국인들이 공급하고자 하는 달러화의 공급량과 한국인들이 구매하고자하는 달러화의 수요량이 일치한다는 뜻이므로 국제수지가 균형을 이루고 자본수지와 경상수지를 합계하면 항상 0가 된다.

경상수지는 순수출(X - M)을 뜻하고 자본수지는 마이너스 순 해외투자 즉 -(S - I)를 뜻한다. 개방경제의 IS-LM 모델에서 순수출과 순해외투자(자본의 순유출)로 외환시장을 설명하는 이유가 이와 같은 이유 때문이다. 즉 외환시장이 균형을 이룰 때는 순수출과 순해외투자가 일치하기 때문에 순수출과 순해외투자에 의해서도 외환시장을 설명할 수 있다는 것이다. 이렇게 외환시장을 설명하는 경우에는 순수출은 외환의 공급과 같고 순해외투자는 외환의 수요와 같다고 할 수 있다.

이미 설명한 바와같이 거시경제가 균형을 이룰 때는 단기뿐만 아니라 장기에도 순수출과 순해외투자는 항상 일치한다. 바꾸어 말한다면 항상 균형을 이룬다. 따라서 순수출과 순해외투자로 외환시장을 접근하는 방법은 거시경제를 설명하는데 매우 적합한 방법이라고 할 수 있다.

환율은 외환의 수요곡선이나 공급곡선이 이동하면 변동한다. 이론을 단순화하기 위해서 외환시장이 균형상태에 있었는데 외국인 자본 유입의 증가로 외환의 공급곡선이 [그림 12-2]에서 보는 바와 같이 우측으로 이동했다고 하자.

[그림 12-2] 환율의 변동

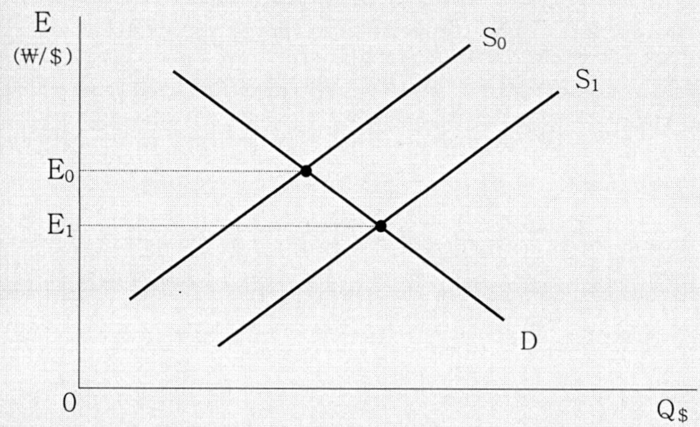

외환의 공급곡선이 우측으로 이동하면 원래의 균형환율 수준에서는 외환의 초과공급이 발생하므로 원·달러 환율이 하락한다. 원·달러환율이 하락하면 재화와 용역의 수입이 증가하고 수출이 감소하기 때문에 순수출이 감소하는데 이 때 순수출의 감소분이 자본수지증가분(자본유입의 증가분)과 일치하게 되어 새로운 균형환율수준에서는 국제수지도 균형을 이루게 된다는 것이다. 바꾸어 말한다면 외환시장이 균형일 때는 국제수지도 항상 균형을 이룬다는 것이다.

이상의 설명은 외환위기나 환율위기 극복과정에서 우리경제의 현실을 설명하기 위한 가상적인 경우를 예로한 것이다. 외환위기나 환율위기시에는 원화의 가치가 저평가되어 있기 때문에 외국의 자본이 이자율에 따라서 이동하지 않고 환율에 따라서 이동하기 때문이다. 예를 들어 앞으로 환율이 하락할 것이라고 예상되는 한 외국인의 자본은 유입될 것이고 따라서 원·달러환율은 지속적으로 하락하게 된다. 이와 같은 경우에 중앙은행이 외환시장에 개입하는 중요한 이유가 외환시장을 안정시키기 위해서이다.

그리고 외환위기나 환율위기시에는 주식의 가치도 저평가되어 있다. 원화의 가치가 저평가 되어 있고 주식의 가치도 저평가되어 있기 때문에 외국인의 자본이 주식시장으로 과도하게 유입될 수 있다. 외환위기나 환율위기 극복과정에서 원화의 가치가 쉽게 과대평가되는 이유가 이와같은 이유 때문이다.

순수출은 환율에 따라서 결정되지만 장기적으로는 환율에 큰 영향을 미친다. 주어진 균형 환율수준에서 외환의 공급이 증가하면 환율이 하락할 수밖에 없기 때문이다. 2008년 금융위기(환율위기)이후 환율이 지속적으로 하락하는 중요한 이유중에 하나가 이와 같은 이유 때문이다. 따라서 외환시장을 균형으로 유지하는 정책이 무엇보다도 중요하다고 할 수 있다. 이는 또한 변동환율제도로의 성공적인 이행이 이루어지기 전까지는 고정환율제도에 대한 여러 이론으로 보완하는 것이 타당하다는 뜻이기도 하다. 이에 대해서는 이 책 시리즈의 연구방법론의 입증자료에서 보다 자세히 설명되고 있다.

2. 고정환율제도

이미 설명한 바와 같이 변동환율제도란 외환시장에서 환율이 결정되고 변동하는 제도인 반면 고정환율제도는 정부(중앙은행)가 목표로 하는 환율수준에서 환율을 고정시키는 제도를 말한다.

환율제도는 변동환율제도(또는 자유변동환율제도)와 고정환율제도 이외에 밴드환율제도, 관리변동환율제도 등이 있다. 밴드환율제도란 일정한 환율범위내에서만 환율이 변동하는 제도이고, 관리변동환율제도란 환율이 크게 변동하는 것을 막기 위해서 정부(중앙은행)가 환율의 변동을 관리하는 제도를 말한다. 두 제도 모두 정부(중앙은행)가 환율의 변동을 제한하는 제도일 뿐만 아니라 그 방법이 고정환율제도와 같다고 할 수 있기 때문에 이론적으로 환율제도를 설명할 경우에는 변동환율제도와 고정환율제도만이 설명되는 것이 일반적이다.

이론을 단순화하기 위해서 우리 경제가 원·달러의 명목환율을 달러당 1,100원으로 고정하기로 했다고 가정하자. 이는 전적으로 가상적인 경우를 예로한 것이며 실제적으로 그렇다는 것이 아니다. 그리고 외국인의 자본의 유입으로 균형환율은 [그림12-3]에서 보는 바와 같이 정부가 목표로 하는 환율 1,100원보다 낮다고 하자. 이와같은 경우에 어떻게 환율을 1,100원 수준에서 고정시킬 수 있는가?

정부가 목표로 하는 1,100원의 환율수준에서는 그림에서 보는 바와 같이 달러화의 초과공급이 AB만큼 발생한다.

이와같은 경우에 환율을 주어진 고정환율 수준에서 고정시키는 대표적인 방법이 중앙은행(한국은행)이 달러화를 매입하는 방법인데 이를 정부의 시장개입이라한다. 이렇게해서 매입된 달러화는 외환보유고의 증가로 나타나며, 외환의 초과수요가 발생할 때 사용하게 된다. 따라서 고정환율제도는 외환보유고에 의해서 환율을 고정시키는 제도라고 할 수 있다. 그런데 중앙은행이 많은 외환을 보유하는 경우에도 외국인의 자본이 급속하게 대규모로 유출되는 경우에는 외환보유고가 쉽게 고갈되어 외환위기에 빠질 수 있다. 1997년의 금융위기는 외환보유고의 고갈로 인한 외환위기였다. 이와같은 이유 때문에 그 후 중앙은행(한국은행)의 외환보유고가 지속적으로 증가하여 이제는 3,300억 달러이상이나 되었다.

[그림 12-3] 정부의 외환시장개입

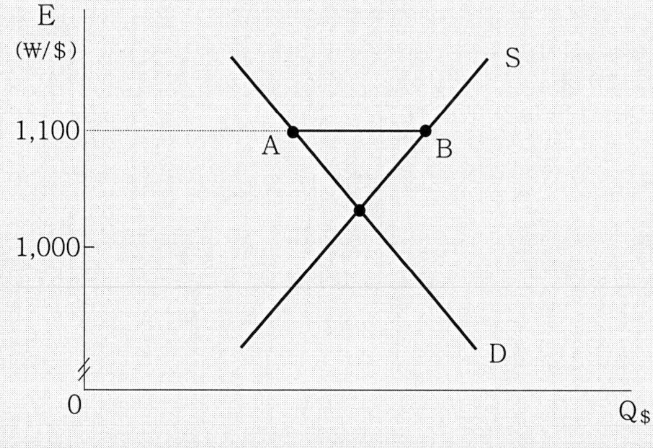

외환의 초과공급이 발생할 때 환율을 주어진 고정환율로 고정시키는 두 번째 방법은 통화량을 증가시키고 이자율을 하락시키는 금융정책을 사용하는 방법이다. 이자율이 하락하면 한국인의 해외(금융)투자가 증가하기 때문에 달러화의 수요곡선이 오른쪽으로 이동하고, 외국인의 국내(금융)투자가 감소하기 때문에 달러화의 공급곡선이 좌측으로 이동하게 되어 시장의 균형환율이 [그림 12-4]에서 보는 바와 같이 상승하게 된다. 따라서 금융정책으로 인하여 외환시장은 주어진 고정환율수준에서 균형을 유지할 수 있게 되었기 때문에 환율을 고정시킬 수 있게 되는 것이다. 바꾸어 말한다면 중앙은행은 통화량을 조정하여 외환시장이 주어진 고정환율 수준에서 균형을 유지할 수 있도록 해야 한다는 것이다.

이 방법이 거시이론의 측면에서 환율을 고정(안정)시키는 가장 일반론적인 방법이라고 할 수 있다.

그런데 이 방법은 첫 번째 방법과 밀접한 관계가 있다. 왜냐하면 중앙은행이 외환(달러화)을 매입할 경우는 화폐의 공급이 자동적으로 증가하기 때문이다. 거시경제이론에서 금융정책으로 환율을 고정시키는 방법을 "시장개입" 이라고 하는 경우가 많은 것은 이와 같은 이유 때문이다. 바꾸어

[그림 12-4] 금융정책으로 환율을 고정시키는 방법

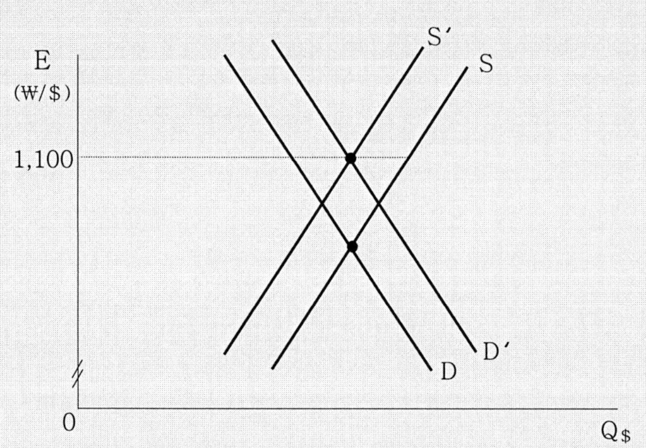

말한다면 개방경제의 IS-LM모델인 경우, 통화량의 조정으로 고정환율제도에서도 항상 외환시장이 균형을 이루는 것으로 가정하고 있다는 점이다. 그런데 외환위기나 환율위기시에는 외환의 초과수요로 외환시장이 불균형일 수밖에 없고, 그 극복과정에서는 외환의 초과공급으로 외환시장이 불균형일 수 밖에 없기 때문에 이와 같은 경우에는 두 개념을 구분해서 사용하는 것이 타당하다고 생각한다. 이 문제는 이 책 「시리즈」의 연구방법론의 입증자료에서 보다 자세히 설명되고 있다.

이상의 설명에서 알 수 있는 바와 같이 고정환율제도에서는 통화량의 조정으로 외환시장이 균형을 유지할 수 있도록 해야하기 때문에 완전고용을 목적으로 하는 금융정책을 사용할 수 없다. 따라서 경기침체시에도 재정정책밖에 사용할 수 없고, 환율을 상승시키고자 한다면 평가절하하는 수밖에 없다는 것이다. 따라서 평가절하의 목적은 첫째 외환시장의 불균형을 해소하기 위해서이며, 둘째 경기침체를 극복하기 위해서라고 할 수 있다.

외환의 초과공급이 발생할 경우 환율을 주어진 고정환율로 고정시키는 3번째 방법은 외국인의 자본의 유입을 제한(외환시장 통제)하는 방법이다. 외국인의 자본의 유입을 제한하면 달러화의 공급곡선이 좌측으로 이동하기 때문에 정부가 목표로 하는 환율수준에서 환율을 고정시킬 수 있다. 균형환율이 주어진 고정환율보다 높은 수준에 있어 달러화의 초과수요가 발생할 경우는 이상의 3가지 방법을 반대로 생각하면 된다.

밴드환율제도나 관리변동환율제도와 같이 환율의 변동을 제한하는 경우에도 제한하는 방법은 고정환율제도와 똑같다고 할 수 있다. 예를들어 정부가 원·달러환율을 1,050원에서 1,150원 범위내에서 안정시키고자 한다면, 달러화의 초과수요로 1,150원 이상이 될 경우는 초과수요를 소멸시키는 3가지 방법을 사용하면 될 것이고, 달러화의 초과공급으로 1,050원이하가 될 경우는 초과공급을 소멸시키는 3가지 방법을 사용하면 정부가 목표로 하는 환율수준에서 환율을 안정시킬 수 있게 된다.

지금까지 설명한 것을 요약한다면 고정환율제도는 환율을 안정(고정)시킬 수 있다는 장점이 있지만 외환보유고의 고갈로 외환위기에 빠질 수 있고, 거시경제적인 경제안정화정책으로서의 금융정책을 사용할 수 없으며, 외환시장을 통제하는 경우에는 비효율과 부정부패의 요인이 된다고 할 수 있다.

이와는 반대로 변동환율제도는 환율이 크게 변동할 수도 있기 때문에 미래의 환율이 불확실하다는 단점이 있으나, (1) 비교우위를 잘 반영하기 때문에 미시경제적인 측면에서 볼 때 자원을 효율적으로 배분하며, (2) 국제금융론의 측면에서 볼 때 외환시장과 국제수지 불균형의 문제가 발생하지 않고, (3) 거시경제적인 측면에서 볼 때 경제안정화정책으로서의 금융정책을 사용할 수 있다는 장점이 있다. 따라서 변동환율제도와 개방경제의 IS-LM모델을 이용하면 거시경제와 국제금융론을 거시경제의 수요측면에서 통합할 수 있다. 이 책「시리즈」의 1차적인 목적은 거시경제의 수요측면에서 거시경제와 국제금융론을 통합하는데 있었다. 통합이 되어야만 현실을 설명할 수 있을 뿐만 아니라 검증도 가능하기 때문이다.

변동환율제도는 이상과 같은 장점외에도 국제적인 경기변동(international business cycle)을 완화할 수 있다는 장점이 있다. 예를들면 2008년 미국의 금융위기로 미국경제가 침체하고, 2010년 유럽의 재정위기로 유럽경제가 장기적으로 침체하게 되면 그 여파로 다른 국가의 경기도 침체하게 된다는 것이다. 이와 같은 국제적인 경기침체 또는 세계적인 경기침체가 발생했을 경우 변동환율제도라면 해당국가의 화폐에 대한 수요가 감소하기 때문에 해당국가의 화폐가치가 하락하게 된다. 따라서 변동환율제도를 채택하고 있는 국가의 수출은 고정환율제도를 채택하고 있는 국가의 수출만큼 크게 감소하지 않는다.

3. 원화의 수요와 공급

이미 설명한 바와 같이 외환시장은 원화의 수요와 공급으로도 설명이 가능하다. 최근들어 미국의 거시경제학자들이 자국화폐의 가치로 외환시장을 설명하는 경우가 많기 때문에 외국의 문헌을 참고할 필요가 있을 때는 이와 같은 방법이 필요하다. 이는 우리의 입장에서 보면 원화의 수요와 공급으로 외환시장을 설명하는 경우에 해당하기 때문이다.

이론을 단순화하기 위해서 한국과 미국만이 존재한다고 하면 미국의 재화와 용역과 자산을 구입하고자 하는 한국인은 외환시장에 가서 원화를 달러화로 교환해야하기 때문에 한국인이 원화를 공급한다. 따라서 [그림 12-5]에서 보는 바와 같이 원화의 공급곡선은 우상향한다. 왜냐하면 원화의 가치가 상승하면 미국의 재화와 용역과 자산의 가격이 저렴해지기 때문이다.

이와는 반대로 한국의 재화와 용역과 자산을 구입하고자하는 미국인들은 외환시장에 가서 달러화를 원화로 교환해야 한다. 따라서 원화의 수요곡선은 우하향한다. 왜냐하면 원화의 가치가 하락하면 한국의 재화와 용역과 자산의 가격이 저렴해지기 때문이다.

원화의 가치로 표시된 환율(달러·원환율, $/₩)은 원화의 수요와 공급의 상호작용으로 결정되므로 균형환율은 그림에서 보는 바와 같이 E_0이다. 실제적인 환율이 균형환율보다 높아 E_1일 때는 원화의 초과공급이 AB만큼 발생하므로 환율이 하락하고, 실제적인 환율이 균형환율보다 낮아 E_2일 때는 초과수요가 CD만큼 발생한다. 초과수요가 발생하면 초과수요가 소멸할 때까지 환율이 상승하기 때문에 E_0가 균형환율이다.

[그림 12-5] 원화의 수요와 공급

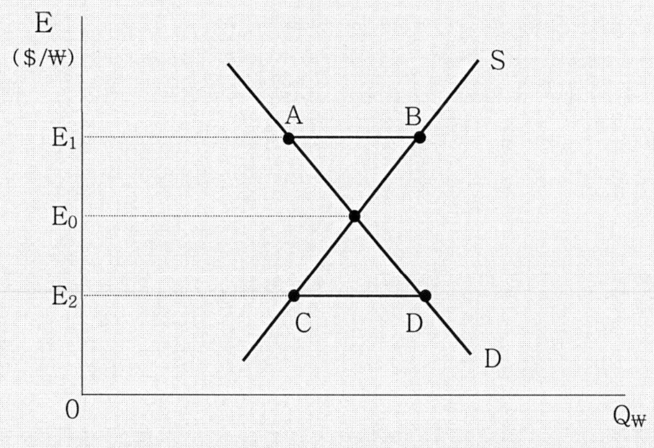

이상의 설명에서 알 수 있는 바와 같이 원화의 수요와 공급으로 외환시장을 설명하는 것도 이론적으로는 매우 쉽다고 할 수 있다. 그런데 이와 같은 방법으로 현실을 설명하는 경우는 거의 없다. 왜냐하면 원·달러환율이 달러당 1,000원일 경우 달러·원 환율은 0.001달러여서 환율의 변동을 설명하기가 매우 어렵기 때문이다. 따라서 외환시장은 달러화의 수요와 공급으로 설명되는 것이 일반적이다.

그런데 자국화폐의 가치로 외환시장을 설명하는 경우는 원화의 수요와 공급으로 외환시장을 설명하는 것이 되기 때문에 자국화폐의 가치로 설명된 외국문헌을 참고할 필요가 있을 때는 달러·원환율과 원·달러환율을 동시에 동일한 직각 좌표상에서 생각해야만 한다. 이와 같은 경우는 [그림 12-5]을 [그림 12-6]과 같이 변형해서 오른쪽 수직축의 위쪽의 꼭지점을 기점으로 원·달러환율을 뒤집어 표시하면 된다.

그림에서 원화의 공급곡선은 달러화의 수요곡선과 같고 원화의 수요곡선은 달러화의 공급곡선과 같다. 그리고 원화의 초과공급 AB는 달러화의 초과수요와 같고, 원화의 초과수요 CD는 달러화의 초과공급과 같다. 이처럼

[그림 12-6] 원 · 달러환율과 달러 · 원 환율

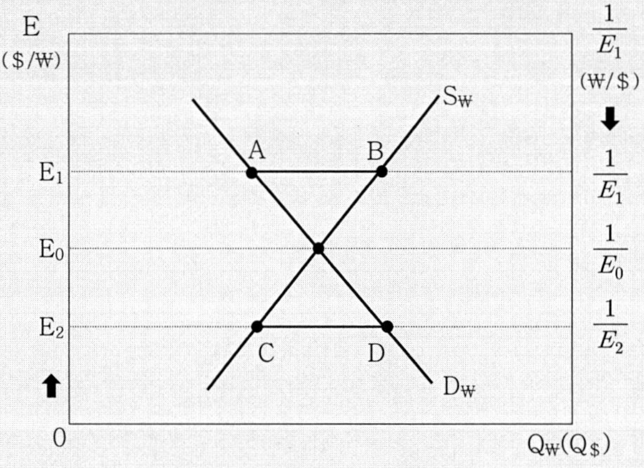

두가지 방법으로 환율을 동시에 동일한 직각좌표상에서 설명하는 경우는 모든 것을 뒤집어 생각할 수 있어야하기 때문에 가능한한 이와 같은 방법은 피하는 것이 좋다.

경제학은 영·미 이론이라고 해도 과언이 아니다. 따라서 우리는 영·미이론을 참고할 수 밖에 없다. 결국 원화의 수요와 공급으로 외환시장을 설명해야하는 경우가 있을 수 밖에 없고 따라서 두가지 방법을 동시에 동일한 직각좌표상에서 생각하는 방법이 필요하다고 할 수 있다. 이 책 「시리즈」도 필요한 경우에는 이와 같은 방법을 사용했기 때문에 영·미 문헌을 참고할 필요가 있을 때는 도움이 될 수 있을 것으로 생각한다.

4. 재정환율과 유효환율

지금까지는 양국간 환율인 원·달러환율만을 설명하였다. 원·엔환율도 수출에 큰 영향을 미치기 때문에 원·엔 환율도 필요한 경우가 많다. 왜냐하면 원·달러환율과 원·엔 환율은 똑같은 방향에서 똑같은 비율로 변화하지 않기 때문이다. 예를들면 달러화에 대해서 엔화는 약세이고 원화는 강세일 경우에는 2007년과 같이 엔화에 대해서 원화의 가치가 과대평가되어 원·엔환율이 100엔(Yen)당 750원까지 하락할 수도 있다. 2008년도의 금융위기(환율위기)의 중요한 요인 중에 하나가 이와 같은 이유 때문이었다.

이와는 반대로 2008년 금융위기(환율위기)이후와 같이 달러화에 대해서 원화는 약세이고 엔화는 강세일 경우에는 원·엔환율이 100엔당 1700원까지 상승할 수도 있다. 엔·달러환율이 일본의 경제정책에 의해서 결정되고 나면 원·엔환율은 다음과 같은 공식에 의해서 계산될 수 있는데 이를 재정환율(cross exchange rate)이라 한다.

$$\text{원 • 엔환율} = \frac{\text{달러화에 대한 원화환율}}{\text{달러화에 대한 엔화환율}}$$

예를 들어 원·달러 환율이 달러당 1,000원이고 엔·달러환율이 달러당

100엔(Yen)이라 한다면 원·엔환율은 100엔당 1,000원이 된다.

원·엔환율을 계산할 때 100엔을 기준으로 해서 평가하는 경우가 많은 것은 과거의 우리 경험으로 볼 때 엔·달러환율이 달러당 100엔일 경우가 적정한 것으로 보이기 때문이다.

이상의 설명에서 알 수 있는 바와 같이 다수국가간 환율이 필요한 경우에는 각국과의 무역비중을 가중치로 하여 가중평균환율로 실질환율을 계산할 필요가 있는데 이를 유효환율(effective exchange rate)이라 한다. 결국 순수출을 결정하는 것은 원·달러의 실질환율이라기 보다 유효환율이라고 할 수 있다. 이에 대해서는 이 책 「시리즈」의 연구방법론의 입증자료에서 자세히 설명하고 있다.

끝으로 이「부록」은 이 책 시리즈의 완결편 "경제이론과 현실 연구방법론"의 입증자료에서 외환시장에 대한 내용을 알기 쉽게 요약 정리한 것이다. 따라서 개방경제의 IS-LM모델을 검증·평가하고 이를 보완하는데 도움이 될 수 있을 것이다.

이 책「시리즈」의 제1권 미시경제와 제2권 거시경제도 이와 같은 방법론에 의해 검증되고 입증되었다고 생각한다. 왜냐하면 미시경제와 거시경제의 초판이 각각 2002년과 2003년도에 출판되었고, 이 책의 초판은 2005년에 출판되었기 때문이다. 물론 이에 대한 평가는 독자의 몫이며, 이보다 더 좋은 책이 출판될 수 있을 것으로 믿어도 좋을 것이다.

색 인

국문찾아보기

영문찾아보기

저자 약력

연세대학교 경영대학원(경제석사)

세종대학교 대학원 경제학과(경제박사 수료)

세종대학교 경제학과 강사

현, 세계경제문제연구소

경제학의 조류(경제이론과 현실 연구·출판 프로젝트 종결편)

2005. 10. 20 초판 발행
2014. 1. 3 전정판 발행

저 자 정 기 옥

발행인 정 기 옥

발행처 경제연구 출 판 세계경제문제연구소

서울시 강서구 화곡6동 993-36, 301호
(도로명주소. 화곡로 53길 58)

등 록 2001. 9. 28 / 제 12-317

전 화 (02)2681-9593

조 판 연대중앙문화사

정가 15,000원